Leonhard Atzberger

Die Logoslehre des heiligen Athanasius

Ihre Gegner und unmittelbaren Vorläufer

1975

Georg Olms Verlag
Hildesheim · New York

Dem Nachdruck liegt das Exemplar der Niedersächsischen Staats- und Universitätsbibliothek Göttingen zugrunde.

Signatur: Hist. lit. biogr. II, 1958

Das Format des Nachdrucks ist geringfügig kleiner als das der Vorlage.

Die fehlerhafte Paginierung der zugrundeliegenden Ausgabe wurde beibehalten.

Nachdruck der Ausgabe München 1880
Printed in Germany
Herstellung: Strauss & Cramer GmbH, 6901 Leutershausen
ISBN 3 487 05618 6

Atzberger · Die Logoslehre des heiligen Athanasius

Die Logoslehre des hl. Athanasius.

Ihre Gegner und unmittelbaren Vorläufer.

Eine dogmengeschichtliche Studie

von

Leonhard Atzberger,
Priester der Erzdiöcese München-Freising.

Gekrönte Preisschrift.

München.
Druck und Verlag von Ernst Stahl.
1880.

Vorwort.

Gegenwärtige Schrift verdankt ihre Entstehung der von der Münchener theologischen Facultät für das Jahr 1877/78 gestellten Preisaufgabe: „Darstellung der Logoslehre des hl. Athanasius mit besonderer Berücksichtigung der demselben vorausgehenden beiden Dionysii." Die günstige Beurtheilung der eingereichten Arbeit von Seite der theologischen Facultät konnte dem Verfasser nur die Pflicht auferlegen, sein in jugendlicher Begeisterung hingeworfenes Werk noch einer genauen Revision zu unterziehen. Wohl hat die Schrift auch jetzt noch ihre dem Verfasser nur zu fühlbaren Mängel, allein das nonum prematur in annum kann nicht immer buchstäblich erfüllt werden.

Wer einen Einblick hat in die innere Kirchengeschichte des vierten Jahrhunderts, der wird es bestätigen, daß jene Periode zu den interessantesten der ganzen Geschichte der christlichen Kirche gehört. Die äußeren Verfolgungen hatten ihr Ende gefunden. Dafür entbrannten im Innern als Reactionen des Heidenthums und Judenthums die heftigsten Kämpfe, welche das Christenthum als absolute Religion und seine Lehre als absolute Wahrheit auf's Spiel setzten. In dieser gefährlichen Zeit trat der hl. Athanasius auf als Verfechter des Christenthums und Vorkämpfer der christlichen Wahrheit. Ihn als solchen zu zeichnen, war auch eine Hauptaufgabe gegenwärtiger Abhandlung. Darum dürfte dieselbe nicht bloß dogmenhistorisches, sondern auch apologetisches Interesse haben. Allerdings hätte dieser weitere Gesichtspunkt von Seiten des Verfassers noch mancherlei Studien vorausgesetzt, allein es wären auch durch ein zu weites Ausgreifen die der Abhandlung gesteckten Grenzen überschritten worden.

Was an Vorarbeiten vorhanden war, wurde, soweit es mir bekannt und zugänglich ward, getreulich benützt. Von kathol. Seite ist Möhler's Schrift: „Athanasius der Große und die Kirche seiner Zeit," Mainz 1827, immer noch nicht überholt. Von protest. Seite haben wir Voigt's Werk: „Die Lehre des Athanasius von Alexandrien," Bremen 1861.

Als schon der größte Theil der Abhandlung zum Drucke vorbereitet war, erschien im gleichen Verlage die Schrift: „Gott das Wort ꝛc., nach dem hl. Athanasius dargestellt von einem kathol. Geistlichen." Ob ich aus dieser Schrift noch etwas Brauchbares hätte ziehen können, möge der Entscheidung des theologischen Publicums anheimgestellt sein.

Allen, die mir zur Ausarbeitung zur Seite gingen, ganz besonders den Herren Professoren Dr. Josef Bach und Dr. Al. Schmid, spreche ich meinen Dank aus und empfehle mein Erstlingswerk, an dem ich mit vielem geistigen Genusse gearbeitet, dem Wohlwollen competenter Beurtheiler. Finde ich günstige Beurtheilung von Seiten des theologischen Publicums, so habe ich mit gegenwärtiger Schrift meine Studien über die innere Kirchengeschichte des vierten und der folgenden Jahrhunderte noch nicht abgeschlossen.

Im November 1879.

Der Verfasser.

Inhaltsverzeichniß.

Einleitung.

I. Theil.

Die immanenten Beziehungen des Logos.

(Der Logos in Gott.)

I. Hauptstück.

Gegner und Vorläufer der Logoslehre des hl. Athanasius.

II. Hauptstück.

III. Hauptstück.

Die Ausbildung der Christologie und Soteriologie durch Athanasius.

Schluß.

Anhang.

Einleitung.

I. Begriff und Aufgabe der christlichen Logoslehre im Allgemeinen.

1. Die göttliche Offenbarung an die Menschheit hat in Christo (und seinen Aposteln) ihre Vollendung erreicht. Denn die christliche Offenbarung ist nicht bloß eine Offenbarung unter Offenbarungen, sondern die Offenbarung schlechthin im absoluten Sinne des Wortes.

Allein die Offenbarung soll auch ihrem inneren Zwecke nach als das erkannt werden, was sie in sich ist. Zwar kann auch der schlichte Glaube ein lebendiges Vertrauen und eine volle Gewißheit seiner eigenen Wahrheit haben, allein diese Wahrheit ist doch mehr im Inhalte selbst vorhanden als in der Form des Erkennens. Dabei kann sich jedoch die Vernunft nicht sofort und für immer beruhigen. Sie muß auch das formelle Wissen um die Sätze des Glaubens anstreben. Dadurch erst wird die objectiv vollendete Offenbarung zu einer subjectiv verstandenen, die mannigfachen Beziehungen, welche das Dogma in sich schließt, werden auch vom menschlichen Geiste als solche erfaßt, die scheinbaren Widersprüche desselben mit sich und mit der Vernunft ausgeglichen.

Die Hinterlegung der göttlichen Offenbarung in der Kirche enthebt die Vernunft nicht der ihr gestellten Aufgabe. Wohl läßt sich die positiv gegebene Offenbarung von der Auffassung derselben durch das Lehramt der Kirche nicht trennen. In der Kirche wird sich stets mit dem göttlichen ein menschlicher Faktor zur Einheit eines göttlich-menschlichen Bewußtseins verbinden. Allein dieses Bewußtsein, wenn man so sagen darf, ist eben nur die lebendige Tradition der Kirche als solcher, welche dem Bewußtsein des Einzelnen noch objectiv gegenübersteht.

Zu seinem inneren geistigen Eigenthum kann der Einzelne die göttliche Offenbarung nur machen durch den Begriff. Weil aber der Begriff je nach der Erkenntnißfähigkeit des Einzelnen und je nach dem

Wechsel der Zeiten ein verschiedener ist, so entsteht mit der fortschreitenden Entwicklung der Begriffe auch die Möglichkeit einer verschiedenartigen Auffassung des Dogma selbst. Damit nun dieses hiedurch nicht in seiner Substanz gefährdet werde, muß hinwiederum die Kirche mit göttlicher Autorität eingreifen und erklären, welche Begriffe und wie sie auf das Dogma angewendet werden können, d. h. sie muß neben der treuen Bewahrung das Dogma auch dessen allgemeinen Ausdruck durch nähere Bestimmungen fortbilden.

Hierauf beschränkt sich die Aufgabe der kirchlichen Lehrautorität im strengen Sinne des Wortes. Die begriffliche Vermittlung aber des positiv vorliegenden Glaubensobjectes und die dialectische Durchbildung desselben ist Aufgabe der Vernunft und der Wissenschaft. Es ist nun ganz natürlich, daß mit dem Eintreten der christlichen Offenbarung die Vernunft ihre Aufgabe zuerst und vornehmlich zu lösen sucht in Beziehung auf die Centralidee des Christenthums, auf die wesenhafte Erscheinung der Gottheit in Christus.

In den Schriften des neuen Testamentes wird Christus wiederholt als Gott und als Herr bezeichnet. Eben so häufig findet sich die Bezeichnung Sohn Gottes im Gegensatz zu Gott dem Vater. Präcis ausgesprochen findet sich der ganze Glaubensinhalt von Christus im Prolog des Johannesevangeliums. Christus erscheint hier als der Logos, das Wort schlechthin, er ist bei Gott und ist selbst Gott. Neben dieser immanenten Beziehung ist er nach außen hin Princip alles Seins, Lebens und Erkennens, er ist der eingeborne Sohn, der mit der Fülle der Gnade und Wahrheit in das Fleisch herabsteigt.

Diese Idee, daß in der Person des historischen Christus der Logos oder Sohn Gottes selbst zum Zwecke der Erlösung des Menschengeschlechtes erschienen sei, bietet dem menschlichen Geiste unerschöpflichen Inhalt zur wissenschaftlichen Vermittlung. Es erheben sich hier die tiefgehendsten Fragen. Wie läßt sich mit dieser Lehre die Einheit Gottes vereinbaren? Wie verhält sich näherhin der Logos oder Sohn Gottes zu Gott dem Vater? Wie verhält er sich zu dem von ihm aus Nichts hervorgebrachten und hinterher wieder erlösten Geschöpf? Wie verhält sich in Christus selbst Göttliches und Menschliches? Solche Fragen mußte der denkende Geist sich stellen, aber sie auch zu beantworten suchen, sollte nicht der Glaube in sich gespalten und ebendamit unmöglich gemacht werden. Die Beantwortung dieser Fragen kann nur geschehen durch begriffliche

Vermittlung der einzelnen Sätze des Glaubens, und das Resultat dieser begrifflichen Vermittlung ist der Inhalt der christlichen Logoslehre.

2. Nach diesem Begriffe von der christlichen Logoslehre läßt sich ihre Aufgabe unschwer bestimmen. Sie hat nemlich

1) die immanenten Beziehungen des Logos oder sein Verhältniß zu Gott dem Vater (und dem hl. Geiste) begrifflich darzulegen. Sie hat

2) das Verhältniß des Logos zur Creatur auf Grund der Schöpfung näher zu bestimmen, und endlich

3) auch die Menschwerdung und Erlösung in ihr Bereich zu ziehen.

Schöpfung und Menschwerdung müssen in die christliche Logoslehre aufgenommen werden schon deßhalb, weil sie äußerer Ausgangspunct und einziges Medium sind, um das Wesen des Logos und seine immanenten Beziehungen zu erkennen. Außerdem bekennt der christliche Glaube die Schöpfung und Menschwerdung als die vorzüglichsten Thätigkeiten des Logos, und stellt somit der christlichen Logoslehre die Aufgabe, diese Thätigkeiten in besonderer Weise darzustellen.

Dieser Zusammenhang zwischen der Lehre von der Trinität, Schöpfung und Menschwerdung zeigt sich auch, wenn wir die geschichtliche Entwicklung der einzelnen Dogmen verfolgen. Man ging nemlich von Anfang an aus von der positiven Offenbarung in der Schöpfung und Menschwerdung und schloß von hier aus auf das innere Wesen und die immanenten Beziehungen des Logos zurück. Weil aber alle diese Wahrheiten vom menschlichen Geiste nur erkannt werden in der Form des Begriffs, so würde eine geschichtliche Darstellung der verschiedenen Versuche zur Erkenntniß jener Wahrheiten vornehmlich eine Geschichte von Begriffen sein. Gleichwie nemlich die Geschichte der Philosophie ihrem Wesen nach nur eine Geschichte von Begriffen und deren (urtheilsmäßiger) Anwendung auf die rein natürlichen Wahrheiten ist, so ist auch die Dogmengeschichte nur eine Geschichte der auf die übernatürlichen Wahrheiten im Laufe der Zeit angewendeten und in Wahrheit anwendbaren Begriffe[1])

[1]) Eine solche Auffassung der Dogmengeschichte ist natürlich wesentlich verschieden von der Hegel'schen oder Baur'schen u. s. w., welche ihrem pantheistischen und idealistischen Standpunkte gemäß immer das Dogma selbst erst entstehen lassen durch den Kampf entgegengesetzter Ansichten. Nicht die Substanz des Glaubens wird weiter entwickelt, diese ist constant, sondern nur die Auffassung und Darstellung derselben im Begriffe, und nur in letzterer Beziehung kann von Geschichte die Rede sein.

und eine Geschichte der Logoslehre hat darum die Aufgabe, die Begriffe herauszustellen, welche und wie sie auf das Wesen und die Wirksamkeiten des Logos im Laufe der Zeit angewendet wurden.

II. Die Logoslehre des hl. Athanasius insbesondere.

Nach der im Bisherigen ausgesprochenen Anschauung über die Logoslehre und deren Geschichte suchen wir nun die Logoslehre des hl. Athanasius in schwachen Umrissen zu zeichnen.

Es ist das eine Aufgabe, über welche der gelehrte Möhler[1]) sich also ausspricht: „Die Darstellung und Entwicklung der Lehren und Ideen des Athanasius hat besondere Schwierigkeiten. Athanasius schrieb selten systematisch; oft schrieb er mitten in der Verfolgung in aller Hast, mit Lebensgefahren bedrohet, wenn eben neue Gründe gegen die Arianer in ihm von selbst aufstiegen oder durch äußere Veranlassungen hervorgerufen wurden.“ Wer die polemischen Schriften des Anathasius gelesen, wird dieses Urtheil ganz zutreffend finden. Anathasius selbst gesteht, daß seine Worte hinter seinen Gedanken zurückbleiben.[2]) Es wird bei ihm derselbe Gegenstand auf die mannigfachste Weise beleuchtet und bewiesen, dieselben Beweismomente werden für die verschiedensten Beweisobjekte in Anwendung gebracht. Alles aber ist getragen von der centralen Idee des in Christo fleischgewordenen Gottes und der durch ihn vollbrachten Erlösung. Diese im eminenten Sinne christliche Idee kehrt in seinen Schriften auf die mannigfaltigste Weise wieder und aus ihr holt er alle Waffen, mit welchen er die fremdartigen Gedanken bekämpft. In den Kreis dieser Idee wird man darum treten müssen, um von hier aus den großartigen Aufbau seiner Logoslehre betrachten zu können. — Es liegen aber in dem centralen Gedanken der Menschwerdung des Logos zum Zwecke der Erlösung der durch ihn geschaffenen Creatur die schon berührten drei Momente der christlichen Logoslehre überhaupt und darum kann auch die Logoslehre des hl. Athanasius füglich hienach abgetheilt werden.

---

[1]) Athanasius der Große und die Kirche seiner Zeit, Mainz 1827. Bd. I. p. X.

[2]) Athanasii Opera omnia ed. Maur. Par. 1698. Epist. ad Monach. C. 1 pag. 343 C.: *Ὅσον ἐβουλόμην γράφειν καὶ νοεῖν ἐβιαζόμην ἐμαυτὸν περὶ τῆς θεότητος τοῦ λόγου, τοσοῦτον ἡ γνῶσις ἐξανεχώρει μακρὰν ἀπ᾿ ἐμοῦ· καὶ ἐγίνωσκον ἐμαυτὸν τοσοῦτον ἀπολιμπανόμενον ὅσον ἐδόκουν καταλαμβάνειν. Καὶ γὰρ οὐδὲ ὃ ἐδόκουν νοεῖν ἠδυνάμην γράφειν ἀλλὰ, καὶ ὃ ἔγραφον, ἔλαττον ἐγίνετο τῆς ἐν τῇ διανοίᾳ γενομένης κἂν βραχείας τῆς ἀληθείας σκιᾶς.*

Demgemäß soll im ersten Theile gehandelt werden von den immanenten Beziehungen des Logos, von seinem Verhältniß zur Gottheit, zum Vater und zum hl. Geiste, im zweiten von seinem Verhältniß zur Creatur auf Grund der Schöpfung, im dritten von seinem Verhältniß zur Creatur auf Grund der Incarnation.

Zum Verständnisse des Athanasius ist es unumgänglich nothwendig, die von ihm bekämpften Gegensätze genauer zu kennen. Wir werden daher unsere Darstellung auch auf diese ausdehnen müssen und zu diesem Behufe wollen wir jedesmal die Gegensätze seiner Lehre in ihren Hauptgedanken vor Augen führen, dann deren Bekämpfung durch Athanasius, und zeigen, was Athanasius selbst an deren Stelle gesetzt hat.

I. Theil.

Die immanenten Beziehungen des Logos.

(Der Logos in Gott.)

Ausgangspunct.

Wie schon aus dem Bisherigen erhellen dürfte, bildet der historische Christus den Ausgangspunct zu allen Untersuchungen über die immanenten Verhältnisse des Logos. Es stellte sich nämlich an die menschliche Vernunft die Anforderung, sich die (christologische) Wahrheit von der Gottheit Christi mit der (theologischen) von der Einheit Gottes denkend zu vermitteln. So ist es auch bei Athanasius.[1])

Gleichwie Christus den theologisch-historischen, so bildet die Existenz des Logos und seine Thätigkeit als Schöpfer des Universums den philosophisch-spekulativen Ausgangspunkt der Logoslehre des Athanasius. Nirgends finden wir bei ihm einen Beweis für die Existenz des Logos oder dafür, daß er Schöpfer des All sei. Der Grund hievon liegt darin, daß dieses in der damaligen Zeit weder von einem Ungläubigen, noch Irrgläubigen bestritten wurde. Daher konnte Athanasius es geradezu für Thorheit erklären, den Logos zu leugnen.[2])

---

[1]) Vrgl. contra Arianos lib. I. cap. 10 pag. 414 A.: *Τὰ τίνων ῥήματα θεολογεῖ καὶ δεικνύει θεὸν εἶναι καὶ υἱὸν τοῦ πατρὸς τὸν κύριον ἡμῶν Ἰησοῦν Χριστόν; Ταῦθ' ἅπερ ὑμεῖς ἐξημέσατε ἢ απερ ἡμεῖς ἐκ τῶν γραφῶν εἰρήκαμεν καὶ λέγομεν;*

[2]) De incarn. Verbi Dei cap. 41 pag. 82 F.: *Εἰ (οἱ Ἕλληνες) ὅλως ἀρνοῦνται λόγον εἶναι θεοῦ, περιττῶς ποιοῦσι, περὶ οὗ μὴ ἴσασι χλευάζοντες.* An derselben Stelle betrachtet es Athanasius als zugestanden, daß der Logos Lenker des All sei, daß der Vater in ihm die Schöpfung vollbracht, daß durch seine Vorsehung alles erleuchtet und belebt werde, daß er und durch ihn der Vater aus den Werken der Vorsehung erkannt werde. —

Eine weitere Voraussetzung, an deren Beweis Athanasius nicht geht,[1]) ist die beweiskräftige Autorität der hl. Schrift. In wie weit bei ihm die Schrift Princip und Quelle der theol. Erkenntniß ist, wird später zur Sprache kommen, für jetzt möge nur darauf hingewiesen sein, daß Athanasius die Lehren seiner Gegner immer mit der Schrift widerlegt und daß er seinen eigenen Aussagen stets die Schrift zu Grunde legt, ohne je deren Beweiskraft selbst darzuthun.

Auf dieser dreifachen Voraussetzung, der historischen Erscheinung Christi, der Existenz und schöpferischen Wirksamkeit des Logos und der Autorität der hl. Schrift, ruht das ganze Gebäude der athanasianischen Lehre vom Logos in Gott.

Auf Grund dieser dreifachen Voraussetzung bestimmte Athanasius das Verhältniß des Logos zum Vater und zwar in negativer Weise durch Ausschließung alles Creatürlichen und Endlichen von ihm, und in positiver Weise durch begriffliche Formulirung der im göttlichen Wesen selbst gelegenen Unterschiede. Indem aber Athanasius die Unterschiede von Vater und Logos als reale in die Gottheit selbst verlegt, mußte er den Kampf aufnehmen mit jeglicher Form antitrinitarischer Häresie. Es wird daher auch letztere in diesem Theile zur Sprache kommen müssen. Zur volleren Klarheit soll hier auch der Kampf der innerkirchlichen Theologie gegen die antitrinitarische Häresie bis zum Auftreten des Arius kurz dargestellt werden, soweit er mit der athanasianischen Polemik in unmittelbarer Beziehung steht.

I. Hauptstück.

Gegner und Vorläufer der Logoslehre des hl. Athanasius.

I. Im Allgemeinen.

1. Die christliche Trinitätslehre hat ihre unmittelbare Wurzel im Glauben an Christus. Zwei Momente aber sind vereinigt in diesem Glauben, nemlich daß er Gott selbst sei und daß er es für sich selbst

[1]) Es ist nicht ein Beweis für die Autorität der Schrift, sondern nur ein Beweis des Glaubens an diese Autorität, wenn Athanasius die Schrift θεόπνευστος nennt, wenn er sagt, im hl. Geiste redeten die Propheten (epist. ad Serapionem III. cap. 5), oder, derselbe Geist habe in jeder Schrift gewirkt (ad Marcellum c. 9, 10).

ei als eigene Person[1]) im Unterschiede vom Vater und hl. Geiste. Jenes leugnete der Ebionismus, dieses der Patripassianismus, die beide in verschiedenen Formen auftraten. Als eine Fortbildung des Patripassianismus erscheint der Sabellianismus. Dieser setzte die persönliche Erscheinung Gottes in Christo in eine bloße Erscheinung und Manifestation Gottes um, und legte die Verschiedenheit Christi vom Vater rein auf Seite der Offenbarung, so daß also die Offenbarungsweisen Gottes selbst seine Unterschiede seien. Hierin, aber auch nur hierin, tritt ihm der Arianismus entgegen. Vater und Sohn sind ihm nicht blos verschiedene Offenbarungsweisen Gottes, sondern sie sind in sich sebst wesentlich verschieden. Er wirft dem Sabellianismus vor, daß er die göttliche Monas zertheile,[2]) selbst aber stellt er die Hypostase des Sohnes außer das väterlich-göttliche Wesen. Der höchste Gott ist ihm nur Einer,[3]) der Sohn nur ein gewordener Gott. So sank er wieder zurück auf den Ebionismus, und Athanasius hat Recht, wenn er schon den Artemas als Erfinder der arianischen Häresie ansieht.[4]) Ein starrer Monotheismus liegt darum in letzter Instanz allen diesen Häresien als theologische Wurzel zu Grunde; weil sie diesen mit der Gottheit Christi als eigener Person nicht vereinigen konnten, so gaben sie lieber ein Moment des Glaubens preis, um nur ihren obersten theologischen Satz zu retten, während die kirchliche Theologie stets an beiden Momenten zugleich festgehalten hat.

2. Wenn die Aufgabe der Logoslehre darin besteht, die Substanz des Glaubens im Begriffe zu vermitteln, so ist klar, daß ein Hauptgewicht auf die jener Vermittlung zu Grunde liegenden philosophischen Anschauungen fällt. Jede Logoslehre, die als System auftritt, muß nemlich gewisse philosophische Voraussetzungen in sich schließen, und diese werden auch naturgemäß einen ganz wesentlichen Einfluß ausüben auf die wissenschaftliche Darstellung der theologischen Wahrheiten. Denn das Uebernatürliche kann nur begriffen werden durch die Begriffe von dem Natürlichen, eine falsche Philosophie wird demnach jederzeit zur Häresie in der Theologie führen. Allerdings haben wir bei den ältesten Antitrinitariern keine Veranlassung und viel zu wenig Anhaltspunkte, um nach einem systematisch ausgeprägten philosophischen Grunde ihrer Irr-

---

1) Vgl. Kuhn, kath. Dogmatik, 2. Band, die Trinitätslehre, Tübingen 1857, Seite 300 ff.

2) Athanas. de Synodis c. 16. 3) De Synod. 15. 4) De Synod. 20.

lehren zu forschen. Wenn auch z. B. Hippolytus[1]) die Irrlehre des Noetus für heraklitisch erklärt, so ist doch nicht anzunehmen, daß Noetus auf pantheistischem Standpunkte sich befand, sondern lediglich das theologische Axiom des Monotheismus war ihm leitender Gedanke. Selbst bei Sabellius bleibt es noch mehr als zweifelhaft, ob er seine Trinitätslehre in Zusammenhang gebracht mit der Schöpfung und einem Systeme der Philosophie.[2])

Erst bei Arius haben wir ein Lehrsystem, das in wissenschaftlicher Form die Logoslehre in Zusammenhang bringt mit der Schöpfung und den natürlichen Wahrheiten. Während nun die antitrinitarische Häresie mehr oder minder auf unzulängliche oder gar falsche philosophische Anschauungen sich stützt, und mit diesen das Dogma nicht vereinbaren kann, hat die kirchliche Theologie stets das Speculative mit dem Positiven innerlich in Einklang zu bringen gesucht, wie die Darstellung im Einzelnen zeigen soll.

II. Im Besonderen.

1. Der Sabellianismus.[3])

In der Darstellung der sabellianischen Irrlehre gehen die einzelnen Autoren sehr auseinander. Es kann uns nicht darum zu thun sein, die verschiedenen Auffassungen dieser Irrlehre kritisch zu beleuchten, sondern nur das, was Athanasius uns über sie berichtet, soll zur Darstellung kommen, insoferne es zum Verständniß der athanasianischen Logoslehre nothwendig ist.

Die Züge der Lehre des Sabellius nun sind nach Athanasius folgende:

1. Vater und Sohn sind dieselbe Hypostase, nur verschieden benannt. Sabellius lehrte nach Athanasius den patripassianischen „Sohnvater".[4]) „Er wurde deßhalb von der Kirche ausgeschlossen, weil er den Vater Sohn nannte und den Namen des Sohnes auf den Vater über-

---

[1]) Phil. IX. 7 p. 279.

[2]) Das schließt aber nicht aus, daß er auf die Trinität pantheistische Begriffe anwendete, nur wurde seine Irrlehre nicht getragen von einem philosophischen System.

[3]) Vrgl. die Darstellung des Sabellianismus bei Voigt (Die Lehre des Ath. v. Alexandrien, Bremen 1861) S. 249 ff.

[4]) exp. fide 2; de Syn. 16.

trug." [1]) „Nach Sabellius sind Vater und Sohn Einer, der nur zweimal genannt wird." [2])

2. Diese Eine Hypostase, welche in der Offenbarung Vater und Sohn nur genannt wird, ist ursprünglich ruhende Monas und diese ist der Vater. Nach Athanasius lehrte Sabellius: „Die Monas ist durch Ausdehnung zur Trias geworden; die Monas ist der Vater." [3]) „Der Vater hat sich zur Trias ausgedehnt." [4]) „Der Vater ist derselbe,[5]) er erweitert sich aber zum Sohn und Geist."

3. Diese Monas ist nicht im Schweigen geblieben, sondern sie hat gesprochen bei der Schöpfung und das ist die Zeugung des Logos. Dieser ist aber noch nicht das Prosopon des Sohnes, noch nicht ein Prosopon der sabellianischen Trinität. „Sie wollen (die Sabellianer), daß Gott schweigend nichts wirkt, sprechend aber Kraft habe. Schweigend konnte Er nichts thun, sprechend aber begann er zu schaffen." [6]) „Gott[7]) mußte deßhalb sich eine Kraft verschaffen (zur Schöpfung) durch Zeugung, d. h. durch sein Sprechen. Des Logos Hervorgang ist seine Zeugung; als er hervorkam, da entstand die Schöpfung und trat in die Existenz." Wie wir sehen, wird die Schöpfung dem Logos zugeschrieben. Wollte man nun annehmen, daß bei Sabellius schon die Schöpfung der erste Schritt ist zur Entfaltung der Monas zur Trias, so widerspricht dem der stetige Vorwurf gegen seine Lehre, daß er die Präexistenz des Sohnes leugne.

Athanasius sagt nemlich[8]): „Die Sabellianer wagen es, den Logos und Sohn zu trennen, und zu sagen, ein anderer sei der Logos und ein anderer der Sohn, und vorher sei der Logos, und nachher der Sohn." Oder[9]): „Der Logos war im Anfange einfach Logos, als er aber Mensch wurde, da wurde er Sohn genannt, denn vor seiner Erscheinung war er nicht Sohn, sondern Logos allein." Nach diesem Zeugnisse war es An-

---

[1]) ad Serap., epist. IV., cap. 5.

[2]) c. Ar. III, 4.

[3]) c. Ar. IV., 13, p. 626 B. *Ἡ Μονὰς πλατυνθεῖσα γέγονε Τριάς ἡ δὲ μονάς ἐστιν ὁ πατήρ.*

[4]) c. Ar. IV, 14.

[5]) c. Ar. IV, 25. pag. 636 F.: *Ὁ πατὴρ ὁ αὐτὸς μέν ἐστι, πλατύνεται δὲ εἰς υἱὸν καὶ πνεῦμα.*

[6]) c. Ar. IV, 11.

[7]) c. Ar. IV, 12.

[8]) c. Ar. IV, 15.

[9]) l. c. c. 22.

schauung der Sabellianer, daß der Sohn erst entstand bei der Menschwerdung, daß mithin in der Schöpfung noch nicht die trinitarische Entfaltung Gottes begann, sondern daß bei ihr nur die ruhende oder schweigende Monas thätig wurde. Demgemäß sind Monas und Vater, Monas und Logos wesentlich identisch. Die Monas selbst ist als Grund der Welt der Logos und im Gegensatz zu Sohn und Geist der Vater (wiewohl sie auch Vater heißt im Gegensatz zur Welt).

4. Erst innerhalb der bereits entstandenen Welt erscheint die Monas als Trias und der Vater als Sohn und Geist, und zwar ist ihr Verhältniß analog zu denken dem Verhältniß des hl. Geistes zu seinen Gnadengaben.[1]) „Wie es verschiedene Gnadengaben gibt," sagt Athanasius von Sabellius, „der Geist aber derselbe ist, so ist auch der Vater derselbe, erweitert sich aber zum Sohne und Geiste. So wird der Vater Logos und hl. Geist sein, indem er bald Vater, bald Sohn, bald Geist ist, nach dem jeweiligen Bedürfniß sich richtend." Als den Moment, in welchem der Vater Sohn wird, faßt Athanasius die Menschwerdung auf;[2]) wann aber die Monas hl. Geist wird, das findet sich bei Athanasius nicht ausgesprochen.

5. Die Erscheinung der Monas als Sohn und Geist hört wieder auf, wenn diese die Bedürfnisse der Menschheit erfüllt haben. Während aber sie sind, kann der Vater (allerdings nur nominell) nicht existiren. Athanasius sagt im Anschluß an die eben angeführte Stelle:[3]) „Der Vater hätte so einen Anfang seines Werdens als Sohn, und würde so aufhören, Vater zu heißen ... Es müßte auch der Name des Sohnes und Geistes wieder aufhören, wenn sie ihr Bedürfniß erfüllt."

6. Gleichwie die Entfaltung Gottes zur Trinität, so hört aber auch sein Hervortreten oder Sprechen zum Zwecke der Schöpfung auf. „Der Logos nämlich läuft zurück,[4]) damit er sei, wo er war. Wenn er in Gott ist, so wird Gott wieder schweigen. Dann aber wird Gott immer schweigen, oder wiederum zeugen und eine andere Schöpfung ausdenken."

7. Die Schöpfung und die Trinität entstehen durch eine Selbstausdehnung der Monas und vergehen durch eine Selbstzusammenziehung derselben. Diese Ausdehnung und Zusammenziehung möchte

---

[1]) c. Ar. IV, 25.
[2]) c. Ar. IV, 22.
[3]) c. Ar. IV, 25.
[4]) c. Ar. IV, 12. cfr. c. Ar. IV, 25.

Athanasius gerne von den Stoikern herleiten. Er sagt[1]): „Das, was er über die Thätigkeit der Monas bei der Schöpfung behauptet, hat Sabellius vielleicht von den Stoikern herübergenommen, welche da festhalten, daß Gott sich zusammenziehe und wiederum ausdehne mit der Schöpfung.“ An einer anderen Stelle weist Athanasius die sabellianische Anschauung zurück, daß „wegen der Schöpfung sich die Monas ausgedehnt habe.“[2]) Daß nach Sabellius die Trinität auf einer solchen Selbstausdehnung beruhe, sagt Athanasius wiederholt,[3]) so daß dieses letztere gar nicht bezweifelt werden kann.

8. Soll auf Grundlage dieser Bestimmungen die sabellianische Irrlehre in ihrem inneren Zusammenhange und mit Rücksicht auf ihre philosophischen Voraussetzungen dargelegt werden, so haben wir hiezu viel zu wenig Anhaltspunkte und sind zu sehr auf Vermuthungen angewiesen, weßhalb denn auch über sie die mannigfachsten Ansichten herrschen. Man kann daher nur Folgendes mit einiger Bestimmtheit behaupten: Daß Sabellius eine Schöpfung im eigentlichen Sinne geradezu geleugnet und die Welt nur zu einem Bestandtheil Gottes gemacht, läßt sich nicht mit Sicherheit darlegen. Allerdings läßt seine Lehre von der Selbstausdehnung der Monas bei der Zeugung des Logos zum Zwecke der Schöpfung auf Pantheismus schließen. Dieser Schluß wird insbesondere noch dadurch verstärkt, daß Sabellius in dieses Sprechen Gottes die erste Thätigkeit der Monas verlegt und er sich Gott doch nicht ganz regungslos konnte gedacht haben, so daß also die Schöpfung der Welt als nothwendiges Element im Lebensprozeß der Monas selbst erscheint. Indeß unmöglich ist es nicht, daß er sich Gott als thätigkeitslos gedacht habe und seinen Logos als in ihm ruhend ohne irgend welchen Drang, nach außen sich auszubreiten, und diese Ausbreitung selbst wäre wohl denkbar ohne alle pantheistische Unterlage, indem man sie nur als unbestimmten Ausdruck für die schöpferische Thätigkeit überhaupt ansehen könnte.[4])

---

[1]) c. Ar. IV, 13. cf. IV, 15.

[2]) c. Ar. IV, 14.

[3]) z. B. c. Ar. IV, 13, 14, 25.

[4]) Es ließe sich allerdings auch behaupten, daß es doch zu inkonsequent sei und einen gänzlichen Mangel an jedem System verrathe, daß er eine eigentliche Schöpfung angenommen und hinterher wieder pantheistische Begriffe auf das Trinitätsdogma angewendet habe; allein solange sein System nicht vorliegt, bleibt es uns unbenommen, dasselbe einfach zu negiren.

Damit fällt nun auch jeder Versuch, nach metaphysischen Voraussetzungen seiner Trinitätslehre zu forschen. Schon der Umstand, daß er Schöpfung und Trinität in keinen Zusammenhang bringt, läßt ersehen, daß er die Logosidee der damaligen Philosophie für die Trinitätslehre nicht verwerthete. Um aber seine Logoslehre zu behandeln, abgesehen von seiner Trinitätslehre, haben wir ebenfalls zu wenig Anhaltspunkte. Deßungeachtet bleibt sicher, daß Sabellius zur Deutung des Dogma der Trinität pantheistische Anschauungen und Ausdrücke gebraucht. Seine Lehre von der Ausdehnung des Vaters zum Sohn und Geist und ihrer bloß nominellen Verschiedenheit erinnert ganz an die stoische Lehre von dem Entstehen und Vergehen der Welt und an deren Nominalismus.

Den Grund aber einer solchen Anwendung finden wir in dem Streben des Sabellius, die Einheit Gottes festzuhalten. Ging er nemlich von abstrakt=monotheistischer Grundlage aus, so boten sich ihm jene Begriffe als die günstigsten zur Erklärung des Trinitätsdogma dar, welche diesen Monotheismus ganz unzweideutig bestehen ließen, und diese fand er gerade im stoischen Monismus und Formalismus. Daß nun Sabellius einen abstrakten Monotheismus wirklich festhielt, dafür spricht einmal sein äußerer Zusammenhang mit Noëtus, ferner seine ganze anfängliche Lehre.[1]) Seine spätere Lehre nun, wie wir sie bei Athanasius gefunden, erscheint nur als Fortbildung der ersteren, nicht als eine Aufhebung seines Grundprinzips. Allerdings ist diese Fortbildung eine völlige Verflüchtigung des patripassianischen Gedankens und ein Zurücksinken in den Ebionismus, wenn auch in erhöhter Form, aber auch bei seiner Offenbarungstrinität sehen wir überall die abstrakte Einheit seiner Monas heraus, deren mehrfache Erscheinungsform gar nicht gehörig erklärt wird.

Es erscheint uns also bei Sabellius der abstrakte Monotheismus zum erstenmale im Gewande griechischer Philosophie,[2]) aber noch sind beide nicht verschmolzen zu einem System. Der jüdische Monotheismus tritt auf mit den Waffen des heidnischen Pantheismus, weiß sie aber nicht zu schwingen, bewirkt und bewahrt seinen Einfluß nur durch die ihm selbst noch innewohnende Kraft, welche von der christlichen Lehre noch nicht

---

[1]) Kuhn p. 330 (l. c.) und die daselbst citirten Quellen.

[2]) Staudenmaier (die Philosophie des Christenthums S. 494 ff.) leitet den Sabellianismus von Philo ab.

gebrochen ist. Der jüdische Gottesbegriff wird in heidnischer Form reproduzirt, ohne daß er deshalb zum heidnischen würde. Das ist der historische Sabellianismus,[1]) der allerdings einen anders gearteten, ganz pantheistischen Sabellianismus nicht ausschließt.

2. Die vorarianische Bekämpfung der antitrinitarischen Häresie.

1. Die Kirche hat von Anfang an alle ihrem Trinitätsglauben entgegenstehenden Häresien bekämpft, so den Doketismus, Gnosticismus, Ebionismus, Patripassianismus u. s. w. Der Zweck unserer Aufgabe erheischt aber nicht eine eingehendere Darstellung dieses Kampfes, sondern nur jene Lehrer sollen eine nähere Würdigung erfahren, welche in der arianisch-athanasianischen Polemik vielfach zur Sprache kamen und mit denen Athanasius selbst sich viel beschäftigt hat. Es sind das Dionysius von Alexandrien und Dionysius von Rom.

Dionysius von Alexandrien war hauptsächlich ein Gegner des Sabellianismus. Sein Streben ging vor allem dahin, zu zeigen, daß der Sohn ein vom Vater verschiedenes Sein habe, und durchaus nicht mit ihm zusammenfalle.

Dionysius war ein Schüler des Origenes. Indessen ist es durchaus nicht wahrscheinlich, daß seine Bekämpfung des Sabellianismus aus einem speculativen System entsprang, sondern lediglich ein praktisches Interesse war es, das ihn zur Aufstellung seiner Sätze veranlaßte.[2]) Athanasius sagt nur:[3]) „Dionys von Alexandrien schrieb gegen Sabellius und legte das Heilswerk des Erlösers im Fleische weitläufig auseinander und überführte damit die Sabellianer, daß nicht der Vater Fleisch geworden sei, sondern sein Logos.“ In seinem Briefe an Euphranor und Ammonius schreibt Dionysius: „Ein Geschöpf und ein gewordenes Wesen sei der Sohn Gottes, er sei nicht von Natur aus dem Vater eigen,

[1]) Allerdings haben wir zunächst nur die Darstellung des Sabellianismus bei Athanasius benützt. Es werden aber die Sätze des Athanasius auch durch andere Autoritäten bestätigt. Nur die Identität des Vaters mit der Monas wird nicht von allen Vätern bestimmt behauptet, sondern Einige sagen eher das Gegentheil. Vgl. Voigt (a. a. O.) S. 260 ff., wo besonders die Schleiermacher'sche Auffassung des Sabellianismus eine Kritik erfährt.

[2]) Vorzüglich auf Grund biblischer Aussprüche, wie Joh. 15, 1; Hebr. 1, 4; Prov. 8, 22, betonte er scharf den Unterschied zwischen Vater und Sohn. Indem die Schrift so verschiedenes von Beiden aussage, müsse doch der Sohn vom Vater auch wirklich verschieden sein.

[3]) De decretis Nicaenae Synodi cap. 25.

sondern dem Wesen nach ihm fremd, wie es der Weingärtner im Verhältniß zum Weinstock und der Schiffsbaumeister im Verhältniß zum Fahrzeug sei; denn als Geschöpf war er nicht, bevor er wurde.[1]) Diese Stellen, die auch Athanasius nicht läugnet, klingen nun allerdings ganz subordinatianisch und stimmen zum Theil wörtlich überein mit den Hauptsätzen der Arianer. Athanasius möchte zwar obige Stellen auf die Menschheit Christi beziehen, auch die Apostel sagten ja vom Heiland Menschliches aus, ohne daß sie deshalb Arianer seien;[2]) Dionys wollte durch Hervorhebung der Menschheit des Herrn die Sabellianer dazu bringen, den Sohn nicht Vater zu nennen.[3]) Allein wie Kuhn urtheilt,[4]) so aufgefaßt wäre die Polemik des Dionys völlig gegenstandslos gewesen. Es kam ja nicht darauf an, einen Unterschied zwischen dem an sich seienden und dem in der Menschwerdung sich offenbarenden Gott überhaupt zu beweisen, den auch die Sabellianer wohl zugestanden, sondern darauf, den Personen-Unterschied beider klar zu machen, und der muß doch auch unabhängig von der Menschwerdung bestehen. Demgemäß müssen obige Worte des Dionys, wenn sie überhaupt einen Sinn haben sollen, auf die Person des Sohnes, unabhängig von seiner Menschheit bezogen werden.

Dann aber leidet Dionys an demselben Fehler wie Arius. Er hält den Unterschied zwischen Vater und Sohn aufrecht, aber auf Kosten der Wesenseinheit. Ein unüberlegter Eifer, den Sohn vom Vater zu unterscheiden, verleitet ihn, seine Gottheit in Frage zu stellen. Allein er hat doch nirgends ausgesprochen, daß der Sohn zeitlich und geschöpflich im eigentlichen Sinne und daß er geradezu aus Nichts sei. Ebensowenig hat er ausgesprochen, daß sein Begriff von Vater und Sohn ihr Verhältniß auch adäquat ausdrücke. Daher blieb er ebensosehr für den nizänischen Begriff der Homousie wie für die arianische Heterusie offen. Dionysius befand sich eben auf dem Boden der alexandrinischen Trinitätslehre, in welcher der Unterschied von Vater und Sohn immer zu hoch gespannt wurde. Es lag noch im Unklaren,

---

[1]) De sententia Dionysii c. 4. pag. 246 A: *Ποίημα καὶ γενητὸν εἶναι τὸν υἱὸν τοῦ θεοῦ, μήτε δέ φύσει ἴδιον, ἀλλὰ ξένον κατ' οὐσίαν αὐτὸν εἶναι τοῦ πατρός . . . Ὡς ποίημα ὢν οὐκ ἦν πρὶν γένηται.*

[2]) l. c. 7 & 8.

[3]) c. 9, 12, 20.

[4]) l. c. S. 241.

daß dieser Unterschied ein rein persönlicher sei. Man hielt zwar am Glauben an die Trinität fest, allein die Vermittelung desselben im Begriffe war noch im Unbestimmten und Unvollkommenen.

Der Verlauf der Geschichte des Dionysius wird das Gesagte bewahrheiten. Als er nämlich von einigen verklagt wurde in Rom beim Papste Dionysius, da vertheidigte er sich glänzend gegen die gemachten Vorwürfe.

2. Der erste dieser Vorwürfe lautete nach Athanasius:[1]) daß er die Ewigkeit des Sohnes läugne. Dem gegenüber sagt Dionys[2]): „Nie gab es eine Zeit, wo Gott nicht Vater war, immer ist Christus, der da ist Logos und Weisheit und Kraft. Niemals war Gott von diesen verwaist, um sie nachher zu empfangen; indeß hat der Sohn nicht von sich selbst, sondern aus dem Vater das Sein.“ Er geht dann über auf das Gleichniß vom Licht und Abglanz und zeigt daran die Ewigkeit des Sohnes; er schließt diese auch aus der Ewigkeit des Vaters, denn „wenn ein Erzeuger ist, dann muß auch ein Sohn sein“.

Der zweite Vorwurf lautet[3]): „Wenn Dionys Vater sagt, so nennt er nicht den Sohn, und wenn er Sohn sagt, so nennt er nicht den Vater, sondern er trennt und entfernt und theilt den Sohn ab vom Vater.“ Darauf erwidert Dionys[4]): „Die von mir gesagten Namen sind unzertrennbar und unzerreißbar. Sage ich Vater, so habe ich schon, bevor ich den Sohn anführe, ihn im Vater bezeichnet. Führe ich den Sohn an, so war, wenn ich auch vorher den Vater nicht genannt, er dennoch ganz und gar im Sohne von vornherein inbegriffen. Setze ich den hl. Geist hinzu, so habe ich zugleich hinzugefügt, woher und durch wen er ausgegangen . . . Vater ist der die gegenseitige Verbindung eröffnende Name. Der Sohn ist vom Vater nicht entfernt, denn der Ausdruck Vater zeigt die Gemeinschaft an, in ihren Händen aber ist der Geist, weder von seinem Sender, noch von seinem Träger trennbar. So erweitern wir zur Trias die un-

---

[1]) De sent. Dion. cap. 14.

[2]) l. c. 15.

[3]) l. c. 16.

[4]) l. c. 17. pag. 254 F: *Πατέρα εἶπον, καὶ πρὶν ἐπαγάγω τὸν υἱόν, ἐσήμανα καὶ τοῦτον ἐν τῷ πατρί· υἱὸν ἐπήγαγον, εἰ καὶ μὴ προειρήκειν τὸν πατέρα, πάντως ἂν ἐν τῷ υἱῷ προείληπτο. Ἅγιον πνεῦμα προσέθηκα, ἀλλ' ἅμα καὶ πόθεν καὶ διὰ τίνος ἧκεν, ἐφήρμοσα . . . . Πατὴρ προκαταρκτικόν ἐστι τῆς συναφείας τὸ ὄνομα . . . Οὕτως ἡμεῖς εἴς τε τὴν τριάδα τὴν μονάδα πλατύνομεν ἀδιαίρετον, καὶ τὴν τριάδα πάλιν ἀμείωτον εἰς τὴν μονάδα συγκεφαλαιούμεθα.*

theilbare Monas und ziehen die Trias wieder unvermindert zur Monas wie zu ihrem Mittelpunkte zusammen."

Der dritte Vorwurf lautet, „daß er den Sohn eines von den Geschöpfen nenne, und nicht Eines Wesens mit dem Vater."[1]) Dionys erwidert: „Die Beispiele von geschaffenen Dingen habe er als weniger brauchbar nur vorübergehend gebraucht, außerdem habe er auch bei angemesseneren und der Natur der Sache entsprechenderen sich aufgehalten, die er in einem andern Briefe geschrieben. Dort habe er auch den lügenhaften Vorwurf widerlegt, daß er den Sohn nicht wesensgleich mit dem Vater halte. Allerdings habe er dieses Wort nicht in den Schriften gefunden, aber seine Beispiele stimmen mit jenen Gedanken doch überein. Denn er habe auch die menschliche Zeugung eingeführt, die doch (dem Zeugenden) homogen sei, indem er gesagt, nur darin seien die Eltern von den Kindern unterschieden, daß sie nicht selbst die Kinder seien. Er erinnere sich, daß er mehrere Gleichnisse von unter sich stammverwandten[2]) Dingen hinzugefügt, wie von dem Gewächs und seinem Samen und seiner Wurzel, ferner das vom Flusse und der Quelle."[3])

Weiter sagt er:[4]) „Obwohl ich das Wort Homousios in den Schriften nicht fand, so habe ich, als ich den Sinn der Schriften zusammenstellte, doch erkannt, daß Sohn und Logos dem Wesen des Vaters nicht fremd sein können. Wenn Einer von den Verläumdern glaubt, ich hätte, da ich Gott den Schöpfer und Werkmeister aller Dinge genannt, dieses auch mit Bezug auf Christus gesagt, der soll vernehmen, daß ich ihn zuerst Vater genannt, worin auch der Sohn bereits gesetzt ist. Nachdem ich den Vater Schöpfer genannt, habe ich beigefügt: Weder ist er Vater dessen, wessen Schöpfer er ist, wenn man Vater im eigentlichen Sinne für Erzeuger nimmt, noch ist der Vater überhaupt Schöpfer, wenn nur der Werkmeister Schöpfer heißt.[5]) Und wenn ich auch über den Sohn handelnd Gott dessen Schöpfer genannt, so läßt sich auch das vertheidigen; denn die

---

1) l. c. 18.

2) Dionys gebraucht, wie wir sehen, statt *ὁμοούσιος* auch synonyme Ausdrücke wie *ὁμοφυής, ὁμογενής*.

3) conf. de Syn. c. 44.

4) l. c. 20.

5) l. c. 20 pag. 257 D.: *Οὔτε πατήρ ἐστιν (ὁ θεός) ὧν ποιητής, εἰ κυρίως ὁ γεννήσας πατήρ ακούοιτο, οὔτε ποιητὴς ὁ πατήρ, εἰ μόνος ὁ χειροτέχνης ποιητὴς λέγοιτο.*

weisen Griechen nennen sich Schöpfer ihrer eigenen Geistesprodukte, wenn sie auch eigentlich Erzeuger derselben sind."

3. Haben diese Stellen zunächst apologetischen Zweck, so drückt Dionys seine Anschauung auch anderweitig folgendermaßen aus: [1])

„Es ist oben gesagt, daß Gott Quelle alles Guten ist, als ein von ihm hervorfließender Strom aber ist sein Sohn bezeichnet worden. Denn ein Ausfluß des Nus ist der Logos und wird, um menschlich zu sprechen, vom Herzen durch den Mund ausgestoßen; es wird aber der durch die Zunge heraustretende Nus ein anderer als der Logos im Herzen; denn der Aussendende ist und bleibt, was er war, der Ausgesendete eilt hin und wird überallhin getragen, und so ist einer im andern, während er doch verschieden ist vom andern, und sie sind eins, obwohl ihrer zwei sind. So sind auch Vater und Sohn Eins und in einander."

„Wie unser Nus von sich den Logos ausstößt, nach Ps. 44, 1 und einer vom andern verschieden ist, und einen eigenen vom andern abgetrennten Ort besitzt, der eine im Herzen, der andere auf der Zunge und im Munde sich bewegend und verweilend (so ist es beim Vater und Sohn); sie sind aber nicht von einander entfernt, und beschränken sich auch nicht einander, nicht ist der Nus ohne Logos, noch der Logos ohne Nus, sondern der Nus bringt den Logos hervor, indem er in ihm sich zeigt, und der Logos zeigt den Nus an, indem er in ihm geworden ist, und der Nus ist gleichsam der einwohnende Logos, der Logos aber der hervortretende Nus. Es geht der Nus in den Logos über, der Logos aber bringt den Nus an die Vernehmenden, wie einen in ihm enthaltenen. Und so setzt sich der Nus durch den Logos in den Seelen der Hörenden fest, da er mit dem Logos in sie eingeht. Es ist also der Eine, der Nus, gleichsam der Vater des Logos, aus sich seiend, der andere, nämlich der Logos, gleichsam der Sohn des Nus, unmöglich zwar vor ihm, aber auch nicht außer ihm irgendwoher, mit ihm geworden, aber aus ihm entsprossen. (Bis hieher das Gleichniß.) So hat auch der Vater, der größte und allgemeine Nus, zu seinem Dolmetscher und Boten den obersten Logos, der sein Sohn ist." [2])

---

[1]) l. c. 23.

[2]) l. c. 23 p. 259 E.: *Οὕτως ὁ πατὴρ ὁ μέγιστος καὶ καθόλου νοῦς πρῶτον τὸν υἱὸν λόγον ἑρμηνέα καὶ ἄγγελον ἑαυτοῦ ἔχει.*

4. Soll nun auf Grund dieser Fragmente der Charakter der Logoslehre des großen Dionysius gezeichnet werden, so entsteht vor Allem die Frage, ob zwischen seinem früheren und späteren Standpunkte ein wesentlicher Unterschied stattfinde.[1])

Das aber ist zu verneinen. Denn die Unbestimmtheit der damaligen Ausdrucksweise ließ es gar wohl zu, daß man den Sohn ποίημα nannte und dennoch die Idee des Sohnes damit verband und wenn er sagt, der Sohn war nicht, bevor er wurde, so sagt er auch später noch, der Sohn hat das Sein nicht aus sich, sondern vom Vater. Es kann darum auch in seinen früheren Worten ebensowohl die die principale wie die zeitliche Priorität des Vaters vor dem Sohne angegeben sein, wie denn auch das allerdings von ihm nicht gebrauchte Wort „ἀρχή“ diese beiden Beziehungen in sich schließt. Mehr Schwierigkeilen bietet der Satz, daß der Sohn dem Vater dem Wesen nach fremd sei. Allein wenn wir bedenken, daß der Audruck ἴδιος φύσει sehr leicht so gedeutet werden konnte, als wäre der Logos nur eine Seite des Vaters selbst, ferner daß οὐσία nicht Wesen im Gegensatz zu Person bezeichnete, so finden wir es halb erklärlich, daß Dionys, um ja dem Sabellianismus die Spitze zu brechen, zu einer solchen Ausdrucksweise kommen konnte. Immerhin aber bleibt seine Ausdrucksweise sehr mißdeutbar und unbestimmt und bedurfte einer bedeutenden Correktur.

5. In seiner späteren Periode aber weht uns ein ganz anderer Geist entgegen. Durch das Bild vom menschlichen Nus und Logos, dem Gedanken und dem Worte, der Vernunft und der Sprache lehrt er die beiden Momente der Einheit und des Unterschiedes, ohne das eine auf Kosten des andern preiszugeben. Dieses ihm eigenthümliche Bild und dessen Anwendung ist aber auch der einzige Anhaltspunkt, um den Charakter seiner Logoslehre zu bestimmen. Denn was er sonst noch sagt über die Ewigkeit des Sohnes, seine Untrennbarkeit vom und seine Homousie mit dem Vater kann seine Basis nur in jener An=

---

[1]) Schwane (Dogmengeschichte der vornizänischen Zeit, Münster 1869, S. 193) meint, nur aus dem äußerst friedliebenden Charakter des Dionys erkläre sich die Verschiedenheit seiner späteren Darstellung von seiner früheren. — Dorner (Entwicklungsgeschichte der Lehre von der Person Christi, Stuttgart 1845, I. Bd. S. 743) sagt, es galt einfach zu retraktiren. — Kuhn sagt (S. 243), es sei seine spätere Lehre eine bloße Weiterbildung seiner bisherigen Ansicht. — Hagemann (die römische Kirche S. 421) sagt, Dionys sei Schritt für Schritt zurückgewichen, bis er endlich auf der Linie des wahren Glaubens anlangte.

schauung haben. Gerade diese Anschauung aber erscheint nur[1]) als eine populäre auf Grund von Ps. 44, 1 sich entwickelnde Vorstellung, in welcher kein spekulatives Element zu entdecken ist. Allerdings deuten seine zuletzt angeführten Worte vom größten Nus und dem obersten Logos als Dolmetscher und Boten Gottes auf das System des Origines hin, allein wir können auf Grund dessen nur ganz allgemein bei ihm die origenistische Schule erkennen, ohne daß wir deßhalb seinen philosophischen Standpunkt darlegen könnten.[2])

Eine formelle und indirekt auch materielle Weiterbildung der Trinitätslehre aber erfolgte durch ihn insoferne, als er es klar aussprach, daß Gott im Verhältniß zum Sohne eigentlich nur Vater, im Verhältniß zum Geschöpf eigentlich nur Schöpfer und Werkmeister genannt werden könne. Es fällt aber dieses Verdienst nicht so fast ihm zu, als vielmehr seinem Namenskollegen in Rom, zu dem wir nun übergehen.

6. Dionys von Rom berief nämlich auf die Anklage gegen Dionys von Alexandrien hin eine Synode und erließ ein Synodalschreiben, von welchem uns Athanasius folgende Bruchstücke hinterlassen hat:[3])

„Nunmehr ist es billig, auch gegen Jene zu sprechen, welche die ehrwürdigste Lehre der Kirche Gottes, die Monarchie, gewissermaßen in drei Kräfte und getheilte Hypothesen, und drei Gottheiten zerreißen, zerschneiden und auflösen. Denn ich habe erfahren, daß einige von euren Katecheten und Lehrern des göttlichen Wortes diese Ansicht vortragen, die diametral, so zu sagen, der sabellianischen entgegensteht. Denn dieser lästert in der Behauptung, der Sohn selbst sei der Vater und umgekehrt. Jene aber verkünden in gewisser Weise drei Götter, indem sie in drei einander gänzlich fremde, getrennte Hypostasen die heilige Monas zerreißen. Denn es ist nothwendig, daß mit dem Gotte aller Dinge der göttliche Logos geeint sei, der heilige Geist aber muß in Gott verweilen und in ihm wohnen; sofort muß man ganz nothwendig die göttliche Trias auf Einen wie auf eine Spitze (nämlich auf den allherrschenden Gott) centralisiren und zusammenziehen."

Sodann vergleicht er diese Irrlehre mit der des Marcion und nennt sie eine unchristliche. Dann fährt er fort: „Nicht weniger sind jene zu

---

[1]) Vgl. Kuhn, S. 252.

[2]) Kuhn p. 252.

[3]) De decr. 26.

tadeln, welche dafür halten, der Sohn sei ein Geschöpf, und welche da meinen, der Herr sei geworden wie Eines der wirklich gewordenen Dinge, während doch die göttliche Schrift die ihm gebührende und geziemende Zeugung und nicht eine Art Bildung und Schöpfung bezeugt. Es ist daher keine gewöhnliche, sondern die größte Lästerung, den Herrn gewissermaßen etwas äußerlich Hervorgebrachtes zu nennen (χειροποίητον); denn wenn der Sohn hervorgebracht ist, so war eine Zeit, wo er nicht war. Er war aber immer, wenn er überhaupt im Vater ist, wie er selbst sagt, und wenn Christus Wort, Weisheit und Kraft ist; denn daß Christus dieses ist, besagen die göttlichen Schriften, wie ihr wißt. Das aber sind Kräfte Gottes. Wenn also der Sohn geworden ist, so gab es eine Zeit, wo diese nicht waren, es gab also einen Zeitpunkt, wo Gott ohne diese war, was ganz ungereimt ist." Sofort erklärt er, sie selbst wüßten die daraus entspringenden Ungereimtheiten; auf Prov. 8, 22 übergehend sagt er, ἔκτισε stehe für ἐπέστησε. Die heilige Schrift sage an vielen Stellen, der Sohn sei gezeugt, nirgends er sei geworden; es irrten daher, die seine göttliche und unaussprechliche Zeugung eine Schöpfung nennen. Er schließt dann also: „Man darf also weder die wunderbare und göttliche Monas in drei Gottheiten theilen, noch durch den Ausdruck Schöpfung die Würde und überragende Größe des Herrn beeinträchtigen, sondern man muß fest glauben an Gott, den allmächtigen Vater, und an Jesus Christus, seinen Sohn, und an den heiligen Geist, ferner daß mit dem Gott aller Dinge der Logos geeint sei, denn er sagt: Ich und der Vater sind Eins, ich bin im Vater und der Vater ist in mir. So läßt sich nämlich die göttliche Trias und die heilige Lehre der Monarchie retten."

Ueber die von Dionysius bekämpften Lehren sagt Athanasius kurz: „Er schrieb sowohl gegen die Anhänger des Sabellius, als auch gegen jene, welche dasjenige dachten, weßhalb Arius aus der Kirche ausgeschlossen wurde." [1]) Dionysius hat somit gegen zwei Extreme in der Trinitätslehre sich gerichtet, [2]) und diese sind einmal der Sabellianismus und dann die Theorien des Dionysius von Alexandrien.

---

[1]) De sent. Dion. 13.

[2]) Vgl. Näheres bei Kuhn S. 279; Hefele (Conciliengeschichte, Freiburg 1873, I. Bd. S. 256); Hagemann S. 413 und 435. Die Dorner'sche Auffassung (I, 749), wonach Dionysius auch einen Marzionitismus verworfen, ebenso die Baur'sche (die christliche Lehre von der Dreieinigkeit und Menschwerdung Gottes, Tübingen 1841, I. Bd. S. 313), die Ankläger selbst seien die Tritheisten gewesen, sind unhaltbar.

7. Heben wir nun das Wesentliche dieser Trinitätslehre hervor,[1]) so kann bei Dionys von Rom ebensowenig von einer systematisch ausgebildeten Logoslehre die Rede sein, wie bei Dionys von Alexandrien. Denn wir finden in dem erhaltenen Fragmente keine ausgesprochene metaphysische Anschauung, keine Rücksichtnahme auf die Logosidee der Philosophie, keine Verbindung der Trinitätslehre mit der Lehre von der Schöpfung. Es sind lediglich einige Sätze der heiligen Schrift, auf welche sich Dionys stützt. Im Einzelnen aber ist es, wie schon angedeutet, sein vorzüglichstes Verdienst, zur Fixirung des Sprachgebrauches beigetragen zu haben. Trefflich sagt hierüber Möhler:[2]) „Hier finden wir die erste bewußte Unterscheidung der Art und Weise des Hervorgehens des Sohnes aus Gott von dem der endlichen Wesen; jene wird Zeugung, diese Schöpfung genannt und zwar deßwegen, weil der Sohn ein nothwendiges inneres Verhältniß in der Gottheit und mit dieser ewig gesetzt sei, die erschaffenen Dinge aber endlich und (gewissermaßen) zufällig seien.“

In sachlicher Beziehung bemüht er sich, zwischen den beiden Extremen der Trinitätslehre glücklich hindurchzusteuern. Voigt meint zwar,[3]) er gefährde das Sein des Sohnes sabellianisch, allein abgesehen davon, daß Dionys den Sabellianismus geradezu bekämpft, lassen seine Ausdrücke, daß Christus Logos, Weisheit und Macht des Vaters sei und darum nothwendig ewig, einen ganz orthodoxen Sinn zu. Sie müssen nämlich nicht dahin gedeutet werden, als sei der Vater ohne Sohn vernunftlos und weisheitslos, sondern sie bedeuten nur den wesentlichen Zusammenhang zwischen Vater und Sohn.[4]) Ebenso wie Dionys den Unterschied der Personen festhält, vertheidigt er auch die Einheit des Wesens durch das Bild einer in sich selbst zurücklaufenden Linie.[5])

3. Der Arianismus.

1. Bisher haben wir noch kein System einer Logoslehre gefunden. Bei Sabellius war es zunächst die theologische Grundlage eines Monotheismus, welche ihn zur Irrlehre, bei Dionys von Alexandrien

---

[1]) Vgl. über Dionys von Rom bs. Hagemann S. 432 ff.

[2]) l. c. I, 108.

[3]) l. c. p. 31.

[4]) In diesem Sinne finden wir dergleichen Ausdrücke auch bei Athanasius u. A., wie wir hinlänglich sehen werden.

[5]) Vgl. Kuhn S. 283.

und von Rom zunächst die Rücksicht auf die Schrift und das Bekenntniß der Kirche, welches sie zum wahren Ausdruck des Glaubens veranlaßte. Bei Arius dagegen finden wir die Theologie im Zusammenhang mit einem philosophischen System. Seine Lehre hat Arius bekanntlich niedergelegt in folgenden drei Schriften: 1) Im Briefe an Eusebius von Nikomedien, der sich bei Epiphanius [1]) und Theodoret [2]) findet; 2) im Briefe an Bischof Alexander, den wir finden bei Athanasius [3]) und Epiphanius [4]); 3) in der Thalia, von welcher uns Athanasius Bruchstücke erhalten hat. [5]) In den beiden ersten Schriften hat Arius noch eine viel höhere Vorstellung vom Sohne, wie Dorner [6]) und Bauer [7]) wohl richtig bemerken, gegen andere wie z. B. Kuhn, Möhler. Der Sohn hat hier noch eine Ausnahmsstellung unter allen Geschöpfen, er ist voller und unwandelbarer Gott (πλήρης θεὸς καὶ ἀναλλοίωτος). Der Vater hat ihm zugleich seine Herrlichkeit gegeben und ihn allein zur Schöpfung ausgerüstet. Arius wurde aber durch die Macht der Consequenz zu immer niedrigeren Vorstellungen vom Sohn getrieben und kam schließlich zu jener Anschauung, die er in der Thalia niederlegte. Nach dieser ist seine Lehre kurz folgende:

„Der Vater allein ist Gott und der Sohn ein Geschöpf. Dieser hat einen Anfang des Daseins, ist aus Nichts und durch den Willen des Vaters geschaffen. Erst, als Gott die Welt schaffen wollte, da schuf er zuerst den Sohn, um durch ihn die Welt zu schaffen. Außer ihm hat Gott noch in sich einen andern Logos, eine andere Weisheit und eine andere Macht, durch welche auch jener erstere Logos oder Sohn geworden ist. Er wird nur uneigentlich so genannt, wie auch die Heuschrecke und Raupe [8]) so heißen. Er ist seiner Natur und seinem Willen nach veränderlich; weil aber Gott voraussah, daß er gut bleiben werde, darum hat er ihm jene Herrlichkeit zum Voraus verliehen, welche er sich später als Mensch verdiente. Er ist darum nicht

---

[1]) Haer. 6, 6.

[2]) Hist. eccl. 1, 4.

[3]) De syn. 16.

[4]) l. c. 69, 7, 8.

[5]) c. Ar. I. 5, 6, 9; de syn. 15.

[6]) I. 819.

[7]) I. 344 u. f. Vergl. auch Böhringer, die Kirche Christi und ihre Zeugen, 2. Abth. S. 62.

[8]) Joel 2, 2.

Gott von Natur aus, sondern nur durch Theilnahme um der Gnade willen und seinem Wesen nach vom Vater verschieden. Er kennt darum auch nicht den Vater, ja nicht einmal sich selbst vollkommen."

2. Durch welche Veranlassung der arianische Streit zum Ausbruch gekommen und wie die Lehre sich äußerlich ausdehnte und verbreitete, gehört nicht zu unserer Aufgabe. Man vergleiche, was z. B. Hefele [1]) und Möhler [2]) hierüber berichten. Lediglich die innere Entstehung dieser Lehre kann uns hier interessiren.

In der vornizänischen Zeit war der Kampf der alexandrinischen Theologie vorzugsweise gegen den Monarchianismus gerichtet.

Der Unterschied der Hypostasen war es ja, den die Kirche damals erkämpfen mußte. [3]) Wie aber die Gegensätze sich überall von selbst hervorrufen, so mußte auch die zu starke Betonung der Einheit in Gott eine zu schroffe Betonung der Unterschiede hervorrufen. Wir haben ein Beispiel hiefür an Dionysius von Alexandrien gesehen. Zwar wurde durch das Schreiben des Papstes Dionysius die alexandrinische Theologie in die rechte Bahn gelenkt und schritt auch auf dieser fort, [4]) immer aber blieb noch ein ziemlicher Bodensatz subordinatianischer Ansichten zurück, [5]) was schon aus der raschen Verbreitung des Arianismus hervorgeht. Es war nämlich die ganze vorarianische Trinitätslehre noch nicht zu jener Klarheit im Begriffe gelangt, welche jedes heterogene Element gleich abgeschnitten hätte. Wir finden hier bei der Stetigkeit der Kirchenlehre ein oft bedenkliches Schwanken im Begriff und im Ausdruck und so konnten auch innerhalb der Kirche stehende Männer mehr oder minder subordinatianisch denken. [6])

Seine wissenschaftliche Stütze fand der alexandrinische Subordinatianismus in der philonischen und neuplatonischen Logoslehre. Es kann hier nicht unsere Aufgabe sein, die Entwicklung des Philonismus und Neuplatonismus aus der hellenischen Philosophie heraus näher zu verfolgen, für unsern Zweck genügt die Bemerkung, daß Philo jene alten

---

[1]) a. a. O. I. 264 u. ff.

[2]) I. 191 ff. (a. a. O.)

[3]) Dorner I, 808.

[4]) Hefele, I, 237, Dorner I, 809, Hagemann S. 486.

[5]) Hefele, I, 260. Hagemann (S. 487) sagt, daß gerade durch das Schreiben des Papstes Dionysius in Alexandrien eine Scheidung der Geister eintrat.

[6]) Man vergl. über die vornizänische Logoslehre Hefele (I. 252 — 260) und die von ihm citirten Werke

Gegensätze vom Unendlichen und Endlichen oder mit andern Worten von Gott und Welt absolut von einander trennte, so daß weder Gott mit der Welt, noch die Welt mit Gott in Beziehung treten kann. Da es aber doch einer Vermittlung bedarf, so wendet Philo einen ganzen Apparat von Untersuchungen und Bestimmungen hierüber auf, schließlich aber gipfelt Alles in seiner Lehre vom Logos als Mittelwesen zwischen Gott und Welt. Dieser Logos ist ihm der Inbegriff der Ideen und zugleich Träger derselben, der Inbegriff aller Formen der Dinge und zugleich der Auswirker derselben in der Erscheinungswelt. Er ist vom absoluten Gott hervorgebracht und wirkt, einmal entstanden, für sich. Wie er aber entstanden, darüber läßt uns Philo im Unklaren. Philo hat allerdings mit der Logoslehre nicht den Anfang gemacht, sondern sie nur von den (pantheistischen) Stoikern herübergenommen, welche selbst wieder auf Heraclit fußen. Er hat sie nur in einer Weise in sein System eingefügt, daß sie eine ähnliche Stellung erhielt, wie bei Plato die Lehre von dem der Welt immanenten Nus im Gegensatze zum transscendenten.[1])

Die philonische Trennung von Gott und Welt wurde noch gesteigert durch Plotinus und die Neuplatoniker. Ihr Logos ist vom obersten Gotte noch um eine Stufe weiter entfernt, als der philonische.

Immerhin aber hatte diese philonische und neuplatonische Speculation ein für die Theologie verwendbares Resultat, nämlich sie stellte fertige Begriffe heraus über den Logos. Zwar hat der Logos der Philosophie zunächst kosmologische Bedeutung, allein es lehrt ja auch die Offenbarung eine Schöpfung der Welt durch den Logos, und das ist der Coincidenzpunkt zwischen der heidnischen und christlichen Logoslehre. Hierin liegt der Grund, warum die christlichen Theologen die heidnische Speculation über den Logos in ihre Theologie herübernehmen konnten. Allerdings lag in der unbefangenen Hinnahme der hellenischen Logoslehre eine große Gefahr für die christliche Trinitätslehre, wie wir dieß z. B. an Origines und Hippolytus sehen, welche zum Subordinatianismus wenigstens sehr geneigt waren.

Noch viel weniger vermochte Arius die Klippe des Subordinatianismus zu umschiffen. Es ist zwar seine Berührung mit der alexandrinischen

---

[1]) Vergl. über Philo z. B. Staudenmaier, Philosophie des Christenthums, S. 361 ff. Heinze, die Lehre vom Logos in der griechischen Philosophie S. 204 ff. Klasen, die alttestamentliche Weisheit und der Logos der jüdisch-alexandrinischen Philosophie, bes. 5. Hptst.

Philosophie des Nähern historisch nicht nachweisbar, allein sicher unter dem Einfluß der alexandrinischen Philosophie [1]) schrieb Arius Sätze wie die folgenden: „Als Gott die gewordene Natur schaffen wollte, da machte und schuf er, nachdem er sah, daß die Creatur mit der unmittelbaren Thätigkeit des Vaters nicht in Berührung kommen könne, zuerst allein einen Einzigen und nannte diesen Sohn und Logos, damit, wenn dieser zum Mittler geworden, sofort das Uebrige und Alles durch ihn werden könnte.“ [2]) Den Satz, daß der Logos erst entstanden sei zum Zwecke der Schöpfung der übrigen Dinge, führt Arius auch in seinem Briefe an Alexander [3]) und in seiner Thalia an. [4]) Demgemäß ist dem Arius Gott durch die Majestät und Heiligkeit seines Wesens verhindert, mit der Welt in Beziehung zu treten, sei es zur Erschaffung oder Erhaltung derselben. Es bedarf eines Mittelgliedes zwischen beiden, und dieses ist der Logos. Dieser kann nicht selbst Gott sein, nicht aus dem Wesen Gottes, nicht ihm gleichewig. Gott ist der Seiende schlechthin, der über Alles unendlich erhaben ist, dessen Wesen gerade in dieser unendlichen Erhabenheit besteht. Eine solche Speculation wandte Arius an auf die christliche Trinitätslehre und wenn er auch gerade damit die Trinität den Sabellianern gegenüber retten wollte, so mußte er doch selbst unweigerlich in Subordinatianismus gerathen.

3. Lag somit in Alexandrien der Subordinatianismus in der Luft einerseits wegen zu einseitiger Bekämpfung des Sabellianismus (Dionysius von Alexandrien), andrerseits wegen zu unbefangener Hinnahme der philonisch-neuplatonischen Speculation, so kam man in Antiochien auf eine andere Weise zur antitrinitarischen Häresie. Hier entstand die Lehre des Paul von Samosata und nach ihm construirte sein Landsmann Lucian eine Trinitätslehre, die nach der Versicherung des Bischofs Alexander von Alexandrien in der Irrlehre der Exukontianer, namentlich

---

[1]) Staudenmaier S. 507 A. sagt geradezu: Die Ansicht Philo's verhält sich zur arianischen Vorstellung wie das Original zur Copie. Meier (die Lehre von der Trinität in ihrer historischen Entwicklung I, 142) meint, aber kaum mit Recht, daß die Logosidee in ihren verschiedenen kirchlichen wie platonisirenden Formen von den Arianern verworfen worden sei.

[2]) c. Ar. II, 24.

[3]) De Syn. 16.

[4]) c. Ar. 1, 5 pag. 409 B: Θελήσας (ὁ θεος) ἡμᾶς δημιουργῆσαι, τότε δὴ πεποίηκεν ἕνα τινά καὶ ὠνόμασεν αὐτὸν λόγον καὶ σοφίαν καὶ υἱὸν, ἵνα ἡμᾶς δι' αὐτοῦ δημιουργήσῃ.

seines Schülers Arius, hervortritt.[1]) Die lucianische Richtung verbreitete sich in Asien ziemlich weit und Arius selbst nennt seinen Freund Eusebius von Nikomedien einen Mitanhänger des Lucian[2]) (*Συλλουκιανιστής*). Damit stimmt ganz überein, wenn Athanasius den Arius mit Paul von Samosata auf eine Linie stellt[3]) oder wenn er den Arianern vorwirft, daß sie es den Juden nachmachen.[4]) Das Streben der antiochenischen Schule ging auf einseitige Betonung der Einheit Gottes. Daß auch Arius, als ächter Schüler dieser Schule, dieses Streben theilte, ergibt sich schon aus dem Anfange seines Briefes an Alexander, wo es heißt:[5]) „Wir wissen von Einem Gott, der allein ungezeugt, allein ewig, allein ohne Anfang, allein wahr u. s. w. ist.“ Insoferne als dem Arius das höchste Wesen nur Einer (d. h. Eine Person) sein kann, ist seine Irrlehre reiner Monarchianismus.

Einen weiteren Einfluß der antiochenischen Schule sehen wir ganz deutlich aus dem arianischen Satze, daß Christus wegen seiner Verdienste Gott geworden sei, weßhalb Athanasius mit Recht sagt, das sei nicht die Ansicht der Kirche, sondern des Samosateners und der Juden.[6]) Abgeschwächt ist der Hauptsatz des Samosateners zwar dadurch, daß bei Arius der Sohn das, was er ist, immer ist, wenn auch anfangs nur aus reiner Gnade und im Hinblicke auf seine künftigen Verdienste, und später erst durch eigene Tugend, indeß ist diese Abschwächung nur ein abgedrungenes Zugeständniß an die bisherige kirchliche Entwicklung der Trinitätslehre.

Mit diesen der antiochenischen Schule entlehnten monarchianischen Anschauungen wollte aber Arius keineswegs die dem Christenthum eigenthümliche Trinitätslehre verwerfen, sondern er wollte dem Sabellianismus allen Boden untergraben dadurch, daß er den Unterschied des obersten Gottes von Christus möglichst hoch spannte. Seinen Hauptangriff richtete er also nicht gegen die Lehre von der Trinität überhaupt, sondern vielmehr gegen die Verwischung des Unterschiedes der

---

[1]) Theodoret. hist. eccl. I, 4.

[2]) Vgl. Hefele I, 258—259 nun die dort citirten Werke. Baur I, 348 Anm.

[3]) z. B. c. Ar. I, 38; II, 13; III, 51; de decr. 24.

[4]) z. B. c. Ar. III, 27; ad Ep. Aeg. et Lib. 13.

[5]) de Syn. 16 p. 729 C: *Οἴδαμεν ἕνα θεόν, μόνον ἀγέννητον, μόνον ἀίδιον, μόνον ἄναρχον, μονον ἀληθινον κτλ.*

[6]) c. Ar. I, 38.

drei Hypostasen, wie sie im Sabellianismus hervorgetreten war.[1]) Gerade in diesem Gegensatz gegen den Sabellianismus gewann seine Lehre die ihr lange Zeit innewohnende Kraft und gerade um dieses Gegensatzes willen konnte sein Monarchianismus sich leicht amalgamiren mit den in Alexandrien seit Origines noch vorhandenen subordinatianischen Elementen.

Das bisher Gesagte zeigt, daß wir in der Theologie des Arianismus eine Verquickung von alexandrinisch-antimonarchianischen und antiochenisch-antitrinitarischen Elementen haben. Insoweit diese Theologie Monarchianismus ist, hat sie ihren letzten Grund in dem antiochenischen Streben, die Einheit Gottes festzuhalten, insoweit die monarchianische Idee subordinatianisch ausgeführt wird, in dem alexandrinischen Streben, den Unterschied der Personen möglichst scharf zu betonen, und in der philonisch-neuplatonischen Philosophie.[2])

4. Verfolgen wir näher die Ausführung der arianischen Lehre, so sehen wir, daß Arius mit seiner starren Einheit des höchsten Wesens alsogleich die Ungezeugtheit verbindet,[3]) also jenen Begriff, wodurch sich allerdings der Vater vom Sohne unterscheidet. Er spannt aber diesen Unterschied alsogleich wieder bis zur gänzlichen Trennung des Sohnes vom Vater. Indem er mit Verwechslung der Begriffe von Zeugen und Schaffen die Ungezeugtheit zum Wesen Gottes selbst macht, nicht bloß zum constituirenden Momente des Vaters, ist ihm der Ungezeugte sofort die oberste Causalität von Allem, außer welcher nur das Nichts ist, der Gezeugte dagegen endlich und bedingt, zeitlich und Geschöpf. Der Vater ist schlechthin über Allem und deßwegen auch vor Allem, er ist allein ἄναρχος, alles Uebrige hat in ihm seine ἀρχή. Der Sohn ist dem Vater nicht gleichewig, und ebensowenig ist er aus dem Vater gezeugt, denn sonst würde er zu einer valentinischen προβολή, oder zu einem manichäischen wesensgleichen Theile Gottes.[4]) Also muß er aus dem Nichts ins Dasein gerufen worden sein und daraus folgt weiter, daß er durch Gottes Willen ward.

Es ist somit dem Arius eine Zeugung im Innern des göttlichen Wesens selbst unmöglich, sein Gottesbegriff läßt schlechterdings keinen

---

[1]) Vgl. Dorner I, 817. Maier, a. a. O. I, 136.

[2]) Vgl. über den Ursprung des Arianismus Hagemann S. 482 ff.

[3]) De Syn. 16: Οἴδαμεν ἕνα θεόν, μόνον ἀγέννητον.

[4]) De Syn. 16.

Unterschied in Gott zu, mit der Einzigkeit Gottes fällt ihm seine absolute Einfachheit zusammen.

5. Forschen wir nach dem Grunde, warum die Arianer keine Zeugung im Innern des göttlichen Wesens selbst annehmen konnten und wollten, so erhalten wir die Antwort bei Athanasius. Einmal nämlich setzten sie den Begriff der Zeugung gleich dem Begriff der Schöpfung, wie schon erwähnt, und vereitelten so die ganze Entwicklung der Trinitätslehre durch die beiden Dionysii. Athanasius macht ihnen wiederholt den Vorwurf dieser Begriffsvertauschung. [1])

Ein weiterer und gerade der Hauptgrund lag darin, daß sie den Begriff der Zeugung nur seinem endlichen Inhalte nach auf das Unendliche anwendeten, nicht in einem transcendenten Sinne. Sofort kamen sie zu dem Schlusse, wenn der Sohn aus dem Wesen des Vaters gezeugt ist, so müßte Theilbarkeit in Gott angenommen werden. Athanasius gibt uns davon reichliche Belege, indem er den Arianern wiederholt vorwirft, daß sie die göttliche Zeugung wie eine menschliche sich denken, daß sie Gott selbst in körperlicher, endlicher Weise sich vorstellen.[2])

Ueberhaupt waren die Arianer in ihrer Theologie Rationalisten, indem sie die Verhältnißbegriffe des Endlichen ohne Weiters in ihrem ganzen Umfange auf das Unendliche übertrugen. Wir müssen auf diesen Rationalismus der Arianer noch näher eingehen.

Schon sehr früh finden sich Spuren des Rationalismus in der Entwicklung der kirchlichen Lehre, so z. B. bei den Gnostikern Karpokrates und Epiphanes, nach welchen alle Religionsweisheit von selbst aus dem menschlichen Geiste sich entwickeln muß. Zwar galt allenthalben als oberste Quelle des Glaubens die hl. Schrift, aber in der Auslegung und Benützung derselben ergaben sich Abweichungen, indem die Einen den Inhalt der Schrift mehr intuitiv zu ergreifen suchten, die andern aber mehr kritisch-dialektisch verfuhren. So wird schon den Artemoniten vorgeworfen,[3]) daß sie mit der Kritik der hl. Schrift sich beschäftigt und die Handschriften willkürlich geändert haben. Von besonderer Bedeutung ist aber die Angabe, daß sie sich mit Aristoteles beschäftigt haben. Wir können daraus ersehen, daß Aristoteles den Grund bildete

---

[1]) z. B.: c. Ar. II, 20; II, 58.

[2]) Cf. c. Ar. I, 26; III, 1. Gegen diese Vorstellung ist die Polemik des Athanasius ganz besonders gerichtet, wie sich zeigen soll. Vgl. Meier I, 137 ff.

[3]) Euseb. V, 28.

zu ihrer kritisch-dialektischen und grammatisch-logischen Behandlung der hl. Schrift.

In der Irrlehre des Artemon tritt somit schon die aristotelische Richtung in Opposition zur platonischen der Kirchenväter und zwar in rationalistischer Weise, indem sie zum Maßstab in göttlichen Dingen das Resultat der vernünftigen Forschung ansetzte.

Die aristotelische Philosophie und mit ihr die grammatisch-logische Behandlung der hl. Schrift fand eine vorzügliche Pflege in Antiochien,[1]) während man in Alexandrien mehr auf Plato zurückging und die Schrift mehr intuitiv auffaßte. Die Alexandriner behielten lange Zeit das Uebergericht, allein in des Ariüs theologischer Erkenntnißlehre haben wir eine erneute Opposition des Aristoteles gegen Plato, einen Angriff des dialektischen Momentes der Dogmatik gegen das spekulativ-intuitive. Allerdings wäre es zu weit gegangen, wollte man um dieses Momentes willen die Arianer und ihre kirchlichen Gegner in Aristoteliker und Platoniker eintheilen.[2]) Es finden sich bei den Arianern auch sehr viele platonische Elemente und bei ihren Gegnern aristotelische. Es wäre auch entschieden zu weit gegangen, wollte man behaupten, Arius habe die natürliche Vernunft zur Quelle der Erkenntniß göttlicher Wahrheit gemacht, während die hl. Schrift nur soweit von ihm beachtet wurde, als sie ihm die Resultate seiner Verstandesoperation zu bestätigen schien.[3]) Einen solchen Rationalismus vermögen wir bei Arius noch nicht zu entdecken. Er findet sich erst bei seinen Schülern Aëtius und Eunomius. Nicht unabhängig von der heil. Schrift kam Arius zu seiner Lehre, sondern durch unrichtige Auslegung derselben. Einen derartigen Vorwurf macht auch Athanasius den Arianern nie, sondern er sagt nur, daß sie die Schrift nicht verstehen oder daß sie die Geheimnisse derselben ergrübeln wollen. Immerhin aber bleibt so viel sicher, daß Arius und seine Schule die übernatürlichen Wahrheiten in formalistisch dialektischer Weise der Auffassung des Verstandes näher zu rücken suchten, als es bisher durch die mehr speculativ-ontologische Behandlung derselben

[1]) Hergenröther (Handbuch der allgem. Kirchengeschichte) I, 168. Staudenmaier, Skotus Erigena I, 272. In seiner vollen Bedeutung trat dieser Gegensatz in den christologischen Kämpfen hervor.

[2]) cf. die Bemerkung Dorner's I, 859 gegen Baur's (I, 388—94) Auffassung.

[3]) Voigt 192.

geschehen war. Das ersehen wir aus der Polemik des Athanasius. Nach ihm suchten die Arianer bei den Geheimnissen des Glaubens immer nach deren Grund und der Art und Weise, wie sie bestehen können. Sie stellten z. B. die Fragen: „Wie kann der Sohn von Ewigkeit sein, wie aus dem Wesen des Vaters, ohne ein Theil von ihm zu sein“?[1]) „Wie kann der Sohn Logos sein oder der Logos ein Bild Gottes“?[2]) Sie blieben aber bei diesen Fragen nicht stehen, sondern was sie nicht denken konnten, das glaubten sie, könne auch nicht sein.[3])

Ihre beschränkte Verstandesrichtung ersehen wir auch aus dem Bestreben des Arius und seiner Genossen, die Lehre der Gegner als unvernünftig darzustellen und voller Widersprüche. So sagten sie z. B.: „Wenn der Sohn mit dem Vater ewig besteht, so nennt ihr ihn nicht mehr Sohn, sondern Bruder des Vaters.“[4]) „Wenn er das Bild des Vaters ist, so muß er auch zeugen.“[5]) „Wenn der Sohn ewig ist, so muß auch die Schöpfung ewig sein.“[6]) Dergleichen Sophismen erfanden die Arianer in Menge und von Aëtius wird uns berichtet, daß seine Theologie oder besser Technologie in 300 solchen Vernunftschlüssen bestanden habe.[7])

Arius hat somit die Dialektik in einer unbegrenzten Weise angewendet auf das Gebiet des Glaubens, es kam ihm gar nicht in den Sinn, die endlichen Begriffe nur analog vom Unendlichen gelten zu lassen, und darin besteht sein Rationalismus. Dieser Rationalismus ist aber im Grunde nichts Anderes als ein überspannter Aristotelismus, ähnlich dem stoischen Nominalismus, der nicht nur im Gebiete der natürlichen, sondern auch der übernatürlichen Wahrheiten um die absolute Herrschaft ringt. Allerdings hat in der Dogmatik das dialektische Element dieselbe Berechtigung wie das ontologisch-speculative; allein eine so absolute Herrschaft, wie ihm Arius zuwies, mit gänzlicher Preisgebung des

---

1) c. Ar. II, 32.

2) c. Ar. II, 34. Hier wird die Frage nach dem „Wie“ (*πῶς οὖν δύναται*) geradezu als eine Saat des Teufels bezeichnet. cf. II, 77.

3) *Ἀρειανοὶ εἰώθασιν ἐπιλεγειν· Πῶς δύναται τοῦτο εἶναι*; (sc. daß Christus Weisheit, Abglanz u. s. w. sei) *ὥσπερ οὐ δυναμένου εἶναι, ὃ μὴ δύνανται αὐτοὶ νοεῖν*. ad Ser. II, 1. pag. 683 B.

4) c. Ar. I, 14.

5) I, 22.

6) I, 29.

7) Hefele I, 670.

zweiten, darf es nie erlangen, wenn nicht der ganze Glaube in dürre Formeln und todte Begriffe aufgehen soll. Der Arianismus hat insoferne sein Recht, als er die logisch-reflectirende Behandlung des Dogma betont, und in dieser Beziehung ist auch seine Theologie nicht ohne Einfluß geblieben auf die Methode der Dogmatik, er überschreitet aber weit die gehörigen Grenzen, indem er das Seiende selbst nach den Formen des endlichen Denkens bemißt.[1])

6. Versuchen wir jetzt, kurz den Charakter des Arianismus zu bestimmen. Es ist einseitig, blos das deistisch-dualistische Element desselben zu betonen, wie Möhler,[2]) Ritter[3]) und andere wollen. Es ist auch einseitig, das dialektische Element zu sehr zu betonen, was Baur[4]) thut, oder Alles auf sein falsches theologisches Erkenntnißprincip zurückführen zu wollen, wie Voigt.[5]) Was Baur[6]) weiter noch anführt, die Trennung der Welt von Gott sei nur die negative Seite des Arianismus, mit der die positive zu verbinden sei, daß nämlich die Erhebung zu Gott auf **sittlichem** Wege vollzogen werde, kann nur vom Standpunkte des idealistischen Pantheismus des 18. und 19. Jahrhunderts aus behauptet werden, wovon wir bei Arius noch nichts zu entdecken vermögen.

Gott war dem Arianismus noch ein wirkliches Objekt, nicht blos ein Gedankending, nicht blos ein vom „endlichen Subjekte erwecktes Bewußtsein der Unendlichkeit der sittlichen Freiheit und des sittlichen Strebens". Die Bemerkung Voigts[7]) aber gegen Möhler, daß Arius Gott ohne alle Beziehung zur Welt hätte denken können, ohne ihn darum in sich als den durchaus einfachen zu betrachten, ist unbegreiflich. Eine

---

[1]) Allerdings scheint es auch bei den Alexandrinern oft, daß sie die Philosophie constitutiv werden ließen für den Glauben und seine Darstellung, allein für das Erste war das gegen ihre ausdrücklich ausgesprochene Voraussetzung, dann hatte eine solche Verirrung ihren Grund in einem übertriebenen Platonismus, in welchem sie die Idee ohne die Geschichte zu erfassen suchten. — Ueber die rein philosophische Erkenntnißlehre des Arius und über seine Bestimmung des Verhältnisses des Begriffes zum Ding haben wir keine Nachrichten, allein wir können schließen, daß er auch hier von idealistischen und nominalistischen Anschauungen ausging.

[2]) I, 195.

[3]) Philosophie des Christenthums, Hamburg 1841, 2 Bd. S. 20, 21 ff.

[4]) I, 388—94.

[5]) 192—196.

[6]) I, 350 ff. Vgl. auch Böhringer 1. Bd. 2. Abth. S. 62.

[7]) a. a. O. S. 195.

derartige Vorstellung wäre nur möglich, wenn man von der ganzen Logosidee gar keinen Gebrauch machte, was bei Arius nicht zutrifft. Ist aber einmal die Logosidee verwerthet, so ist ja damit schon die Beziehung Gottes zur Welt nothwendig gegeben.

Es ist darum wohl zu sagen:[1]) Arius geht aus von einer abstracten Idee Gottes und begründet diese philosophisch durch eine vollständige Trennung des Unendlichen vom Endlichen. Gott oder das Unendliche ist das schlechthin einfache, das Seiende selbst ohne alle Beziehung und ohne alle Unterschiede. So aber ist keine Welt möglich. Um zu dieser zu gelangen, bestimmt Arius das absolut Seiende sofort in unconsequenter Weise zur absoluten Causalität weiter. Er faßt aber das Wirken des absolut Seienden in der Weise, daß die Wirkung außerhalb die Ursache fällt, relativ selbstständig wird.

Nur einmal wirkt das absolut Seiende und nur, um eine selbstständige Welt hervorzubringen. Diese hat die Kraft der Tugend und Erkenntniß in sich selbst, so daß der metaphysische Dualismus auch in das ethische Gebiet hinüberspielt.

Alle diese Bestimmungen aber stellt Arius als adäquate hin, welche die Dinge selbst vollständig erreichen. Er sucht damit das Wesen der christlichen Idee einer abstracten Verständigkeit nahe zu rücken und die lebendige Wahrheit des Christenthums einer kahl und gemüthslos reflectirenden Verstandeslogik gerecht zu machen.

II. Hauptstück.

Athanasius im Kampfe gegen die antritinitarische Häresie.

Indem wir im Bisherigen die Gegner und unmittelbaren Vorläufer des hl. Athanasius vorgeführt haben, ist uns zugleich ein Einblick ermöglicht worden in den Stand der Logoslehre beim Auftreten des großen Alexandriners.

Wir müssen nunmehr den Kampf des Athanasius gegen den Arianismus und Sabellianismus darstellen und seine eigenthümlichen Ideen entwickeln, wie er sie im Zusammenstoß mit der antitrinitarischen Häresie ausgesprochen hat.

---

[1]) Dorner I, 883 ff. hat wohl den Arianismus am allseitigsten und richtigsten dargestellt. Die Lehre des Arius ist weitläufig erörtert in Hagemann S. 501 ff.

A. Der Kampf des Athanasius gegen den Arianismus.

Wie wir gesehen haben, sind die beiden Wurzeln des Arianismus rationalistischer Dialecticismus und deistischer Dualismus, welche miteinander den antiochenischen Monarchianismus und den alexandrinischen Subordinatianismus zur neuen Häresie ausgebären. Nothgedrungen mußte darum auch der Angriff des Athanasius auf jene beiden Grundirrthümer gerichtet sein. Nach diesen zwei Seiten hin wollen wir nun auch seine Bekämpfung des Arianismus in Betracht ziehen. Als mehr formell erscheint dann der Kampf um den sprachlichen Ausdruck des Verhältnisses des Logos zum Vater, nämlich um das Wort Homousios.

I. Der Kampf gegen den arianischen Rationalismus.

1. Erkenntnißlehre des hl. Athanasius im Allgemeinen, insbesondere seine Lehre von der natürlichen Erkenntniß Gottes gegenüber Arius.

1. Athanasius gehörte der alexandrinischen Schule an. Von Anfang an wurden hier tüchtige exegetische Studien betrieben, die Schrift aber vorzüglich mystisch und allegorisch ausgelegt. In der Philosophie ging man der damaligen Zeitrechnung gemäß besonders auf Plato zurück und suchte vermittels des Platonismus sich die Dogmen des Christenthums zurechtzulegen. Jederzeit aber blieb als leitender Grundsatz fest, daß Grund aller wahren Erkenntniß der Glaube an Christus sei. Der Glaubensinhalt war dieser Schule stets etwas objectiv Gegebenes, das durch menschliche Geistesthätigkeit wohl erfaßt und verdeutlicht, aber nicht vermehrt und vervollkommnet werden kann. Er ist festigende Grundlage und berichtigende Norm alles Wissens.

Wie wird nun der Glaube Gegenstand des Wissens? Darauf wird uns erwidert: in der Gnosis, und diese erklärt uns Clemens von Alexandrien als ein Vernehmen der Wahrheit durch sich selbst,[1]) als ein geistiges Schauen des Göttlichen und zwar mittels der Gnade und des göttlichen Logos.[2]) Hier ist der Punkt, wo die platonische Erkenntnißtheorie, mit philonischen und neuplatonischen Elementen vermischt, in den

[1]) Clem. Strom. l. V. p. 643 ed. Pott. Oxon. 1715: *Γνῶσις ἐπιβολὴ καὶ διάληψίς ἐστιν ἀληθείας διὰ τῆς ἀληθείας.*

[2]) l. c. l. II. p. 433: *Ἔστιν οὖν ἄλλη τις τοιαύτη κατάστασις ἀληθῆς θεοσεβείας αὐτῆς, ἧς μόνος διδάσκαλος ὁ λόγος.* f. l. VII p. 864. Cohort. p. 59.

Organismus der alexandrinischen Gnosis eingreift. Das geistige Schauen und intuitive Erfassen der Wahrheiten des Glaubens, die als objektiv existirend vorausgesetzt werden, entspricht ganz dem platonischen Schauen der Ideen. Die Vermittlung der Erkenntniß durch den Logos erinnert aber wieder an die philonische Lehre vom Logos als Weisheitsspender u. s. w. Weiterhin wird von der alexandrinischen Schule strenge gefordert, daß man auch nach dem Glauben lebe. Es kann keine Erkenntniß der göttlichen Dinge geben ohne ein Leben in dieser Erkenntniß. Auch das erinnert wieder an die platonische Reinigung von allem Sinnlichen, um das Ideale schauen zu können.

Somit haben wir in der alexandrinischen Schule eine zu starkem Idealismus hinneigende Richtung. Sie ruht aber auf dem Glauben und ist daher, wenigstens ihrem Principe nach, gegen allen Rationalismus. Sie sucht den Glauben intuitiv zu erfassen, und steht daher hinsichtlich der Art und Weise der Glaubenserkenntniß auf dem Standpunkte des Platonismus.[1])

2. Alle genannten Eigenthümlichkeiten der alexandrinischen Schule theilt Athanasius in vollem Maaße. Ohne lange Untersuchungen anzustellen über seine rein philosophische und allgemein theologische Erkenntnißlehre, womit sich Athanasius nie ex professo beschäftigt hat, wollen wir hier gleich übergehen zu seiner Lehre über die natürliche Erkenntniß Gottes und die Vorbedingungen, die Entstehung und die Grenzen dieser letzteren darstellen.

Vor allem fordert Athanasius zur Erkenntniß Gottes ein frommes und reines Leben und einen unbedingten Glauben, also ein rein ethisches Moment.[2]) „Das Erkennen der Gottheit", sagt er, „beruht nicht auf menschlichen Beweisen, sondern auf dem Glauben und dem gottesfürchtigen Nachdenken." [3]) „Es bedarf eines guten Lebens, einer reinen Seele und

---

[1]) Vergl. Hergenröther, Kirchengeschichte, I. S. 161; Alzog, Patrologie 3. Aufl. S. 121 und die daselbst citirten Werke; Staudenmaier, Scotus Erigena I. Bd. S. 243; Neander, a) christl. Dogmengeschichte I. S. 67, b) Gesch. d. christl. Religion und Kirche I. S. 899 u. A.

[2]) Auf dieses rein ethische Moment verweist besonders C. van Endert (der Gottesbeweis in der patristischen Zeit) S. 41 ff. Ritter (II, 36) findet hierin einen Anschluß des Athanasius an die Lehre der Neuplatoniker.

[3]) Ad Serap. I, 20. p. 668 E: Ἡ θεότης οὐκ ἐν ἀποδείξει λόγων παραδίδοται, ἀλλ' ἐν πίστει καὶ εὐσεβεῖ λογισμῷ μετ' εὐλαβείας. f. ad Ser. I, 17; IV, 5; c. Ar. II, 35; III, 1 u. s. w.

der Tugend in Christus, damit der Geist in ihr wandelnd erlangen und erfassen kann, wonach er strebt; denn ohne Läuterung des Denkens und ohne Nachahmung des Lebens der Heiligen kann Niemand die Sprache der Heiligen verstehen. Wie derjenige, der das Licht der Sonne schauen will, sein Auge reinigen muß, also muß auch der seine Seele läutern, welcher die Gedanken der Gottesgelehrten fassen will.“ [1])

Ist das Innere des Menschen so beschaffen, so vermag er in sich Gott zu schauen. „Gott verlieh nemlich dem Menschen (ursprünglich) den Gedanken und die Kenntniß seiner eigenen Ewigkeit, damit er so im selbsteigenen Besitze der Kraft des göttlichen Wortes sich freue und mit Gott verkehre. Da ihn nichts hindert an der Kenntniß Gottes, so schaut er stets in seiner Reinheit das Bild des Vaters, den göttlichen Logos, nach dessen Bild er geschaffen ist. Er wird von Bewunderung fortgerissen, wenn er seine Fürsorge für das Universum betrachtet und indem er sich über die sinnlich wahrnehmbaren Dinge und alles Körperliche erhebt, tritt er mit der Kraft des Geistes in Verbindung mit dem Göttlichen und Himmlischen. Die Reinheit der Seele ist im Stande, Gott durch sich selbst wie durch einen Spiegel zu schauen.“ [2])

Die Kenntniß Gottes ist somit eine ursprüngliche Gabe Gottes an die menschliche Seele. Sie ist auch nach der Sünde noch möglich. „Nicht ist nämlich, wie Gott selbst über Alles erhaben ist, so auch der Weg zu ihm (von der Sünde hinweg) ferne oder außer uns, sondern er ist in uns. Dieser Weg ist nichts Anderes als eines Jeden Seele und der Geist in ihr. Durch diesen allein kann Gott betrachtet und erkannt werden. Nur wer keinen Geist hat, kann Gott läugnen, der diesen geschaffen hat.“ [3]) „Die Seele ist nie verlassen von der Vorstellung und dem Gedanken der Unsterblichkeit, und darum hat sie auch das Gottesbewußtsein und ist sich selbst der Weg, indem sie nicht von außen, sondern aus sich die Kenntniß und Erfassung des Wortes Gottes nimmt.“ [4]) „Wenn aber die Seele uns nicht genügenden Aufschluß geben kann wegen

---

[1]) De inc. 57.

[2]) c. Gent. 2.

[3]) c. Gent. 30. cf. c. Gent. 26, wo Ath. zeigt, daß die Menschen nicht in Abgötterei verfallen wären, wenn sie τῆς ἑαυτῶν ψυχῆς τὸν νοῦν betrachtet hätten. c. Gent. 34 führt Ath. durch, wenn die Menschen sich von allem Schmutze der Sünde reinigen und μόνον τὸ κατ᾽ εἰκόνα καθαρὸν bewahren würden, so könnten sie dadurch wie in einem Spiegel (ὡς ἐν κατόπτρῳ) das Bild des Vaters schauen.

[4]) c. Gent. 33.

der äußeren Dinge, die ihre Einsicht verdunkeln, so kann man auch wieder durch die Außenwelt die Kenntniß Gottes gewinnen. Da nämlich der gute und liebevolle und um die von ihm geschaffenen Seelen besorgte Gott seiner Natur nach unsichtbar und unfaßbar ist, weil hinausragend über jedes geschaffene Wesen, und da deßhalb das menschliche Geschlecht ausgeschlossen wäre von seiner Kenntniß, weil es aus dem Nichtseienden stammt, er aber ungeworden ist, deßhalb hat er durch sein Wort die Schöpfung so eingerichtet, daß ihn die Menschen, da er von Natur aus unsichtbar ist, wenigstens aus seinen Werken zu erkennen vermögen." [1])

3. Nachdem wir die hauptsächlichsten Bestimmungen des Athanasius über die Kenntniß Gottes gegeben haben, müssen wir uns folgende Fragen beantworten: [2]) Wie läßt demnach Athanasius im Menschen die Idee des Unendlichen entstehen? Wie liefert er den Beweis für deren Existenz? Welche Stellung nimmt seine Lehre ein in der kirchlichen Speculation, wie verhält sie sich namentlich gegenüber dem neueren Ontologismus?

Da die Werke der Natur behufs der Erkenntniß Gottes mehr secundärer und subsidiärer Natur sind, so müssen wir uns hauptsächlich mit den Ausführungen des hl. Athanasius über die unmittelbar im Geiste entspringende Kenntniß Gottes befassen. Darnach ist nun das Gottesbewußtsein wesentlich abhängig einerseits von der richtigen Beschaffenheit des Willens, andererseits von der richtigen intellectuellen Anschauung über das Wesen des menschlichen Geistes. Sind diese Vorbedingungen vorhanden, hat namentlich der Geist die richtige Vorstellung von seiner Vernünftigkeit und Unsterblichkeit, so ist ihm die Idee des Unendlichen im Bilde des Logos, das er selbst ist, auch von selbst gegeben. [3])

Ob aber diese Idee im menschlichen Geiste erst auf mittelbare, kosmologische Weise gewonnen oder auf unmittelbare, ontologische Weise geschaut wird, oder eigentlich, ob sie im menschlichen Geiste als Ebenbild Gottes schon enthalten ist oder sich nur als denknothwendig aufdrängt im Erkenntnißprocesse, ohne selbst in der Idee des endlichen Geistes eingeschlossen zu sein, das ist bei Athanasius nicht klar ausgesprochen. So

---

[1]) c. Gent. 35.

[2]) Vgl. Stahl (die natürl. Gotteserkenntniß aus d. Lehre d. Väter, S. 69); Franzelin, de Deo uno p. 104; Staudenmaier, Dogmatik, II, S. 61; Thomassin, de Deo, lib. I, c. 19—20; Berlage, Dogmatik, II, S. 52 u. A.

[3]) Vgl. c. Gent. 30—33.

gerne man sich auch für das letztere entscheiden möchte, seine Ausdrücke besagen nur soviel, daß der Mensch in seinem Geiste die Kraft besitzt, zur Idee des Unendlichen zu gelangen.

Kann nun auch nicht mit Sicherheit bestimmt werden, wie Athanasius die Idee des Unendlichen entstehen läßt, soviel ist gewiß, daß er den Beweis ihrer Existenz kosmologisch führt. Daß der Gottesbeweis aus den Werken der Natur kosmologischer Art ist, das ist ersichtlich. Daß aber auch der Beweis aus der Natur des Geistes kosmologisch sein soll, bedarf einer Erklärung. Nach Athanasius ist unser Geist mit seiner Idee des Unendlichen ein geschaffenes Bild Gottes, ein Spiegel, welcher den in sich unzugänglichen Gott zurückstrahlt. Als geschaffen setzt der Geist eine Ursache voraus, und diese muß existiren, weil sonst auch die Folge nicht existiren könnte. Daß diese nothwendig existirende Ursache das Unendliche sei, dessen Idee wir im Geiste haben, muß nothwendig angenommen werden, denn nur das Unendliche kann die Idee des Unendlichen hervorbringen. Wie darum auch Athanasius die Idee des Unendlichen entstehen lassen mag, der Schluß von dem Vorhandensein dieser Idee im menschlichen Geiste auf deren reale Existenz ist, seinen Voraussetzungen zufolge, immer ein (kosmologischer) Causalitätsschluß.

An dieser athanasianischen Lehre von der Erkenntniß Gottes wird wohl, abgesehen von ihrer formell unvollkommenen Ausführung, Nichts auszusetzen sein. In der That kann auch der Beweis für die Existenz des Unendlichen nur aus der Existenz des Endlichen mittels des Causalitätsgesetzes erschlossen werden, während die Idee des Unendlichen dem Geiste nie von Außen zugeführt werden, sondern nur entstehen kann durch eine direkte Verbindung desselben mit dem Unendlichen, die ihn befähigt, durch das Endliche hindurch zum Unendlichen aufzusteigen und vorzudringen. Unwesentlich ist es dann, ob die Schauung der Idee des Unendlichen vorgestellt wird als vermittelt durch ein geschöpfliches Bild desselben oder als unmittelbar ohne ein solches Bild.

Die Lehre von der Erkenntniß Gottes ist für jedes speculative System von der eminentesten und weitgreifendsten Bedeutung, so daß ganz gut nach diesem Punkte greifen kann, wer einem Systeme den Puls fühlen will. Athanasius ist ferne von allen Irrthümern, die in dieser Beziehung hervorgetreten sind. Ohne die verschiedenen idealistischen und pantheistischen Doctrinen mit Athanasius in Parallele zu setzen, wollen wir hier nur noch kurz sein Verhältniß zum neueren Ontologismus darlegen. Wer seine Lehre richtig würdigt, kann ihn durchaus nicht dieses Irrthumes schuldig erklären.[1]) Denn Gott selbst ist ihm seinem Wesen nach unerfaßlich, nur in seinem Abbild im Geiste des Menschen ist er faßbar. In der Idee des Unendlichen, wie deren Entstehungsweise immer gedacht werden möge, wird noch nicht sofort auch deren Existenz mitgeschaut, noch viel weniger ist diese Schauung der Existenz das erste im Erkennen und die Basis jeder Gewißheit. Die geistige Natur ist eben dem Athanasius so angelegt, daß sie in ihrem innersten Kerne die Kraft und die Tendenz hat, das geschaffene Sein und besonders ihr eigenes Licht in seiner Abhängigkeit von Gott zu erkennen und für die geschaffenen Dinge einen höchsten und letzten Grund zu suchen und auch zu finden.[2])

4. Die vorgetragene Lehre des Athanasius über die Erkenntniß Gottes erhält ihr volles Licht, wenn wir noch deren Inhalt und Grenze genauer bestimmen. In diesem Punkte entbrannte auch zwischen ihr und der arianischen Anschauung zunächst der Kampf. Nach Athanasius überragt Gott „jedes Wesen und jede menschliche Einsicht".[3]) Sein Wesen ist unsichtbar und unfaßbar.[4]) „Nicht einmal die geschaffenen Dinge, ja nicht sich selbst, kann der Mensch vollkommen erkennen, um wie viel weniger erst Gott."[5]) Ueberhaupt kann „keine menschliche Vernunft das über die Schöpfung Hinausliegende würdig erklären",[6]) es ist vielmehr „geradezu eine Thorheit, mit der menschlichen Vernunft über die menschliche Vernunft hinauszuwollen."[7]) Trotz dieser Unbegreiflichkeit Gottes seinem Wesen

---

1) Vgl. Lepidi (Examen theol. phil. de Ontologismo, Löwen 1874) p. 183. Kleutgen, Philosophie der Vorzeit, Nr. 451—453.

2) Nach unserer Darstellung löst sich der alte Streit, ob Athanasius und mit ihm die meisten Kirchenväter eine mittelbare oder unmittelbare Gotteserkenntniß gelehrt haben, dahin, daß es nur ungewiß bleibt, wie sie die Idee des Unendlichen im Geiste entstehen ließen, während es gewiß wird, daß sie den Beweis für die reale Existenz dieser Idee kosmologisch führten, so daß von ihnen, da sie jedem Pantheismus durchaus fern sind, nicht behauptet werden kann, sie hätten eine unmittelbare Gotteserkenntniß gelehrt.

3) c. Gent. 2. p. 2 D: *Ὁ θεὸς ὑπερέκεινα πάσης οὐσίας καὶ ἀνθρωπίνης ἐπινοίας ὑπάρχει.*

4) De decr. 22.

5) In illud omnia (Matth. 11, 27) c. 6. Ad Serap. I, 17, 18.

6) Ad Serap. I, 17.

7) c. Apoll. I, 13.

nach ist doch ein geringer Schatten der göttlichen Wahrheit in uns.[1]) Wir können nemlich einmal angeben, was Gott nicht ist.[2]) Aber auch, was er ist, können wir analog, aber auch nur analog, erkennen. „Gott schafft," heißt es bei Athanasius,[3]) „und die Menschen schaffen. Gott ist und die Menschen sind. Anders aber nehmen wir die Worte bei Gott und anders fassen wir sie bei den Menschen." Hier ist klar ausgesprochen, einmal, daß wir von Gott Begriffe aussagen können, dann aber, daß diese Begriffe nur analog gelten.

5. Nachdem wir im Bisherigen über die natürliche Erkenntniß Gottes im Allgemeinen gehandelt haben, bleibt uns zu untersuchen übrig, ob und wie weit Athanasius auch eine natürliche Erkenntniß der Trinität lehrt. Es finden sich bei Athanasius mehrere Stellen, welche für die Möglichkeit einer natürlichen Erkenntniß der Trinität zu sprechen scheinen. So sagt er öfter, aus der Schöpfung vermögen wir den Logos und durch ihn den Vater zu erkennen.[4]) Er behauptet geradezu mit Rücksicht auf Röm. 1, 20, „wenn die Schöpfung durch den Sohn entstanden ist, so muß auch der, welcher die Schöpfung richtig betrachtet, den Logos als deren Baumeister richtig betrachten und durch ihn den Anfang zur Kenntniß des Vaters machen."[5]) Es ist nemlich in die Geschöpfe ein Bild des Logos eingeschaffen, darum erkennt die Welt in diesem Bilde den Logos und durch ihn den Vater, von dem der Logos das Abbild ist.[6])

Der Grund solcher Aeußerungen ist aber darin zu suchen, daß Athanasius, wie wir in der Folge näher sehen werden, zwischen wesentlicher und hypostatischer Vernunft, Weisheit, Kraft Gottes nicht immer genugsam unterschied, ferner darin, daß Athanasius Existenz und Begriff der Trinität in seiner Beweisführung nicht auseinanderhielt. Er hat niemals voraussetzungslos die Existenz der Trinität beweisen

---

[1]) Ad Mon. 1.

[2]) Ad Mon. 2.

[3]) De decr. 22 p. 217 C: *Καὶ ὁ θεὸς κτίζει καὶ ἐπ' ἀνθρώπων δὲ κτίζειν εἴρηται, καὶ ὁ μὲν θεὸς ὢν ἐστι, λέγονται δὲ καὶ οἱ ἄνθρωποι εἶναι ... Ἄλλως ἐπὶ θεοῦ τὰς λέξεις λαμβάνομεν, καὶ ἑτέρως ἐπὶ τῶν ἀνθρώπων ταύτας διανοούμεθα.*

[4]) Z. B. c. Gent. 29, 34, 44 etc.

[5]) c. Ar. I, 12.

[6]) c. Ar. II, 78. Mit Berufung auf diese und ein paar unterschobene Stellen meint Ruiz (de trin. disp. 41. sect. 2), Ath. habe allerdings die Möglichkeit einer Vernunfterkenntniß der Trinität behauptet, aber nur unter der Voraussetzung der anregenden göttlichen Gnade.

wollen, diese stand ihm anderweitig fest, sondern er wollte nur die bereits gegebene Trinität begrifflich irgendwie erklären. Daß dem so sei, ergibt sich aus der ganzen Beweismethode des heiligen Athanasius. Nirgends operirt er voraussetzungslos mit der Vernunft allein, sondern stets sind Vernunftbeweise, Aussprüche der hl. Schrift und Anschauungen der christlichen Ueberzeugung durch einander vermischt.

Die Anschauungen des Athanasius über die natürliche Erkenntniß der Trinität ersehen wir am besten aus der Art und Weise, wie er die von den Arianern gegen die Gottheit des Logos erhobenen dialektischen Schwierigkeiten löst.

Diese Schwierigkeiten der Arianer waren doppelter Art. Entweder suchten sie aus der Idee des Vaters die Unmöglichkeit eines ihm wesensgleichen Sohnes zu beweisen oder aus der Idee des Sohnes seine nothwendige Wesensinferiorität gegenüber dem Vater.

In ersterer Hinsicht sagten sie: Der Seiende könne nur Einer sein, alles Andere müsse aus dem Nichtseienden entstanden sein.[1]) Athanasius macht vor Allem auf die Unbestimmtheit dieser arianischen Ausdrucksweise aufmerksam. „Der Seiende könne sowohl das Nichtseiende machen als auch das Seiende. Sie sollten daher deutlicher die Frage stellen, ob Gott einmal ohne Logos war oder ob der seiende Vater den nicht seienden Logos gemacht habe, und dann werde Niemand sagen, daß Gott jemals ohne Logos gewesen. Man könne, wenn man Alles ergrübeln wolle, eben so gut fragen: Ist der seiende Gott, da er nicht war, geworden, oder ist er, bevor er geworden ist? Wie diese Frage, so sei auch die erste lästerisch? Der Vater sei ewig und mit ihm sein Sohn.“ [2]) Athanasius entrückt hier den Logos aus der Sphäre des Endlichen, in welcher wir nach Grund und Zweck zu forschen haben. Die Kategorie der Causalität ist ihm auf den Logos nicht so anwendbar wie auf die Geschöpfe. Aus diesem Grunde redet nach ihm auch die Schrift vom Sohne ohne Angabe eines Seinsgrundes in absoluter Weise.[3])

---

[1]) Dieses ist der Grundgedanke ihrer Frage: Ὁ ὢν τὸν μὴ ὄντα ἐκ τοῦ ὄντος πεκοίηκεν ἢ τὸν ὄντα; ὄντα οὖν αὐτὸν πεποίηκεν ἢ μὴ ὄντα; c. Ar. 1, 22. p. 427 B.

[2]) c. Ar. I, 24 25.

[3]) c. Ar. II, 53. p. 521 C: Ὅταν περὶ τῆς θεότητος τοῦ λόγου αὐτός τε λέγῃ καὶ οἱ τούτου θεράποντες ἐπαγγέλλωσι, ἀπολελυμένῃ τε τῇ διανοίᾳ καὶ οὐδὲν μετὰ συμπεπλεγης αμένιτίας λέγεται.

Weiter stellten die Arianer die Frage, ob das „Unentstandene eines sei oder zwei“.[1])

Athanasius erwidert,[2]) es lasse diese Frage eine verschiedene Beantwortung zu, je nachdem man das Wort „unentstanden“ fasse. Bedeute es das, was kein Geschöpf, sondern immer ist, so sei auch der Sohn unentstanden, bedeute es das, was keinen Vater hat, so sei der Vater allein unentstanden, aber der Sohn sei deßwegen noch nicht geworden, denn er sei (wie sich anderweitig zeigen lasse) wie der Vater. Wegen dieser Unzulänglichkeiten solle man dieses Wort, das ohnehin nicht schriftgemäß, sondern von den Heiden entlehnt sei, gar nicht gebrauchen, um das Verhältniß von Vater und Sohn zu bezeichnen, es beziehe sich nur auf den Unterschied Gottes von den Geschöpfen. Nicht durch den Begriff des endlichen Werdens werde das Verhältniß des Vaters zum Sohne bestimmt, Gott sei dem Sohne gegenüber Vater und so solle man ihn heißen.[3])

Zur zweiten Klasse der von den Arianern erhobenen dialektischen Schwierigkeiten gehören alle Einwendungen, die sie aus dem Begriffe der Zeugung gegen die Kirchenlehre erhoben. „Der Sohn könne nicht mit dem Vater gleichewig sein, weil auch beim Menschen das Erzeugte später sei als das Erzeugende.“ Sie kleideten diesen Satz in eine Frage an die schlichten Weiber: „Hattest du einen Sohn, bevor du gebarst?“ Athanasius erwidert darauf einfach: „Wie der Erzeuger, so das Erzeugte, wie der Vater des Logos, so der Logos selbst. Gott ist nicht wie ein Mensch, also auch seine Zeugung nicht. Er ist eben immer Vater und mit ihm ist immer sein Sohn. Wollten sie durchaus menschliche Analogien, so sollten sie nicht bloß die Zeitlichkeit der Zeugung hernehmen, sondern auch die natürliche Wesensidentität zwischen Eltern und Kindern. Für das Moment der Gleichzeitigkeit soll man andere Analogien nehmen, wie die vom Lichte und seinem Abglanze, der Quelle und dem Abflusse u. s. w.“[4])

Wäre der Sohn, behaupteten die Arianer, dem Vater wesensgleich, so müßte er ein Theil des Vaters sein, also Gott in körperlicher

---

1) c. Ar. I, 22. p. 521 B: *Ἓν τὸ ἀγένητον ἢ δύο.*

2) c. Ar. I, 30—34; de decr. 28—31.

3) c. Ar. I, 34. p. 438 C: *Τὸ ἀγένητον μόνον ἕκαστον καὶ κοινῇ πάντα τὰ ἐκ βουλήματος τοῦ θεοῦ διὰ τοῦ λόγου γενόμενα ἔργα σημαίνει, τὸ δε Πατὴρ ἐφ᾽ υἱοῦ μόνον σημαίνεται καὶ ἵσταται.*

4) c. Ar. I, 26 - 28; II, 34—36.

Weise getheilt werden. Athanasius erwidert: „Die Zeugungen der Menschen sind Theile der Menschen, Gott aber hat keine Theile und ist darum ohne Theilung Vater des Wortes.“ [1]) „Gott zeugt seinen Sohn nicht in der Weise, daß er selbst getheilt würde.“ [2]) Der Begriff der Zeugung ist also nach seiner zeitlichen und materiellen Seite auf den Logos und Vater nicht anwendbar.

Auf den Satz, daß die Zeugung in Gott keine Theilung des Wesens mit sich führe, kommt Athanasius sehr oft zurück. So sagt er z. B.: „Ohne Fluß und ohne Trennung geht die Gottheit vom Vater auf den Sohn über.“ [3]) „Ohne Theilung und Trennung und Absonderung ist der Logos aus dem Vater.“ [4]) Daraus schließt aber Athanasius auch, daß es in Gott nur einen Sohn geben könne. „Weil die menschlichen Zeugungen, sagt er, Theile der Menschen sind, deßhalb werden diese auch mit der Zeit Väter vieler Söhne. Gott aber ist einfach seiner Natur nach und deßhalb Vater eines einzigen und alleinigen Sohnes, und darum ist dieser eingeboren und allein im Schooße des Vaters.“ [5])

Die Arianer behaupteten weiter, der Sohn könne nicht ewig sein, weil er sonst Bruder des Vaters wäre. Athanasius erwidert, dieß wäre nur der Fall, wenn man Vater und Sohn bloß ewig nennen würde, ohne sie in das Verhältniß der Abstammung des letzteren vom ersteren zu setzen. Allein der Sohn sei nicht bloß ewig, sondern auch Sohn und im Vater, wie im Lichte der Abglanz. „Wir sagen nicht, daß sie von einem Höhern abstammen, was der Fall sein müßte, wenn sie Brüder wären, sondern der Vater ist Princip und Erzeuger des Sohnes und dieses von Ewigkeit her. Er ist allein Vater im eigentlichen und absoluten Sinne und der Sohn ist Sohn im absoluten Sinne.“ [6])

Noch ein Einwurf lautet: „Ist der Sohn das ewige Gleichbild des Vaters, so muß auch er zeugen.“ Athanasius erwidert, der Vater sei in der Gottheit Vater im absoluten Sinne und der Sohn Sohn im

---

[1]) De decr. 11. p. 217 F: Ὁ θεὸς ἀμερὴς ὢν ἀμερίστως ἐστὶ καὶ ἀπαθὴς τοῦ υἱοῦ πατήρ.

[2]) Ad Serap. I, 16.

[3]) Exp. fid. 2. p. 100 D: Ἡ ἐκ τοῦ πατρὸς εἰς τὸν υἱὸν θεότης ἀρρεύστως καὶ ἀδιαιρέτως τυγχάνει.

[4]) c. Ar. IV, 10.

[5]) De decr. 11.

[6]) c. Ar. I, 14; cf. de sent. Dion. 16.

absoluten Sinne, also könne der Vater niemals Sohn und der Sohn niemals Vater werden. [1])

6. Betrachten wir diese Polemik näher, so hält Athanasius vor Allem daran fest, daß die Begriffe des Endlichen die innergöttlichen Verhältnisse nicht adäquat auszudrücken vermögen. Der Gegensatz zwischen der logisch-dialektischen Erkenntnißlehre des Arius und der ontologisch-intuitiven des Athanasius taucht in der beiderseitigen Auffassung der Trinität in der Weise auf, daß Athanasius der zersetzenden Verstandeslogik der Arianer, welche die Relationen der Trinität so zu sagen flüssig werden ließen, eine Speculation gegenüberhielt, welche das Objective nicht so fast in seinem Grunde untersucht, als vielmehr in seinem (gegebenen) Sein zu erfassen strebt. Der Arianismus stellt sich mit seiner Vernunft als Richter über den Glauben, Athanasius anerkennt die Uebervernünftigkeit des Glaubens und sucht nur auf analoge Weise eine Erkenntniß der Dogmen zu gewinnen.

In einem Punkte aber trafen Arius und Athanasius noch zusammen. Beide lehrten nämlich, daß unser Begreifen irgend eine Schranke habe, daß es einen Punkt der absoluten Unbegreiflichkeit gebe. Es gab auch Arius noch zu, daß das Wesen des Ungezeugten unbegreiflich sei, er war also noch nicht bei jenem absoluten Begriffsdogmatismus angelangt, den seine Schüler Aëtius und Eunomius festhielten. Hier setzte Athanasius den Hebel an, er dehnte nur die Unbegreiflichkeit des Vaters auch auf den Logos aus und zeigte, daß hierin ebensowenig ein Widerspruch liege wie in der Annahme der Unbegreiflichkeit des Vaters. Halte man einmal an bei einem festen Punkte, den man nicht mehr herabziehe in den Fluß des Werdens und der endlichen Begriffe, so komme es nicht mehr darauf an, was man in jenem Punkte sich vereinigt denke.

Auf diese Weise wird es erklärlich, wie der Gegensatz der arianischen und athanasianischen Erkenntnißlehre in der Auffassung der Trinität und nur hier hervortreten konnte. Die Argumentation des Athanasius war dem Altarianismus gegenüber nicht am unrechten Orte. Anders mußte freilich dem spätern Arianismus gegenüber vorgegangen werden, der gar Alles für begreiflich fand. Diesem gegenüber war eine vollständig durchgeführte Lehre von der Erkenntniß Gottes nothwendig, wie wir sie bei den cappadocischen Vätern finden.

---

[1]) c. Ar. I, 22; cf. ad Serap. I, 16.

7. Wir haben jetzt die Lehre des Athanasius von der natürlichen Erkenntniß Gottes behandelt und dabei gesehen, daß die Vernunft Gott überhaupt und namentlich sein trinitarisches Leben nicht adäquat zu erkennen vermöge. Wir haben aber auch gesehen, daß die Vernunft gleichwohl zur Kenntniß der Existenz Gottes gelangen kann, wenn sie auch sein Wesen nicht begreift. Bezüglich der Trinität aber haben wir schon angedeutet, daß Athanasius, wie er eine vollständige Begreiflichkeit derselben leugnet, so auch den Beweis ihrer Existenz aus reiner Vernunft niemals antritt. Sie ist ihm daher ein Geheimniß im eigentlichen Sinne, und wenn Athanasius sich auch nirgends ausdrücklich darüber erklärt, so ergibt sich unsere Behauptung dennoch aus seiner ganzen Beweismethode.

Es entsteht nun die Frage, aus welchen Quellen Athanasius die Existenz der Trinität oder, um sein Beweisobject gegenüber Arius präciser zu bezeichnen, die Gottheit des Logos neben der Gottheit des Vaters beweist.

2. Der Beweis der Gottheit des Logos aus den objectiven Quellen der theologischen Erkenntniß.

Wenn Athanasius die Gottheit des Logos beweisen will, so obliegt ihm ein Zweifaches: Einmal muß er zeigen, daß vom Logos alles Geschöpfliche ferne sein müsse, dann aber, daß der Hervorgang des Logos aus dem Vater ein anderer sein müsse, als der Hervorgang der Geschöpfe aus Gott. Beides zeigt Athanasius aus den Quellen der hl. Schrift und der Ueberlieferung.

a) Der Beweis für die Ungeschöpflichkeit des Logos.

Betrachten wir zuerst, wie Athanasius die Ungeschöpflichkeit des Logos beweist, so müssen wir sagen, daß seine ganze Lehre sich stütze auf einige Stellen der hl. Schrift und auf das unverbrüchliche Vertrauen der durch den Logos vollbrachten Erlösung, sowie auf das Widerstreben des christlichen Gefühles, ein Geschöpf als Gott zu verehren. Athanasius baut sein großartiges Gebäude auf folgende zwei Schlüsse:

1) Wenn die hl. Schrift den Logos in so unzweideutiger Weise Gott nennt, so kann er kein Geschöpf sein.

2) Wenn wir durch ihn erlöst sein sollen und wenn wir ihn wahrhaft sollen anbeten und verehren können, so muß er Gott sein. Ehe wir

in das Einzelne eingehen, soll noch kurz das Verhältniß berührt werden, in welchem nach Athanasius Schrift und Ueberlieferung stehen. Athanasius sagt, daß die Schrift uns die Kenntniß der göttlichen Dinge verleihe, theils in klaren Worten, theils in Bildern und Gleichnissen, welche durchaus für uns genügen.[1])

Athanasius will aber damit die Tradition nicht aufheben, sondern nur der Neuerungssucht der Arianer, welche immer heidnische Worte und Begriffe einführten, eine Schranke setzen.[2]) Denn anderswo heißt es bei ihm wieder:[3]) „Laßt uns noch die ursprüngliche Ueberlieferung, die Lehre und den Glauben der katholischen Kirche betrachten. Auf diesem ist die Kirche gegründet und wer sich außer ihn stellt, möchte weder ein Christ sein noch genannt werden." Schrift und Tradition sind ihm also in gleicher Weise Beweisquellen für seine Lehre.

α) Der Schriftbeweis.

1. Es war Fundamentalsatz der Arianer, daß der Sohn ein Geschöpf sei.[4]) Daraus flossen wie von selbst die weiteren Bestimmungen desselben, daß er aus Nichts sei, einen Anfang habe, veränderlich sei u. s. w. Davon stellt Athanasius durchgehends das Gegentheil auf[5]) und sucht dieses nachzuweisen aus der hl. Schrift.

a) Die Ewigkeit des Sohnes wird nach Athanasius an vielen Stellen direkt bezeugt.[6]) Außerdem deutet ihm schon die Redeweise der Schrift die Ewigkeit des Sohnes an, denn die Schrift gebrauche vom

---

[1]) Ad Serap. I, 19; cf. de decr. 12; c. Gent. 1.

[2]) Ueber die Art und Weise, wie die Väter die hl. Schrift für hinreichend hielten zum Beweise der einzelnen Dogmen, vergl. Franzelin, de div. trad. et script. p. 232 sqq. Bellarmin, de verbo Dei IV. c. 11.

[3]) Ad Serap. I, 28. p. 676 D: *Ἴδωμεν αὐτὴν τὴν ἐξ ἀρχῆς παράδοσιν καὶ διδασκαλίαν καὶ πίστιν τῆς καθολικῆς ἐκκλεσίας. Ἐν ταύτῃ γὰρ ἡ ἐκκλησία τεθεμελίωται καὶ ὁ ταύτης ἐκπίπτων οὔτ' ἂν εἴη οὔτ ἂν ἔτι λέγοιτο Χριστιανός.* f. de decr. 4, 27. De Syn. 4, 5, 9, 43, 47. c. Ar. II, 34, III, 58 etc. Eine eingehendere Besprechung dieser und ähnlicher Stellen würde zeigen, ob Athanasius schon „als Vertreter des formalen protestantischen Princips ein Repräsentant der protestantischen Kirche im vierten Jahrhundert ist," wie Voigt (S. 14) mit unbeschreiblicher Naivetät behauptet, oder am Ende doch, wie Möhler will „eine Gestalt des römischen Katholicismus".

[4]) c. A. I, 9.

[5]) c. Ar. I, 9; exp. fid. 1–2 etc.

[6]) So Joh. 1, 1; Apoc. 1, 4; Rom. 9, 5; 1, 20 (unter *δύναμις θεοῦ* den Sohn verstehend) Is. 40, 28; Dan. 13, 42; Bar. 4, 20, 22; Ps. 144, 13.

Sohne immer den Ausdruck: „ich bin", [1]) nie „er war nicht," „bevor" oder „zur Zeit als". [2]) Die Formel der Arianer, „es gab eine Zeit, wo der Sohn nicht war", [3]) sei daher schon deßhalb verwerflich.

Ist hier die Ewigkeit des Sohnes direkt ausgesprochen, so leitet Athanasius dieselbe auch ab aus anderen Stellen, welche überhaupt die höhere Natur Christi bezeichnen. So, wenn es heißt, daß durch den Logos Alles geworden, [4]) daß er mithin schöpferische Kraft des Vaters sei, oder wenn der Vater als Quelle des Lebens, des Wassers, der Weisheit, durch welche Alles gemacht, bezeichnet wird, [5]) wenn der Sohn erscheint als Bild und Abglanz des Vaters, [6]) wenn er die Wahrheit und das Leben genannt wird, [7]) wenn er Gegenstand der göttlichen Freude ist. [8]) Erscheint der Sohn dem Vater gegenüber in dieser Weise, so folgt daraus mit Nothwendigkeit, daß er mit dem Vater gleich ewig sein müsse. [9])

b) Gleichwie die Ewigkeit, so findet Athanasius auch die Unveränderlichkeit des Sohnes in der Schrift bezeugt. Es ist ihm diese mit der Ewigkeit eigentlich schon gegeben. „Denn," sagt er, [10]) „da das Gewordene aus Nichtseiendem ist und, bevor es geworden, nicht ist, hat es nothwendig, weil es wird, da es nicht ist, eine veränderliche Natur. Der Sohn aber, da er aus dem Vater ist, ist unwandelbar und unveränderlich". Er führt aber trotzdem noch neue Aussprüche [11]) an und leitet die Unveränderlichkeit auch ab aus den oben angeführten Zeugnissen über die höhere Natur Christi. [12])

---

[1]) Z. B. Joh. 14, 6; 10, 14; 8, 12; 13, 13.

[2]) Dieses werde nur von Geschöpfen gebraucht, z. B. Gen. 2, 5; Deut. 32, 8; Joh. 14, 29; Prov. 8, 23—25; Joh. 8, 58; Jer. 1, 5; Ps. 89, 1—2; Dan 13, 42.

[3]) Nur so glaubte Ath. die Formel ἦν ποτε, ὅτε οὐκ ἦν verstehen zu können (c. Ar. I, 11). Im Deutschen kann sie in ihrer Unbestimmtheit nicht wiedergegeben werden. Weil aber die Uebersetzung: Es gab eine Zeit u. s. w. den Sinn trifft, so ist kein Grund da, das Wort „Zeit" zu vermeiden, wie der „Katholik" will (1874 2. H. S. 166) und der Uebersetzer in der Kempter Bibliothek der Kirchenväter (Athan. 1. Bd. S. 216).

[4]) Joh 1, 3.

[5]) Jer. 2, 13; 17, 12; Bar. 3, 12; Is. 58, 11; Ps. 103, 24; Prov. 3, 19; I. Cor. 8, 6.

[6]) Col. 1, 15; Hebr. 1, 3.

[7]) Joh. 14, 6.

[8]) Prov. 8, 30.

[9]) Vgl. hierüber c. Ar. I, 11—13, 17, 19—20.

[10]) c. Ar. I, 36.

[11]) Z. B. Ps. 101, 26—28; Hebr. 13, 8; Deut. 32, 39; Mal. 3, 6.

[12]) c. Ar. I, 22, 35, 36.

c) Auch die vollkommene Kenntniß des Vaters besitzt der Sohn nach der Lehre der heiligen Schrift.[1]) Ebenso bezeugt die Schrift, daß er dem Wesen des Vaters nicht fremd sei, sondern indem sie ihn Bild des Vaters nennt, bezeugt sie seine Wesensgleichheit mit dem Vater; denn „nicht von außen ist das Bild Gottes geschrieben, sondern Gott ist sein Erzeuger.“ [2])

d) In Consequenz dessen nennt die Schrift ihn auch geradezu Gott. Sie sagt von ihm dasselbe aus wie vom Vater,[3]) er ist dem Vater in Bezug auf die gleichartigen Aussagen vollkommen gleichgestellt.[4])

Auf solche Weise unterstützte Athanasius seine Behauptungen durch Aussprüche der hl. Schrift, oder vielmehr es gingen seine Lehren aus derselben erst hervor. Unerschöpflich ist er an Auffindung von immer neuen Beweisquellen aus der Schrift und kein Satz der Arianer ist, den er nicht mit der ganzen Gewandtheit seiner exegetischen Kenntnisse als unrichtig bewiesen hätte.

2. Athanasius begnügte sich jedoch nicht damit, den Arianern bloß äußerlich die Lehre der Schrift entgegenzuhalten, er griff auch direkt die Schriftbeweise an, welche sie für ihre Lehre vorbrachten. Ueber diese Schriftbeweise überhaupt drückt er sich folgendermaßen aus:[5]) „Die Arianer machen es in der Anwendung der Schrift dem Teufel nach. Denn auch dieser wendete Worte der Schrift an, wurde aber vom Herrn zum Schweigen gebracht.“ „Sie schützen die göttlichen Aussprüche vor, verdrehen diese aber nach ihrem Sinne mit Gewalt.“ [6]) „Da sie den Schriften gegenüber sich stumpfsinnig verhalten, so nehmen sie den Sinn derselben nicht wahr, sondern indem sie ihre eigene Gottlosigkeit sich zur Richtschnur nehmen, verdrehen sie nach derselben alle göttlichen Aussprüche.“ [7])

---

[1]) Ep. ad Ep. Aegypti et Libyae c. 16 werden angeführt Matth. 11, 27; Joh. 6, 46; 10, 15.

[2]) c. Ar. I, 20—21.

[3]) c. Ar. III, 4 werden citirt: Joh. 1, 1; Apoc. 1, 8; I. Cor. 8, 6; Joh. 8, 12; Luc. 5, 24; Joh. 16, 15; 17, 10.

[4]) De Syn. 49. p. 762 D: *Τὸ ἰσάζον ἔχει πρὸς τὸν πατέρα ταῖς ἐνοειδέσι φωναῖς, καὶ τὰ ἐπὶ τοῦ πατρὸς λεγόμενα, ταῦτα καὶ ἐπὶ τοῦ υἱοῦ λέγουσιν αἱ γραφαι.* Es werden dann nicht weniger als 30 Belegstellen citirt.

[5]) Ad ep. Aeg. et Lib. 8.

[6]) c. Ar. I, 37.

[7]) c. Ar. I, 52.

Im Einzelnen löst Athanasius die Schriftbeweise der Arianer in folgender Weise auf:

a. Eine Stelle, welche für die Arianer von besonderer Bedeutung zu sein schien und von ihnen immer angewendet wurde zum Beweise für ihre Lehre, war das Wort: Der Herr schuf mich als Anfang seiner Wege für seine Werke.[1]) Hierin, sagten sie, läge doch klar ausgesprochen, daß der Herr ein Geschöpf sei. Athanasius sah sich daher wiederholt veranlaßt,[2]) gegen eine solche Exegese zu protestiren. Er bezog jene Stelle vor Allem auf die Menschwerdung Christi und das durch ihn wiederhergestellte Bild des Logos in uns. Sie sei analog mit einer andern[3]) zu fassen und bedeute, daß der Herr dem Logos einen Leib bereitet habe. Schon das Wort „Schaffen“ bedeute oft nur accidentelle Veränderungen, Christus nenne ferner Gott seinen Herrn, um auszudrücken, daß er durch die Menschwerdung Knechtsgestalt angenommen hat. „Für seine Werke“ bedeute, daß die Werke durch ihn wieder hergestellt werden sollten in der Erlösung. „Anfang der Wege“ heiße es, weil wir in Christo den Anfang einer neuen Schöpfung haben. Indem der Heiland dem Fleische nach geschaffen werde, sei in ihm auch das kommende Geschlecht geschaffen. Athanasius faßte die Menschheit Christi geradezu für die ganze Masse der an ihn Glaubenden und dadurch Erlösten oder für die Kirche in ihrer concreten Bedeutung als Gemeinschaft der Gläubigen. Auf diese bezieht er die Worte der Weisheit.

Auch den folgenden Vers in den Sprüchwörtern: „Vor aller Zeit gründete er mich“ bezieht Athanasius auf die Menschwerdung des Logos, nicht aber auf seine Gottheit.[4]) Durch seine Menschwerdung ist der Grund zu einem neuen Geschlechte gelegt und dieses Geschlecht sind

---

[1]) Prov. 8, 22. Eine Controverse über diese Stelle konnte nur entstehen wegen der ungenauen Uebersetzung der Septuaginta. Im hebräischen Texte lautet die Stelle: יְהוָה קָנָנִי רֵאשִׁית דַּרְכּוֹ קֶדֶם מִפְעָלָיו מֵאָז: was die LXX übersetzten mit: *Κύριος ἔκτισέ με ἀρχὴν ὁδῶν αὐτοῦ εἰς ἔργα αὐτοῦ.* Wir suchen hier ganz objectiv den Kampf auf dem Gebiete der Exegese darzulegen, wie oben die Schriftbeweise des Athanasius, ohne zu untersuchen, nach welchen hermeneutischen Grundsätzen Athanasius vorging und ob er auch die Schriftstellen durchgehends richtig anwendete und erklärte.

[2]) Exp. fid. 3–4; de decr. 14; ad Ep. Aeg. et Lib. 17; c. Ar. II, 44–72; de inc. c. Ar. 6 u. s. w.

[3]) Prov. 9, 1.

[4]) c. Ar. II, 73–74.

wir. Christus ist der Grund geworden durch Annahme der menschlichen Natur, auf welchem auferbaut wir ein Tempel des hl. Geistes werden. Indem es aber heißt „vor aller Zeit", so ist der ewige Rathschluß der Erlösung ausgedrückt. Schon vor dem ersten Bau der Menschheit hat Gott wie ein weiser Baumeister für den Fall der Nothwendigkeit des Wiederaufbaues Vorsorge getroffen. Indem er unsern Fall voraussah, hat er in Christo schon von Ewigkeit her unsere Erlösung fest gegründet.[1])

Es ist also die durch die Menschwerdung neugeschaffene Creatur, auf welche Athanasius Prov. 8, 22 bezieht. Allein man braucht sie gar nicht auf die neue Schöpfung zu beziehen, sondern sie kann auch die erste Schöpfung bedeuten. Denn „damit die Welt nicht nur sei, sondern auch schön und gut sei, hat Gott die Weisheit in die Geschöpfe hinabsteigen lassen, um einem Jeden ein Abbild seines Ebenbildes einzuprägen." Weil nun ein solches Abbild der göttlichen Weisheit uns eingedrückt ist, darum sagt die Weisheit mit Recht jenen Ausspruch; wegen ihres uns eingeschaffenen Bildes nennt die Weisheit sich selbst geschaffen.[2]) Die ganze Erkärung dieser in der patristischen Zeit so viel verhandelten Stelle ist ungemein tief und geistreich. Sie zeigt nach Athanasius das ganze Verhältniß des Logos zur Welt an nach allen seinen Seiten und Beziehungen. Die dabei entwickelten Gedanken zeigen seine ganze Weltanschauung, wie sie auf platonischer Grundlage ruhend durch ächt christliches Bewußtsein verklärt wird. Wir werden auf diese Gedanken noch zurückkommen, für jetzt sollte nur gezeigt werden, wie Athanasius den Arianern diese Stelle gänzlich aus den Händen entwand.

b. In ähnlicher Weise beriefen sich die Arianer auf eine Stelle, wo Christus Erstgeborner der ganzen Schöpfung heißt.[3]) Athanasius entgegnet, Christus heiße erstgeboren wegen seines Herabsteigens zu den Geschöpfen, wodurch er unser Bruder geworden, seinem Wesen nach aber und im Verhältniß zum Vater heiße er eingeboren. Gleich der obigen Stelle bezieht er auch diese ebensowohl auf das erste Herabsteigen des Logos bei der Schöpfung, wie auf das zweite bei der Erlösung.[4])

---

[1]) c. Ar. II, 75—77.
[2]) c. Ar. II, 78.
[3]) Col. 1, 15.
[4]) c. Ar. II, 61—64.

c. Eine andere Stelle, welche die Arianer für sich ausbeuteten, war die:[1]) „Der Sohn ist um so vorzüglicher geworden als die Engel, je auszeichnender der Name ist, den Er vor ihnen ererbt hat.“ Athanasius erwidert vor Allem, daß man aus den Ausdrücken des Schaffens nicht auf das Wesen schließen dürfe, diese Ausdrücke könnten doch nur nach dem sich richten, was das Wesen sei und müßten darnach erklärt werden, denn die Bezeichnung sei nicht früher als das Wesen, sondern umgekehrt. Wenn daher die Schrift vom Sohn ein Werden aussagt, so sei er deßwegen noch nicht ein Geschöpf, da er ja anderweitig in ihr als Gott erscheine.[2]) Zur Sache selbst sagt Athanasius, man müsse den Nachdruck auf „vorzüglicher“ legen. Dieses aber bezeichne immer einen qualitativen Unterschied.[3]) Wenn der Sohn vorzüglicher heiße als die Engel, so sei hiemit sein wesentlicher Unterschied von ihnen gezeigt. Um so viel, als seine Person vorzüglicher ist als die Engel, um so viel übertreffe auch sein Dienst den der Engel. Von der Person könne man also auf den Dienst schließen, aber auch umgekehrt von dem Dienste auf die Person. Das Gesetz nun, das durch die Engel vermittelt wurde, habe keinen vollkommen gemacht, die Menschwerdung des Logos aber habe des Vaters Werk vollendet u. s. w. Wenn es heißt, er sei Bürge geworden, so bedeute das seine Bürgschaft für uns, wo er den vorzüglicheren Dienst geleistet hat. Daß der Sohn allein uns das Vorzüglichere gebracht hat, bezeichne gerade wieder die Aechtheit des Sohnes. So wenig von Gott dem Vater gesagt werde, daß er seinem Wesen nach geworden sei, wenn auf ihn Ausdrücke des Werdens angewendet werden, ebensowenig habe man Ausdrücke der erörterten Art auf das Wesen des Sohnes zu beziehen, sondern müsse sie von dem den Menschen durch ihn zu Theil werdenden Heile verstehen.[4])

d. Die Stelle, „der Sohn ist treu dem, der ihn gemacht,“[5]) bezieht Athanasius auf das hohepriesterliche Amt Christi. „Der Apostel

---

[1]) Hebr. 1, 4.

[2]) *Οὐχ αἱ λέξεις τὴν φύσιν παραιροῦνται, ἀλλὰ μᾶλλον ἡ φύσις τὰς λέξεις εἰς ἑαυτὴν ἕλκουσα μεταβάλλει.* c. Ar. II, 3, p. 471 A, cf. II, 4; I, 56.

[3]) Ath. beruft sich auf Schriftstellen wie Ps. 83, 11; Prov. 8, 10—11: Is. 56, 5. und beweist damit den Satz, daß nicht *συγκριτικῶς ἐλέχθη τὸ κρείττων, ἀλλὰ διακριτικῶς διὰ τὸ ἀλλάττον τῆς τοῦ υἱοῦ φύσεως ἀπὸ τῆς τῶν γενητῶν.* c. Ar. I, 55. p. 459 D.

[4]) c. Ar. I, 55—64.

[5]) Hebr. 3, 2: *Πιστὸς ὢν τῷ ποιήσαντι αὐτόν.*

hat diesen Ausdruck gebraucht, als das Wort Fleisch wurde; denn da wurde es Hoherpriester. Wie Aaron zuerst Mensch war und dann Hoherpriester wurde, so war auch der Herr zuerst Logos, dann Hoherpriester. Wie Aaron nicht seiner Substanz nach wurde, als er Hoherpriester wurde, so auch nicht der Logos." [1])

e. Die Stelle: [2]) „Gott hat zum Herrn und Gesalbten gemacht diesen Jesum, den ihr gekreuzigt habt," bezieht Athanasius auf das königliche Amt Christi. Sie könne sich dem Zusammenhange nach auf die Gottheit nicht beziehen. Sie bedeute so viel als: Gott hat Jesum unter euch (durch seine Wunder) zu erkennen gegeben. Nicht die Substanz des Wortes, sondern nur seine Herrschaft werde bezeichnet mit „machen", dieses sei gleich „darstellen". [3]) Aber nicht bloß sein Erkanntwerden durch uns könne hier gemeint sein, sondern auch daß er Herr über uns geworden durch die Erlösung. Das Ganze sei gerichtet gegen die Juden, welche glaubten, daß der Erlöser nicht leiden werde und daß nicht der Logos als solcher erscheinen werde, sondern ein Mensch. Es mußte also gezeigt werden, daß der, welcher gelitten hatte, der Erlöser sei, und dann, daß dieser Erlöser Gott sei u. s. w. [4])

f. Deßgleichen beriefen sich die Arianer auf alle Stellen, in denen vom Herrn menschliche Lebenserscheinungen ausgesagt werden, wie z. B. Wachsthum, Trauer, Ermüdung u. s. w. Athanasius aber bezieht solche Aussagen ganz richtig nur auf die menschliche Seite des Erlösers. [5])

3. Mit siegreichem Erfolge bekämpft also Athanasius die Arianer auf dem Gebiete der Schrift. Hierin suchte er immer die Stütze für seine Lehre und auf dieses Gebiet zog er immer den Kampf hinüber. Die Arianer konnten nur schwache Autoritätsbeweise vorbringen für ihre Lehre, Athanasius löste sie auf, indem er ihnen eine Unzahl anderer Schriftstellen entgegenstellte und den Ihrigen eine andere Erklärung gab. Allerdings mag gar manche Auslegung die Kritik einer strengen Exegese nicht

---

[1]) c. Ar. II, 7—8.

[2]) Act. 2, 36.

[3]) Ἐποίησεν ἴσον τῷ εἰπεῖν ἀπέδειξεν. c. Ar. II, 12. p. 480 B.

[4]) c. Ar. II, 12—18.

[5]) Solche Stellen sind z. B. Luc. 2, 52; 8, 23; Joh. 12, 27; 13, 21; Marc. 13, 32, 14, 33 u. a. Die Widerlegung der arianischen Exegese siehe c. Ar. III, 26—58. — Nach denselben Grundsätzen, der gehörigen Unterscheidung des Göttlichen und Menschlichen in Christo, antwortete Ath. auch auf die Einwände der Arianer auf Grund von Phil. 2, 5—11 und Ps. 44, 8 (c. Ar. I, 35, 52).

aushalten, allein immerhin sind seine Erklärungen der hl. Schrift voll von Geist und von tiefer Einsicht in das Wesen des Christenthums.

β) Der Beweis aus dem christlichen Glaubensbewußtsein.[1])

Eine weitere Reihe von Beweisen schöpft Athanasius aus dem christlichen Glaubensbewußtsein. Es ist hier einmal das religiöse Bewußtsein überhaupt, das ihm eine Fundgrube bildet zu Beweisen für die Gottheit des Logos, indem dieses Bewußtsein sich sträubt, ein Geschöpf als Gott zu verehren. Insbesondere aber ist es das tief gläubige Bewußtsein der Erlösung durch Jesus Christus, woraus Athanasius eine Menge von Beweisen schöpft, die uns so recht sein reiches, tiefes Gemüth, aber nicht minder seinen scharfen, weitblickenden Verstand erkennen lassen.

1. Er wirft den Arianern vor, daß sie das Christenthum und den christlichen Glauben gar nicht kennen,[2]) daß ihr Ausgangspunkt gar nicht religiös sei, indem sie nicht fragen, warum Christus, obschon Gott, Mensch geworden, sondern gerade umgekehrt (ausgehend von dem Irdischen), wie ist er Gott, obwohl Mensch?[3]) Die Arianer könnten auf ihrem Standpunkte auch die übrigen Glaubenssätze nicht mehr würdigen, nemlich die Lehre vom Vater, vom Geiste, von der Auferstehung, von der Menschwerdung u. s. w.[4]) Daß die Arianer mit der Kenntniß des Sohnes auch die des Vaters verloren haben, wird von Athanasius wiederholt behauptet.[5])

2. Weiterhin wird den Arianern der Vorwurf gemacht, daß sie geradezu Heiden,[6]) ja noch schlechter als diese seien. „Gleich den

---

[1]) Da Athanasius hier immer Rücksicht nimmt auf das in den Gläubigen unmittelbar lebende Bewußtsein, so können wir diesen Theil den Traditionsbeweis für die Gottheit des Logos nennen. Während er hier von der Ueberzeugung ausgeht, daß das christliche Bewußtsein als solches in der Gesammtheit der Gläubiger nicht irren könne (vermöge der sog. infallibilitas in credendo), beruft er sich anderwärts auch auf die geschriebene Tradition der Väter, so auf Dionys von Alexandrien und von Rom (de sent. Dion. de decr. 26), über die wir schon gehandelt haben, auf Theognost (de decr. 25, vgl. ad Ser. IV, 11), Origines (de decr. 27), den hl. Ignatius (de Syn. 57), den Pastor des Hermas (de decr. 18).

[2]) c. Ar. I, 1. Vgl. Dorner l. c. I, 890.

[3]) De decr. 1.

[4]) c. Ar. I, 8.

[5]) Z. B. c. Ar. II, 42.

[6]) Ad Ep. Aeg. et Lib. 17.

Heiden verehren sie nemlich das Geschöpf statt den Schöpfer."[1]) Daß sie aber schlechter sind als die Heiden, folgt daraus, daß sie ihren Gott, nemlich den Logos, ein Geschöpf nennen, und daß sie dem Vater nicht glauben, wenn er sagt: Dieser ist mein geliebter Sohn, sondern behaupten, er sei nicht Sohn, sondern Geschöpf.[2])

3. Indem die Arianer den Schöpfer und das Geschöpf göttlich verehren, führen sie wieder das Heidenthum ein. „Arius führte einen Judaismus ein, auf den sofort ein Hellenismus folgte."[3]) „Die Arianer können mit Recht des Polytheismus geziehen werden (oder auch des Atheismus), da sie schwätzen, der Sohn sei von-außen her und ein Geschöpf, und ebenso der Geist. Denn entweder müssen sie behaupten, der Sohn sei nicht Gott, oder wenn sie es zugeben wegen der Schrift, ihn aber nicht als zum Wesen des Vaters gehörig betrachten, so führen sie viele Götter ein wegen der Verschiedenheit ihrer Naturen.[4])

4. Durch diesen Polytheismus wird auch die Einheit des christlichen Glaubens zerstört. „Wenn sie den Sohn Gott heißen, so müssen sie zwei Götter ansetzen, einen schaffenden und einen geschaffenen, und müssen zwei Herren dienen, einem ungewordenen und einem gewordenen und geschaffenen, und müssen zwei Glauben haben, einen an den wahren Gott und einen an den geschaffenen und gebildeten und von ihnen nur so genannten Gott."[5]) Umgekehrt schließt Athanasius auch aus der Einheit des christlichen Glaubens sowie aus der Einheit der Taufe auf die Wesenseinheit des Sohnes mit dem Vater. „Nicht deßhalb wird der Vater mit dem Sohne bei der Taufe zugleich genannt, als ob der Vater nicht genüge, sondern weil er Gottes Logos und eigene Weisheit ist und stets beim Vater ist als dessen Abglanz, so muß deßhalb, wenn der Vater die Gnade verleiht, dieselbe im Sohne verliehen werden."[6]) „Ein Glaube, Eine Taufe ist und darum auch nur Ein Gott und die Trinität mit sich selbst identisch."[7])

5. Nach der Lehre der Arianer geht überhaupt die ganze Trinität verloren. „Sie zählen das Geschaffene dem Schöpfer bei und das, was

---

1) Ad Ep. Aeg. et Lib. 4; c. Ar. II, 14.
2) c. Ar. I, 10; de sent Dion. 2.
3) Ad Ep. Aeg. et Lib. 13.
4) c. Ar. III, 15.
5) c. Ar. III, 16.
6) c. Ar. II, 41.
7) Ad Ser. I, 30. cf. ad Ser. I, 16.

nicht war, wird mit dem, was immer war, zugleich als Gott betrachtet und verherrlicht. Das heißt ein allmäliges Entstehen der Dreiheit annehmen; dann ist aber die ganze Trias geschöpflich, zeitlich, in sich ungleich und veränderlich, so daß sie auch fernerhin der Zunahme ins Unendliche, aber auch der Abnahme fähig ist." [1]) In gleicher Weise wäre nach ihnen auch der Vater wandelbar, wenn nemlich sein Bild, der Sohn, der Wandelbarkeit unterworfen wäre. [2])

6. Widerspricht so die arianische Häresie schon dem allgemeinen religiösen Bewußtsein, so zeigt sich ihre Trostlosigkeit noch mehr, wenn wir auf die Person ihres Erlösers näher eingehen. Denn einmal bedurften wir eines solchen Erlösers, der von Natur aus unser Herr war. „Als nemlich wir Menschen Gott durch sein Wort nicht erkennen und unserm natürlichen Herrn, dem Logos Gottes, nicht dienen wollten, da gefiel es Gott, im Menschen seine Herrschaft zu zeigen und alle an sich zu ziehen. Durch einen bloßen Menschen aber dieses zu thun, war ungeziemend, damit wir nicht, wenn wir einen Menschen zum Herrn hätten, Menschenverehrer würden; darum wurde der Logos selbst Fleisch." [3]) „Da Christus als Sohn Gottes Gott ist, so ist er auch der erwartete Christus, damit, wie wir durch ihn geschaffen worden sind, so auch in ihm Allen die Erlösung von den Sünden zu Theil werde und er Alles beherrsche." [4])

7. Ist der Sohn ein Geschöpf, so kann er den Hauptzweck der Erlösung, die Wiedervereinigung des Menschen mit Gott, nicht erreichen. „Es wird, wenn der Sohn ein Geschöpf ist, da die vernünftigen Geschöpfe eine und dieselbe Natur haben, Geschöpfen von einem Geschöpfe keine Hilfe zu Theil werden, weil Alle der Gnade Gottes bedürfen." [5]) „Wäre der Logos als Geschöpf Mensch geworden, so wäre der Mensch nichts desto weniger geblieben, was er war, und hätte sich nicht mit Gott verbunden. Denn wie hätte er als Geschöpf durch ein Geschöpf sich mit dem Schöpfer verbinden können?" [6]) „Es blieb der Mensch, wenn der Sohn ein Geschöpf war, sterblich und verband sich nicht mit Gott. Denn

---

1) c. Ar. I, 17—18.
2) c. Ar. I, 22. cf. I, 28.
3) c. Ar. II, 16.
4) c. Ar. I, 49. cf. II, 14 u. a.
5) c. Ar. II, 41.
6) c. Ar. II, 67.

es konnte nicht ein Geschöpf die Geschöpfe mit Gott verbinden, da es selbst des Verbindenden bedurfte, und es kann nicht ein Theil der Schöpfung für die Schöpfung Rettung bringen, da er selbst der Rettung bedarf.“ [1])

8. Im Besonderen aber konnte ein Geschöpf uns nicht die Kenntniß des Vaters bringen. Das Begreifen und Erkennen des Sohnes ist eine Kenntniß des Vaters, weil er die dem Wesen des Vaters natureigene Geburt desselben ist. Bei Athanasius ist der Logos der Inbegriff aller Wahrheit. Nicht bloß seine Lehre, sondern seine ganze Erscheinung ist die äußere Darstellung und Verkündigung dieser Wahrheit. Das kann aber Christus nur sein, wenn er selbst Gott ist, und darum verletzte der Arianismus grob das den Christen wesentliche Interesse, im Sohne den Vater kennen gelernt zu haben. [2])

9. Als Geschöpf konnte Christus uns nicht befreien von der Furcht vor dem Tode. Diese Furcht entstand durch die Sünde, [3]) und sie ist so sehr des Menschen Herr geworden, daß dieser gar nicht mehr anders kann, als den Tod und die Auflösung des Körpers fürchten. [4]) Christus hat diese Furcht hinweggenommen, so daß jetzt Alles für ihn freudig in den Tod geht. „Ist es darum nicht ungereimt, den Muth der Verehrer des Logos zu bewundern, vom Logos selbst aber zu behaupten, daß er sich fürchte, da durch ihn die Andern den Tod verachten?“ [5])

10. Ist Christus nicht Gott, so können wir keine Zuversicht haben auf seine Gnadenhilfe, wir haben kein Tugendbeispiel vor uns, das in sich vollendet ist. Athanasius führt Beispiele aus der Schrift an, daß zum Worte Gottes gebetet wurde und schließt daraus, daß der Logos Gott sei. [6]) Weiterhin sagt Athanasius: „Da die Natur der geschaffenen Dinge wandelbar ist, so bedurfte es eines Unwandelbaren, damit die Menschen in der Unwandelbarkeit der Gerechtigkeit des Logos ein Bild und einen Ausdruck für die Tugend hätten.“ [7])

11. Ist Christus nicht Gott, so konnte er nur für sich verdienen, nicht auch für uns. „Wenn der Logos selbst, insoweit er Logos ist, seinetwegen empfängt und verherrlicht wird, und wenn derselbe der Gottheit

[1]) c. Ar. II, 69.
[2]) c. Ar. I, 16. Vgl. Meier I, 40.
[3]) c. Gent. 3.
[4]) De incarn. 28.
[5]) c. Ar. III 57.
[6]) c. Ar. III, 13.
[7]) c. Ar. I, 51. cf. I, 35.

nach geheiligt wird und aufersteht, was haben die Menschen dann für eine Hoffnung? Sie bleiben, was sie waren, nackt, elend, todt, ohne Gemeinschaft mit dem, was dem Sohne verliehen wurde. Warum ist aber dann der Logos erschienen und Fleisch geworden?[1])"

Aus diesen wenigen Stellen, die sich leicht vermehren ließen[2]), sehen wir die hohe Bedeutung, welche die Gottheit des Logos dem Athanasius hatte für die Religion und besonders für den christlichen Glauben. „Alle Hoffnung, alles Vertrauen, alle Sehnsucht des Christen knüpft er an die wahre, göttliche Person des Erlösers an, und er bekämpft darum aus dem innersten Wesen des Christenthums heraus die Arianer."[3])

b) Der Beweis für die Zeugung des Logos im Unterschiede von der Schöpfung der Welt.

Schon im Bisherigen ist mittelbar enthalten, daß Athanasius einen Unterschied annahm zwischen göttlicher Zeugung und göttlicher Schöpfung. Ist nemlich der Logos Sohn und nicht Geschöpf, und besteht hierin ein wesentlicher Unterschied, so muß ein Unterschied auch bestehen in den Wirkungsweisen, wodurch einerseits der Sohn, andererseits das Geschöpf in die Existenz tritt. Wir haben oben gesehen, wie erst durch den Streit des alexandrinischen mit dem römischen Dionysius dieser Gegensatz zum klaren Bewußtsein kam und wie gerade das das eigene Resultat ihres Kampfes war. Auch Athanasius ist sich der Verschiedenheit in den zwei Wirkungsweisen der obersten Causalität wohl bewußt, und gerade dieser Unterschied, sowie die daran sich schließende Behauptung, daß nur die Zeugung, nicht aber die Schöpfung der dem Sohne entsprechende Begriff sei, war ein Hauptpunkt, um welchen sich der große Streit drehte.

1. Athanasius zeigt, daß schon auf irdischem Gebiete Zeugung und Schöpfung verschieden seien und daß eine solche Verschiedenheit auch in Gott bestehe. „Keiner sagt, daß er zeuge, was er schafft, noch nennt Jemand seine Zeugungen Geschöpfe."[4]) „Der Mensch baut ein Haus, zeugt aber einen Sohn, und Niemand sagt umgekehrt, ein Haus

---

[1]) c. Ar. III, 39.

[2]) Vgl. die Darstellung dieser Seite des athanasianischen Lehrgebäudes bei **Möhler** (a. a. O. I, 241 ff.); **Schwane**, Dogmengeschichte der patristischen Zeit, S. 121; **Baur** (a. a. O. I, 416 ff.); **Dorner** (a. a. O. I, 890 ff.); **Böhringer** 1. Bd. 2. Abth. S. 169 ff.

[3]) So **Möhler** (l. c. I, 250—251.)

[4]) c. Ar. II, 48.

oder ein Schiff werde von seinem Erbauer gezeugt, ein Sohn aber von demselben erschaffen." [1]) „Wir nennen die Väter nicht Schöpfer, sondern Erzeuger, und uns selbst nennt man nicht Geschöpfe, sondern natürliche und wesensgleiche Söhne der Väter, ebenso ist auch Gott, wenn er Vater ist, durchaus Vater eines natürlichen und wesensgleichen Sohnes." [2])

2. Fragen wir nach dem Unterschiede selbst, so erklärt Athanasius, die Zeugung sei ein Akt der Natur, die Schöpfung ein Akt des (freien) Willens. [3]) „Der Sohn ist eine zum Wesen des Vaters gehörige Zeugung, die Geschöpfe aber sind Produkte des göttlichen Willens." [4]) „Was nemlich aus Jemand ist der Natur nach, das ist eine wahre Zeugung." [5]) Gerade darin, daß das Verhältniß des Vaters zum Sohne ein immanentes, wesentliches und nothwendiges sei, das Verhältniß Gottes zur Welt dagegen ein freies und willkürliches und in diesem Sinne zufälliges, besteht nach Athanasius der Hauptunterschied zwischen Beiden.

Dagegen wendeten aber die Arianer sofort ein: „wenn der Sohn nicht aus dem Willen des Vaters entstanden, so habe Gott in Folge einer Nothwendigkeit und ohne seinen Willen einen Sohn erhalten." Athanasius erwidert: „Wer schreibt ihm einen Zwang zu? Was dem Willen entgegengesetzt ist, haben sie gesehen, das Größere und Höhere aber sehen sie nicht. Denn wie dem Willen entgegen ist, was gegen die Absicht geschieht, in gleicher Weise liegt das Natürliche hinaus über den Willen und hat vor ihm den Vorzug. Ein Haus baut Jemand, indem er zu Rathe geht, einen Sohn aber zeugt er von Natur. Und was nach dem Willen gebaut wurde, begann zu werden und ist außerhalb dessen, der es gebaut; der Sohn aber ist eine der Substanz des Vaters eigene Zeugung und ist nicht außerhalb desselben." Athanasius hält ihnen sodann die andere Frage entgegen. Kommt es Gott vermöge seines Willens zu, daß er gut und barmherzig ist, oder nicht durch den Willen? Ferner: Besteht der Vater selbst, indem er sich zuvor berieth und dann wollte, oder auch, bevor er sich berieth. [6])

---

[1]) De decr. 13.

[2]) Ad. Ser. II, 6.

[3]) Vgl. Petavius, de trinitate (ed. Venet. 1721) l. VI, c. 8.

[4]) *Ὁ μὲν υἱὸς ἴδιον τῆς οὐσίας γέννημα, τὰ δὲ ποιήματα βουλήματος δημιουργήματα.* de Syn. 35. p. 751 C.

[5]) c. Ar. I, 37.

[6]) c. A. III, 62—63. Die vollständige Widerlegung des Satzes der Arianer, der Sohn sei geworden *βουλήσει καὶ θελήσει*, findet sich c. Ar. III, 59—67. Der

Die ganze Lehre des Athanasius über die Zeugung als naturnothwendigen Akt des Vaters beruht auf dem philosophischen Satze, daß es etwas geben muß, das nicht mehr auf Wahlfreiheit beruht, daß der Gegensatz von Freiheit und Nothwendigkeit schließlich in die Einheit beider oder vielmehr in die über beiden gelegene Natur sich auflösen müsse.[1]) Daß aber der Logos selbst schon hinausfalle über das Gebiet des auf Freiheit Beruhenden, das beweist Athanasius wieder durch die Schrift,[2]) während die Arianer, vergessend, daß vom Sohne Gottes" die Rede sei, es wagen, menschliche Gegensätze auf Gott anzuwenden,"[3]) d. h., daß sie in einem übertriebenen Verstandesrationalismus das Wesen der göttlichen Zeugung begreifen wollten.

3. Die göttliche Zeugung wird von Athanasius näher dahin erklärt, sie sei ein gänzliches Theilhaftwerden der göttlichen Natur.[4]) „Was aus dem Wesen des Vaters kommt, das ist ganz und gar der ihm eigene Sohn, denn daß an Gott in Allem theilgenommen wird, ist soviel, als daß er zeugt. Was deutet aber zeugen anders an als einen Sohn?"

4. Daß nun dem Sohne in Wirklichkeit nur der Begriff der Zeugung entspreche, nicht aber der Begriff der Schöpfung, wird von Athanasius strenge behauptet. „Der Logos wird nicht geschaffen, sondern gezeugt. Und das Geschöpf ist kein Sohn, sondern ein Gemachtes."[5]) „Das Geschöpf kann nicht Sohn oder Logos sein, noch der Sohn ein Geschöpf."[6]) Die Begründung seines Satzes aber holt Athanasius auch hier aus der hl. Schrift. In dieser findet er ausgesprochen, daß zwischen Zeugen und Schaffen ein großer Unterschied sei, und daß dem Sohne nur der erste Begriff entspreche.[7])

Natur der Sache gemäß konnte der Schwerpunkt des großen Streites sehr leicht hieher verlegt werden, obwohl es thatsächlich nicht der Fall war.

[1]) Vgl. Meier (1, 152 ff.)

[2]) Er beruft sich z. B. auf Ps. 113, 11; 110, 2; 134, 6; I. Cor. 1, 1; Eph. 1, 5; Jac. 1, 18; I. Thess. 5, 18 u. s. w. (c. Ar. III, 60—61).

[3]) c. Ar. III, 63.

[4]) c. Ar. I, 16. p. 420 D: *Ἀνάγκη λέγειν τὸ ἐκ τῆς οὐσίας τοῦ πατρὸς ἴδιον αὐτοῦ σύμπαν εἶναι τὸν υἱόν. Τὸ γὰρ ὅλως μετέχεσθαι τὸν θεόν, ἴσον ἐστὶ λέγειν, ὅτι καὶ γεννᾷ. Τὸ δὲ γεννᾷν τὶ σημαίνει ἢ υἱόν;*

[5]) Ad Ep. Aeg. et Lib. 14.

[6]) c. Ar. II, 5. Vgl. Sermo major de fide c. 26: *Τὸν λόγον οὐ κτίζει, ἀλλὰ γεννᾷ ὁ θεός.*

[7]) De decr. 13 beruft er sich auf Ps. 109, 3; 2, 7; Prov. 8, 25; Joh. 1, 18.

5. Auf Grund dessen erhält aber auch der schon zur Sprache gekommene Unterschied zwischen **Sohn** und **Welt** als den **Produkten des göttlichen Zeugens und Schaffens** wieder eine klare Beleuchtung. Athanasius sagt in diesem Sinne:[1]) „Indem der Herr betet, die Menschen mögen eins sein, wie er im Vater und der Vater in ihm, deutet er in dem „Wie" an, daß die Menschen weit entfernt sind von der Art und Weise, wie er im Vater ist, entfernt nicht dem Orte, sondern der Natur nach." „Die Verschiedenheit des Sohnes den Geschöpfen gegenüber ist eine Verschiedenheit der Natur, der Sohn hat keine natürliche Verwandtschaft mit den Engeln;"[2]) „er kann mit ihnen gar nicht verglichen werden, weil sie zwei gänzlich verschiedene Wesen sind;"[3]) „er hat keine Aehnlichkeit mit andern Dingen."[4]) Schon aus der Art und Weise, wie die Schöpfung erzählt wird, im Gegensatze zur Zeugung, leitet Athanasius den Unterschied ab zwischen der Welt und dem Sohne Gottes.[5])

6. Demgemäß können auch alle **Ausdrücke des Schaffens** nur **uneigentlich** auf den Sohn angewendet werden. „Wenn die Substanz ein Gemachtes oder ein Geschöpf ist, dann wird im eigentlichen Sinne von ihr gesagt: Er hat sie geschaffen oder gemacht und sie wurde, und dieß bezeichnet das Geschöpf. Wenn aber die Substanz eine Zeugung ist oder ein Sohn, dann kommen ihr obige Bezeichnungen nicht mehr im eigentlichen Sinne zu und bezeichnen nicht ein Geschöpf, sondern man gebraucht ohne Unterscheidung „schaffen" für „zeugen". Es heben nämlich die Worte nicht die Natur auf, sondern vielmehr die Natur zieht die Worte an sich und accomodirt sie."[6]) „Den gewordenen Dingen ist es eigen, geschaffen zu werden, und sie nennt man Geschöpfe; in Bezug auf den Sohn aber spricht man nicht von einer Schöpfung, noch von einem Werden."[7]) Wenn aber dennoch in der hl. Schrift[8]) vom Sohne gesagt

---

[1]) c. Ar. III, 22.

[2]) c. Ar. I, 55.

[3]) c. Ar. I, 59.

[4]) c. Ar. II, 6; ad Ser. II, 3 u. s. w.

[5]) c. Ar. II, 57. Wenn es von den Geschöpfen heißt, Gott habe sie geschaffen *ἐν ἀρχῇ*, so dieß gleich *ἀπ' ἀρχῆς*. Darum stehe „*ἐποίησεν*" für „*ἤρξατο ποιεῖν*" und die Geschöpfe haben somit einen zeitlichen Anfang ihres Seins.

[6]) c. Ar. II, 3.

[7]) c. Ar. I, 58.

[8]) c. Ar. I, 56. p. 460 C: *Τὸ γεγραμμένον ἐνταῦθα* (Hebr. 1, 4) *γενόμενος οὔτε γεννητὸν σημαίνει τὸν υἱόν. Εἰ μὲν γὰρ ἁπλῶς εἰρήκει τὸ γενόμενος καὶ ἐσιώπησεν, ἡ πρόφασις ἦν τοῖς Ἀρειανοῖς, ἐπειδὴ δὲ τὸν υἱὸν προείρηκε, δι'*

wird, er sei geworden, so ist damit nicht gesagt, er sei in der That etwas Gewordenes. „Denn wenn der Apostel an der bezeichneten Stelle einfach geworden gesagt und dann geschwiegen hätte, so hätten die Arianer einen Vorwand. Da er aber zuvor den Sohn genannt und im ganzen Abschnitt nachgewiesen hat, daß er verschieden sei von den entstandenen Wesen, so hat er auch das „geworden" nicht für sich allein gesetzt, sondern „vorzüglich" mit „geworden" verbunden. Er hielt nämlich das Wort für gleichgiltig, indem er überzeugt war, wer von dem einmal als ächt anerkannten Sohne „geworden" sage, der sage so viel als „er ist gezeugt und ist vorzüglicher".

7. Mit diesem Begriffe des Gezeugtseins des Sohnes aus dem Vater hängt enge zusammen, daß er mit diesem nicht bloß eine Willens-, sondern eine Wesenseinheit haben müsse. Die Arianer behaupteten nämlich, „weil der Sohn das wolle, was der Vater will, und weder in den Gedanken, noch in den Urtheilen ihm widerstrebe, sondern in Allem mit ihm übereinstimme, indem er die gleiche Lehre und die mit der Lehre des Vaters übereinstimmenden und zusammenhängenden Worte vortrage, deßhalb sei er Eins mit dem Vater."[1]) Athanasius erwidert darauf, dann müßten auch die Engel und die übrigen himmlischen Wesen Söhne sein. Auch unter den Menschen fänden sich dann viele Söhne. Der Sohn wäre dann nicht dem Vater ähnlich, sondern den Lehren desselben, der Vater wäre nur dem Namen nach Vater.[2]) Sofort aber geht Athanasius auch hier wieder über auf die hl. Schrift und zeigt, wie der Sohn ebenso wie der Vater die Gnade verleiht, wie er mit ihm angebetet wird u. s. w.[3])

Im Gegensatze gegen eine solche Bestimmung der Einheit von Vater und Sohn erklärten die Arianer die Stelle: „Ich bin im Vater und der Vater ist in mir," auf folgende Weise: „Auch wir sind in Gott nach

---

ὅλης τῆς περικοπῆς ἀποδείξας αὐτὸν ἄλλον εἶναι τῶν γενητῶν, οὐδὲ τό γενόμενος ἀπολελυμένως ἔθηκεν, ἀλλὰ τὸ κρείττων συνῆψε τῷ γενόμενος. Ἀδιάφορον γάρ ἡγήσατο τὴν λέξιν, εἰδὼς ὡς ἐπὶ ὁμολογουμένου γνησίου υἱοῦ ὁ λέγων τὸ γενόμενος, ἴσον τῷ γεγεννῆσθαι (nach Anderen *γεγενῆσθαι*) *καὶ ὅτι ἐστὶ κρείττων λέγει.*

1) c. Ar. III, 10.

2) c. Ar. III, 10–14. cf. Epist. ad Afros Ep. 7. de Syn. 38, 48.

3) Er beruft sich z. B. auf Joh. 14, 23; Rom. 1, 7; I. Thess. 3, 11; Gen. 48, 15–16; 32, 26, 30; Ps. 119, 1–2; 17, 2–3; II. Cor. 1, 10; Gen. 28, 3–4; I. Cor. 1, 4 u. s. w.

den Worten des Apostels,[1]) also ist das für den Sohn nichts Auszeichnendes." Athanasius erwidert: „Gott ist nicht im Sohne, wie in den Gerechten, denn der Sohn ist Kraft und Weisheit Gottes" u. s. w. Asterius trägt bei seiner Erklärung das auf alle Geschöpfe über, was der Sohn als ihm allein eigen angeführt hat. Der Herr hätte nämlich sonst sagen müssen: „Auch ich" und nicht: „Ich bin der Vater." Zu einer solchen Exegese kamen die Arianer dadurch, daß sie den Vater größer hielten als den Sohn, so daß also jener nicht in diesem sein könne. Darauf erwidert Athanasius: „Sie stellen sich Gott körperlich vor, haben keinen Begriff von einer unkörperlichen Hypostase. Vater und Sohn füllen nicht ihre gegenseitige Leere aus, sondern in sich vollendet ist der Vater und seine Fülle ist der Sohn."[2])

Die Stellen, in denen Gott sich als den einzigen und alleinigen hinstellt,[3]) erklärten die Arianer so, daß dadurch der Logos von der Einheit mit Gott ausgeschlossen sei. Athanasius sagt, es sei dies nicht wegen des Logos gesagt, vielmehr habe Gott diese Worte durch ihn gesprochen, sondern wegen dessen, was Gott fremd ist. Dieß werde auch Joh. 17, 3 angedeutet, weil hier der Sohn sich dem alleinigen Gott anreiht.[4])

8. Wir haben jetzt gesehen, wie Athanasius die Gottheit des Logos und sein Gezeugtsein aus dem Wesen des Vaters beweist aus den Quellen der Schrift und der Ueberlieferung. Sollen wir noch kurz den Unterschied zwischen seiner Lehre und dem Rationalismus der Arianer hervorheben, so können wir sagen, daß beide übereinstimmen rücksichtlich der Quellen der theologischen Erkenntniß, beiden gilt die Schöpfung und die positive Offenbarung als Quelle unserer religiösen Erkenntniß. Beide stimmen ferner darin überein, daß unser Erkennen irgend eine Grenze habe. Sie weichen aber sehr von einander ab in der Beantwortung der Frage, wie die Erkenntniß in uns entstehe und (in Folge davon) welches die Grenze unseres Erkennens sei. Die Arianer lassen sowohl die Erkenntniß der natürlichen als auch der geoffenbarten Wahrheiten vermittelt werden durch eine formale Dialectik und logisch-reflektirende Verstandesoperation, nach Athanasius entsteht unser Erkennen durch eine ontologisch-intuitive

---

[1]) Act. 17, 28.
[2]) c. Ar. III, 1—3.
[3]) Deut. 6, 4; 12, 39.
[4]) c. Ar. III, 7-9.

Speculation. Dieser Gegensatz, der uns in der Geschichte der Theologie und Philosophie immer wieder begegnet, ist es in letzter Instanz, auf den sich der ganze Kampf des Athanasius mit dem arianischen Rationalismus reducirt.

Weil man aber damals zwischen natürlichen und geoffenbarten Wahrheiten methodisch nicht unterschied, sondern die Wahrheit in ihrer Totalität aufzufassen bestrebt war, so trat dieser (an sich) philosophische Gegensatz erst in der Theologie hervor. Und selbst hier war nicht so fast die Art und Weise der theologischen Erkenntniß Gegenstand des Streites, als vielmehr das aus ihr sich ergebende Resultat. Die Arianer kamen von ihrem Standpunkte aus zu einer völligen Begreifbarkeit und damit von selbst zu einer Verendlichung des Logos, Athanasius ließ den Logos unentwegt beharren über dem Flusse der menschlichen Begriffe und constatirte damit seine volle Gottheit. Jetzt erst entstand der Kampf der beiden Anschauungen. Hätte Athanasius direkt die falsche Erkenntnißlehre der Arianer oder auch nur deren unbefugte Anwendung auf die geoffenbarten Wahrheiten bekämpft, er wäre vielleicht eher zum Ziele gekommen, als dadurch, daß er immer die Resultate der arianischen Verstandeslogik bekämpfte und durch eine Masse von Schriftstellen zu widerlegen suchte.

Allein dazu war damals die Zeit nicht. Athanasius mußte vor Allem das Dogma selbst in seiner concreten Form retten gegen die häretischen Angriffe und konnte gar nicht denken an eine methodisch ausgebildete Einleitung in die Dogmatik. Der gleiche polemische Standpunkt entschuldigt ihn auch, wenn er Existenz und Begriff der Trinität nicht auseinanderzuhalten scheint. Die Existenz einer Trinität überhaupt läugneten auch die Arianer nicht, es kam also in erster Linie darauf an, die wahre Trinität zu zeigen. War einmal der richtige Begriff der Trinität festgestellt, so brauchte Athanasius ihre Existenz nicht mehr eigens zu beweisen. Auf diese Weise erklärt es sich, wie Athanasius dieselben Beweisquellen benützen konnte, um indirekt allerdings das Trinitätsdogma zu beweisen, direkt es aber eigentlich nur der arianischen Fälschung gegenüber zu erklären. Dazu mußte Athanasius alle Mittel der menschlichen Erkenntniß in universeller Weise in Anwendung bringen, mögen sie fließen aus was immer für einer Quelle der Erkenntniß.

Um den Kampf des Athanasius gegen den arianischen Rationalismus zum Abschluß zu bringen, können wir sagen: Athanasius sucht den Arianern gegenüber den Begriff der wahren Trinität und eben damit indirekt auch deren Existenz zu beweisen aus den objektiven Quellen der hl. Schrift und des christlichen Glaubensbewußtseins, indem er die Erkenntniß der in diesen Quellen enthaltenen Wahrheit vermittelt werden läßt durch eine (platonische) Intuition. Arius sucht seine Trinität aus denselben Quellen zu beweisen, indem er die Erkenntniß derselben entstehen läßt durch eine (supraaristotelische) Verstandesreflexion.

II. Der Kampf gegen den arianischen Deismus.

Mit dem Rationalismus der Arianer steht in engstem Zusammenhange ihr überspannter Dualismus oder Deismus. Haben Noëtik und Metaphysik überhaupt unter sich eine so innige Verbindung, daß ein Irrthum in der einen nothwendig auch eine Trübung in der andern herbeiführen muß, so gilt dieß natürlich auch in Hinsicht auf die Art und Weise der Entstehung der theologischen Erkenntniß einerseits und den realen Inhalt dieser Erkenntniß andrerseits. Läßt man z. B. den Begriff der Trinität entstehen ausschließlich durch Anwendung formaler Dialektik auf das Dogma, so wird der reale Inhalt dieses so entstandenen Begriffes nothwendig die Endlichkeit der menschlichen Erkenntnißformen an sich tragen, wird aber der objektive Inhalt des Trinitätsbegriffes als unendlich gefaßt, so kann er durch endliche Erkenntnißformen nicht mehr ausgemessen werden.

Daß die Trinität, speziell der Logos, mit endlichen Erkenntnißformen nicht gemessen werden könne und in Folge dessen einen unendlichen Inhalt habe, das hat Athanasius dem arianischen Rationalismus gegenüber aus den Quellen der theologischen Erkenntniß dargethan. Jetzt soll dieser Inhalt unabhängig von der Art und Weise seiner Erkenntniß bestimmt und als unendlich nachgewiesen werden, d. h. die Gottheit des Logos soll bewiesen werden zunächst unabhängig von der Art und Weise, wie wir uns den Begriff derselben im Erkenntnißprocesse bilden.

Wie wir gesehen haben, war die metaphysische Wurzel des Arianismus ein (philonisirender) Deismus, nach welchem das Unendliche nicht selbst im Endlichen erscheinen kann. Die Widerlegung dieses Satzes ist zunächst Aufgabe der Metaphysik. Allein nicht auf dieses Gebiet wurde der Kampf verlegt, sondern erst die theologische Folge jenes philosophischen Satzes wurde Gegenstand des Streites. Arius zog nämlich aus seiner Metaphysik den Schluß, daß Gott durch ein Mittelwesen die Welt geschaffen habe, dieses sei der Sohn, der mithin nicht wahrer

Gott sein könne. Athanasius bekämpfte zunächst nur diesen Schlußsatz, wenn auch indirekt in seiner Bekämpfung der ganze metaphysische Grundpfeiler des arianischen Systems angegriffen werden mußte.

Auch hier bringt Athanasius alle Gründe aus der natürlichen und übernatürlichen Offenbarung vor, um seinen Gegner zu widerlegen. Wie aber sein Kampf gegen den arianischen Rationalismus, auch wenn er selbst diese Unterscheidung nicht machte, in einen an sich rein philosophischen und einen theologischen Theil zerlegt werden kann, je nachdem es sich bloß um die natürliche Erkenntniß Gottes handelte, oder um die Erkenntniß Gottes auf Grund der positiven Offenbarung: in gleicher Weise zerfällt auch sein Kampf gegen den arianischen Deismus in zwei Theile, insofern Athanasius theils mit (an sich) rein philosophischen Gründen das arianische Mittelwesen bekämpft, theils unter Zuhilfenahme von positiven Gründen die Subjectsidentität des Logos in Gott mit dem historischen Christus behauptet.

1. Die Bekämpfung des arianischen Mittelwesens.[1])

In einer Reihe von Argumenten bekämpft Athanasius den Satz, daß der Vater den Sohn geschaffen habe, um durch ihn uns zu schaffen, daß der Sohn mithin ein Mittelwesen sei zwischen Gott und Welt.

1. Ein solches Mittelwesen ist nicht nothwendig für Gott. Denn er wäre in dem Falle zu ohnmächtig oder zu stolz, um selbst die Welt zu schaffen. „Wenn sie nun sagen, weil Gott zu schwach war zur Schöpfung der übrigen Dinge, deßhalb habe er den Sohn allein geschaffen, so erhebt gegen sie die ganze Schöpfung ihr Geschrei, daß sie Unwürdiges aussagen über Gott. Wenn aber Gott, weil er es für entwürdigend hielt, das Uebrige zu schaffen, deßhalb den Logos schuf, das Andere aber seinem Sohne, als seinem Gehilfen, einhändigte, so ist auch das Gottes unwürdig, denn in Gott ist keine Aufgeblasenheit.“ [2])

„Ihr habt gesagt, Gott hat sich als Werkzeug den Sohn aus dem Nichtseienden bereitet, um durch ihn Alles zu machen. Was ist nun besser, das, was ein Bedürfniß hat, oder das, was das Bedürfniß ausfüllt? Oder füllen sich beide, die einander bedürfen, aus? Mit solchen Worten

[1]) Vgl. Ritter II, 51 ff. Schwane S. 111 ff. Möhler I, 251 ff. Böhringer 1. Bd. 2. Abth. S. 65 ff.

[2]) c. Ar. II, 25; de decr. 7.

zeigt ihr mehr eine Ohnmacht des Bereitenden an, indem er ja allein nicht im Stande war, Alles zu wirken, sondern von außen sich ein Werkzeug ersinnt, wie ein Zimmermann oder ein Schiffsbaumeister, der nichts fertig bringen kann ohne Beil und Säge." [1])

Auch das würde Gottes unwürdig sein, den Sohn allein zum Schöpfer zu machen: „Sie tragen damit Neid auf Gott über, weil er nicht Viele das Schaffen gelehrt hat, Schwäche, weil er allein nicht schaffen konnte." [2])

„Außerdem [3]) begegnet jenen, die so reden, noch eine größere Ungereimtheit; denn sie trennen die Geschöpfe und den Act der Schöpfung und erklären letzteren als Werk des Vaters, erstere aber als Werke des Sohnes, während doch entweder Alles (mit Einschluß des Sohnes) hätte durch den Vater entstehen sollen, oder, wenn alles Gewordene durch den Sohn geworden ist, so hätte man nicht sagen sollen, er sei Eines von dem Gewordenen."

2. Ist ein solches Mittelwesen somit schon unvereinbar mit dem Begriffe Gottes des Vaters, so hat es noch mehr Widersprüche in sich selbst. „Wenn auch der Logos gewordener Natur ist, wie konnte er allein unter allen durch das ungewordene und unversehrteste Wesen Gottes entstehen, da doch die geschaffene Natur nicht im Stande ist, die unmittelbare Thätigkeit Gottes zu ertragen? Wenn wegen des Unvermögens der gewordenen Natur, der unmittelbaren Thätigkeit Gottes theilhaftig zu werden, es eines Mittelwesens bedurfte, so ist auch, wenn der Logos geworden und ein Geschöpf ist, zu seiner Schöpfung ein Mittelwesen nothwendig. Wenn nun auch für ihn ein Mittler gefunden ist, so bedarf es wegen dieses neuen Mittlers wieder eines anderen, und wenn man so fortfährt, so wird man eine große Menge von Mittlern herbeiströmen sehen, und es ist sofort unmöglich, daß die Schöpfung entstehe, weil sie

---

[1]) c. Ar. I, 26.

[2]) c Ar. II, 29.

[3]) c. Ar. II, 25. p. 493 E. *Διαιροῦσι τὰ κτίσματα καὶ τὴν δημιουργίαν καὶ τὸ μὲν τοῦ πατρὸς ἔργον, τὰ δὲ τοῦ υἱοῦ διδόασιν ἔργα.* Die Möhler'sche Auffassung (I, 196) dieser Stelle, „der Vater sei der eigentliche Herr des Universums, der Schöpfer der Gesetze, der Sohn aber übernehme das Technische der Schöpfung und sorge für die Erhaltung der Geschöpfe," ist nicht ganz zutreffend. Die Ungereimtheit liegt vielmehr darin, daß der Vater Schöpfer (des Sohnes) sein soll und doch das Geschöpf (die Welt) nicht ihm gehört, also in der unnatürlichen Trennung der Ursache von der Wirkung, wenn wir uns auf den Standpunkt des Athanasius stellen.

immer des Mittlers bedarf, und dieser nicht werden kann ohne einen anderen Mittler." [1])

Dieses schlagende Argument, daß es bei einem so abstracten Gottesbegriffe, wie die Arianer ihn festhielten, gar nicht zu einer Welt kommen könne, kehrt bei Athanasius öfter wieder. So sagte er: [2]) „Wie nennt ihr Gott Schöpfer, wenn durch den Logos und in der Weisheit alles Gewordene wird, wenn aber Gott nach eurer Ansicht Nichts hat, in dem und durch das er Alles schafft," d. h. wie kann Gott schaffen, wenn er nicht in sich den Logos hat, durch den er Alles schafft? „Man müßte nach einem anderen Logos forschen, durch den unser Logos geworden," [3]) wenn dieser ein Geschöpf wäre, weil ja alle Geschöpfe durch den Logos geworden. „Wenn das, was der Vater wirkt, auch der Sohn wirkt, und was der Sohn schafft, das Geschöpf des Vaters ist, so wird er sich selbst wirken und Schöpfer seiner selbst sein, was ungeziemend und unmöglich ist; wenn er aber wirklich die Werke des Vaters wirkt und schafft, so kann er selbst kein Werk oder Geschöpf sein." [4])

Andere Widersprüche ergeben sich, wenn man Rücksicht nimmt auf die Thätigkeit, die der geschaffene Logos ausüben soll. [5]) „Warum soll Gott gerade durch ihn allein Alles geschaffen haben, oder warum ist unter dem All nicht auch der Sohn gemeint, sondern nur die entstandenen Dinge? [6]) „Warum soll er allein schaffen können und nicht auch die übrigen Dinge?" [7]) „Warum soll er allein den Vater erkennen und allein mit ihm angebetet und verherrlicht werden?" [8])

„Kann überhaupt ein Geschöpf schaffen, so bedarf es keines eigenen Logos mehr zum Zwecke der Schöpfung." [9]) Gerade die Behauptung, der

---

[1]) c. Ar. II, 26. Diese Sätze des Ath. enthalten eine ganz handgreifliche deductio ad absurdum, cf. de decr. 8.

[2]) c. Ar. II, 2. p. 470 A: *Πῶς τὸν θεὸν κτιστὴν εἶναι λέγετε, εἴγε διὰ λόγου καὶ ἐν σοφίᾳ πάντα τὰ γινόμενα γίνεται, χωρίς τε τούτου οὐκ ἄν τι γένοιτο, οὐκ ἔχει δὲ καθ' ὑμᾶς, ἐν ᾧ καὶ δι' οὗ τὰ πάντα ποιεῖ;*

[3]) c. Ar. II, 22.

[4]) c. Ar. II, 21. cf. ad Ep. Aeg. et Lib. 14.

[5]) In dieser Beziehung gilt bei Ath. vor Allem der Satz: Kein Geschöpf sei *ποιητικὸν αἴτιον*, c. Ar. II, 21; III, 14.

[6]) c. Ar. II, 24. cf. II, 63, 71.

[7]) c. Ar. II, 21.

[8]) c. Ar. II, 22–23.

[9]) De decr. 8.

Logos sei geschaffen zum Zwecke der Weltschöpfung, erniedrige ihn unter die Welt, indem er nicht, wie diese, unmittelbar in sich, sondern in einem Anderen seinen Zweck habe.

„Es gewinnt so den Anschein, daß der Sohn mehr durch uns geworden ist, als wir durch ihn. Denn nicht wir wurden seinetwegen geschaffen, sondern er ist vielmehr selbst unsertwillen geschaffen worden, so daß er eher uns Dank schuldet, als wir ihm, wie auch das Weib dem Manne." [1]) „Wenn er Logos heißt wegen der logischen, und Weisheit wegen der weisen Wesen, und Kraft wegen der mit Kraft begabten, so heißt er gewiß auch Sohn wegen der angenommenen Söhne und hat das Sein nur wegen der seienden Dinge. Er existirt dann nur im Denken und wird nur unsertwegen mit diesem Namen geschmückt." [2]) „Wenn er aber nur unsertwegen Logos und Weisheit genannt wird, so sagt man damit (noch) nicht, was er für sich selbst ist." [3])

Die Arianer betrachteten jedoch gerade das als einen Vorzug und eine Ausnahmsstellung des Sohnes, daß er zum Schöpfer der übrigen Dinge geschaffen sei. Athanasius zeigte dem gegenüber nicht bloß, daß ein solcher Zweck ihn unter die Geschöpfe erniedrige, sondern auch, daß er gar nicht möglich sei; [4]) „denn auch unter den geschaffenen Dingen sei nicht das eine dem andern gleich;" [5]) und wenn die Arianer behaupten, er sei deßhalb von uns verschieden, weil er zuerst geschaffen worden sei, so müßte auch Adam sich deßhalb von den späteren Menschen unterscheiden. [6])

Athanasius bestreitet es sogar ausdrücklich, daß ein Geschöpf vor den andern geschaffen werden könne. Die ganze Schöpfung ist ihm ein Organismus, in welchem der einzelne Theil des Ganzen bedarf, um existiren zu können, und umgekehrt. „Wie kann der Logos überhaupt, wenn er ein Geschöpf ist, allein und zuerst geschaffen werden, so daß er auch Anfang aller Geschöpfe ist, indem von den Geschöpfen keines für

---

1) c. Ar. II, 30.

2) c. Ar. II, 38.

3) Ad Ep. Aeg. et Lib. 14. Athanasius zeigt in diesen Stellen, wie die Arianer consequent in einen vollendeten Subjectivismus gerathen mußten, was sie doch auch selbst noch nicht wollten.

4) Vgl. Dorner I, 893.

5) c. Ar. II, 19 20.

6) De decr. 8. 9.

sich besteht und zuerst entstanden ist, sondern zugleich mit allen seinen Ursprung hat, wenn es auch an Ansehen die anderen übertrifft.“ [1])

„In der Welt sehen wir nicht jedes einzeln und nicht ist das eine zuerst und ein anderes später, sondern es ist das ganze Geschlecht zugleich entstanden.“ [2])

3. In solcher Weise suchte Athanasius das Unphilosophische und in sich Widerspruchsvolle eines sogenannten Mittelwesens darzuthun. Es liegt aber all seinen Beweisführungen das Festhalten an dem wesentlichen Unterschiede von Schöpfer und Geschöpf einerseits und an der wesentlichen und durchgängigen Abhängigkeit des Geschöpfes vom Schöpfer andererseits zu Grunde. Das Geschöpf kann einerseits niemals Gott werden, weder in seinem Wesen, noch in seinen Thätigkeiten, andrerseits kann es auch niemals entstehen und bestehen ohne das Ewige und (absolut) Göttliche. [3]) Was irgendwie kreatürlich ist, das kann den substanziellen Haltpunkt seines Daseins nur haben in seiner Einheit mit dem (absoluten) Wesen Gottes, es kann weder bestehen ohne unmittelbaren Zusammenhang mit dem (absoluten) Gott, noch auch kann es selbst einem andern Dinge Existenz verschaffen. Diese Grundanschauungen des hl. Athanasius und die auf ihnen sich aufbauende Polemik gegen die Arianer sind prinzipiell auch ganz richtig und in jeder gesunden Philosophie von jeher festgehalten worden. [4]) Denn wie die Theologie nur den Dualismus zwischen

---

[1]) c. Ar. II, 48.

[2]) c. Ar. II, 49.

[3]) Vgl. Ritter II, 63; Baur I, 423.

[4]) Baur meint freilich, „der in dem abstracten Gegensatze des Endlichen und Unendlichen enthaltene Dualismus trete wie bei den Arianern im Verhältniß des Sohnes zum Vater, so bei Ath. im Verhältniß der Welt zu Gott hervor und das Eine wie das Andere führe auf ein dualistisches Verhältniß in der Gottheit selbst zurück, den abstracten Gegensatz des göttlichen Willens zum Wesen Gottes (I, 404),“ es träten deßhalb, „soll das Abhängigkeitsverhältniß der Welt zu Gott nicht einzig nur in die absolute Willkür Gottes versetzt werden, wie dies bei Athanasius der Fall ist, die beiden Begriffe, der Sohn und die Welt, immer enger zusammen, die Frage sei nur, wie sie in ihrer Einheit auch wieder auseinandergehalten werden könnten.“ (S. 408.) Nach dieser Auffassung stünden die vornizäischen Logoslehrer, ja am Ende sogar einige Gnostiker über Athanasius, weil sie den Unterschied zwischen Logos und Welt nicht so scharf hervorhoben. Allein sie ist ihrem hellenistisch-pantheistischen Grundzuge gemäß dem Christenthum entschieden fremd und hat seinem Gottesbegriff, wie es ihn auf Grund der Schrift sich bildete, nie entsprochen. Aber auch die Philosophie vermag auf andere Weise den Gegensatz des Unendlichen und Endlichen zu vermitteln.

Gott und Welt kennt und denselben zu vermitteln sucht durch eine Schöpfung der Welt aus Nichts, und zwar eine freie, aus Güte und Liebe hervorgehende Schöpfung, in gleicher Weise wird auch jede Philosophie nur gelangen zu einem Dualismus des Unendlichen und Endlichen, des Absoluten und Relativen oder wie man diese Gegensätze immer bezeichnen mag, und sie wird eine befriedigende Ausgleichung dieser Gegensätze nur finden, wenn sie das Endliche vom Unendlichen aus Liebe und in totaler Abhängigkeit von demselben gesetzt werden läßt. Zu einem solchen Dualismus aber wird die Philosophie immer gelangen müssen, wenn sie das in unserm Innern vorhandene Bewußtsein eines Unendlichen und eines Endlichen und das weitere Bewußtsein der eigenen Thätigkeit und (in Folge davon) der eigenen Wesenheit des Endlichen widerspruchsfrei soll erklären können. Das Unendliche und das Endliche werden stets einerseits als wesentlich zusammengehörig, andrerseits als wesentlich verschieden erscheinen.

Daß es zwischen Beiden kein Mittleres geben kann, ist eigentlich selbstverständlich. Denn ist das Unendliche thatsächlich unendlich und das Endliche thatsächlich endlich, dann kann es kein Mittleres geben, das beides zugleich wäre ohne eine unendliche Begriffsverwirrung. Ist das absolut Seiende nicht bloß leeres, abstraktes Sein, ist es kein θεῖον φθονερόν, sondern hat es in sich selbst Leben und Liebe, so kann es selbst ohne Mittelwesen auch nach außen hin Leben mittheilen. So erklärt sich positiv die Möglichkeit einer Schöpfung durch (den absoluten) Gott selbst, abgesehen von den Widersprüchen, die ein sogenanntes Mittelwesen in sich schließt, wie sie Athanasius gründlich genug hervorhebt.

Vermöge seiner Bekämpfung des arianischen Mittelwesens steht Athanasius auf dem Standpuncte, daß das Unendliche nur unmittelbar das Endliche erschaffen könne, daß somit der Logos, wenn er soll schaffen können, und das gestanden auch die Arianer zu, Gott sein müsse. Ob aber, wenn wir von den specifisch-christlichen Elementen absehen, seine Metaphysik reiner Platonismus war nur mit theistischer Unterlage, wagen wir nicht zu entscheiden. Wäre die platonische Ideenlehre so aufzufassen, wie in neuerer Zeit z. B. Teichmüller will, so könnte Athanasius als der reinste Platoniker gelten, der nur die platonische Lehre auf die christliche Schöpfungsidee anwendete. Allein so annehmbar als Teichmüller seine Anschauung zu machen versteht, so steht doch die gewöhnliche Auffassung Platos nicht ohne Gründe ihm entgegen.

2. Die Subjectsidentität des erscheinenden und des immanenten Logos.

Wenn dem Vorausgehenden zufolge nur Gott unmittelbar schaffen kann, so folgt daraus, daß der aus der Schöpfung beweisbare Logos nur der göttliche sein kann, wie er im Innern der Gottheit ist, d. h. der nach außen in die Erscheinung tretende Logos ist dann nothwendig der immanente. Da aber mit dem ersteren zugleich der Begriff des historischen Christus verbunden und er demgemäß als Person vorgestellt wird, so muß auch der letztere eine Person sein und wir haben dann zwei Personen im Innern Gottes selbst. Weil aber die Arianer dieses nicht zugeben konnten, so entdeckten sie eine Ausflucht und behaupteten, der in die Erscheinung tretende Logos sei Geschöpf eines andern Logos und einer anderen Weisheit, die in Gott selbst seien.

Wir kommen hier zu dem schwierigsten Punkte der ganzen Streitfrage. Ist das über die Ungereimtheiten eines Mittelwesens Gesagte zunächst nur philosophisch, so verbindet sich hier mit dem speculativen Begriff vom Logos die spezifisch-positive Idee von der Gottheit des historischen Christus, so daß wir hier die innigste Durchdringung des Speculativen und Positiven haben. Es handelt sich hier darum, zu zeigen, daß der Logos in Gott nicht bloß göttliche Eigenschaft, sondern göttliche Person ist, und damit ist zugleich die Frage gegeben, wie dieser Logos göttliche Person sei. Diese letztere Frage führt uns dann von selbst hinüber in das dritte Hauptstück des ersten Theiles.

Daß in der Gottheit ein Logos überhaupt existire, gaben auch die Arianer zu, Athanasius behauptete, dieser Logos sei der in der Schöpfung und Erlösung hervortretende und suchte damit dem arianischen Deismus die letzte Ausflucht zu entreißen.

1. Athanasius verwirft von vorneherein die Unterscheidung eines Gott immanenten und eines hervortretenden Logos.[1]) Es waren diese Ausdrucksweisen seit Theophilus von Alexandrien von den Stoikern in die Theologie herübergenommen worden zur Bezeichnung des Logos vor und in seiner Offenbarung. Bei den Stoikern aber wurde obige Ausdrucksweise nicht angewendet auf den Logos des Universums, sondern *λόγος ἐνδιάθετος* war nur jener Theil des allgemeinen Logos, der im Menschen wohnt, um in ihm die Selbstentscheidung zum Guten möglich zu machen.

---

[1]) *Πιστεύομεν εἰς ἕνα λόγον οὐ προφορικόν, οὐκ ἐνδιάθετον.* Exp. fid. 1. p. 99 A. cf. c. Ar. II, 35.

Dieser immanente Logos wird zum hervortretenden (προφορικός), sobald beim Menschen das Gedachte zum Ausdruck kommt.[1])

Auch bei Philo finden sich diese stoischen Ausdrücke gebraucht für menschliche Ueberlegung und Sprache. Er scheint zwar auch den göttlichen Logos so zu theilen, spricht sich aber nirgends ausdrücklich darüber aus.[2])

Bei den Kirchenvätern dagegen findet sich die Bezeichnungsweise auf den göttlichen Logos angewendet, aber freilich nicht immer ganz glücklich. Denn oft scheint der λόγος ἐνδιάθετος zu sehr mit Gott vereinerleit zu sein, und der λόγος προφορικός zu sehr mit der Welt.

Wenn Möhler sagt:[3]) „Unter λόγος ἐνδιάθετος hat man blos das zu denken, daß der Sohn Gottes im Vater gegründet sei, und unter λόγος προφορικός, daß er die Welt geschaffen habe; als ἐνδιάθετος war er nur im Vater, als προφορικός zugleich in ihm und in der Welt," so ist das allerdings objektiv ganz richtig, allein daß die christlichen Logoslehrer sich dieses rein formellen Unterschiedes auch klar bewußt waren, kann nicht dargethan werden.[4]) Eine Ueberspannung aber dieses Unterschiedes zu einem sachlichen zeigt sich uns in der Lehre der Arianer, der in der Offenbarung erscheinende Logos sei Geschöpf eines andern, Gott immanenten Logos. Dagegen hatte sich schon Dionys von Alexandrien, auf den sich auch Athanasius beruft, also ausgesprochen:[5]) „Im Anfange war der Logos, aber es war nicht Derjenige der Logos, der den (andern) Logos hervortreten ließ; denn es war der Logos bei Gott. Der Herr ist die Weisheit; es war also nicht der die Weisheit, der sie hervorgebracht. Denn ich, heißt es, war es, an der er sein Ergötzen hatte. Die Weisheit ist Christus. Gepriesen aber sei, heißt es, der Gott der Wahrheit." Ganz richtig bemerkt Athanasius hiezu, daß hiemit Arius und Sabellius zugleich widerlegt seien. Denn wenn Christus gedacht wird als wahrhaft göttliches Wesen und zugleich persönlich vom Vater verschieden, so ist hiemit dem Arianismus wie dem Sabellianismus die Spitze gebrochen.

---

[1]) Heinze, Lehre vom Logos S. 140.

[2]) Heinze, l. c. 231 ff.

[3]) Möhler, l. c. I, 52.

[4]) Vgl. Kuhn S. 154 ff. (l. c.)

[5]) De sent. Dion. 25.

Sehen wir auf Athanasius selbst, so beweist er den Satz von der Subjektsidentität des Gott immanenten und des in die Erscheinung tretenden Logos für's Erste aus der Einheit der Schöpfung. Athanasius geht überhaupt aus von dem Grundsatze, daß der Schöpfer nur aus seinen Werken erkannt wird [1]) und schließt aus der Ordnung und Harmonie der Welt, sowie aus ihrer Einheit zurück auf die Einheit des Schöpfers. [2]) Daher gleichen ihm die Arianer mit ihrem doppelten Logos geradezu den Manichäern; denn „auch diese läugnen den allein seienden und wahren Gott und erdichten sich einen andern, für den sie weder ein Werk noch irgend ein Zeugniß in den göttlichen Schriften nachweisen können.“ [3]) „Wären die beiden Logos wirklich verschieden, so müßte man auch von jedem ein Werk aufweisen können, woraus wir ihn erkennen. Das ist aber nicht der Fall; also kann auch jene Verschiedenheit nicht festgehalten werden.“ [4]) Da wir also aus der Schöpfung nur Einen Logos zu erkennen vermögen, so kann es auch nur Einen Logos geben, wenn nicht die Schöpfung selbst für uns zur Lüge werden soll.

Auch die hl. Schrift kennt nach Athanasius nur Einen Logos, durch den Alles geworden, [5]) sie kennt nur Einen Logos, durch den der Vater schafft und sich Allen offenbart und Alle erleuchtet, welche er will, der mit dem Vater bei der Taufe genannt wird. [6])

Auch indirekt sucht Athanasius die Arianer zu widerlegen, indem er den Vorwurf, daß die Nizäner zwei Ungewordene annehmen, auf die Arianer zurückschleudert. Sie redeten nämlich von einer ungewordenen Weisheit, die mit Gott zusammenexistire. Gott könne aber diese Weisheit nicht sein, weil sie ja zugleich mit Gott bestehe und man doch nicht sagen könne, etwas existire zugleich mit sich selbst, sondern nur, es existire mit einem Andern. Folglich müßten sie sagen, Gott sei zusammengesetzt und habe eine Weisheit, die sein Wesen ergänze und gleichfalls ungeworden sei, welche Weisheit sie weiter als Schöpferin ansehen. [7]) Da sie dieses selbst zugeben und schriftlich ausgesprochen haben, daß die Weisheit, ohne

[1]) c. Gent. 7.
[2]) c. Gent. 38–39.
[3]) c. Ar. II, 39. cf. de inc. 2. ad Ep. Aeg. et Lib. 16.
[4]) ad. Ep. Aeg. et Lib. 14.
[5]) c. Ar. II, 39.
[6]) c. Ar. II, 41.
[7]) c. Ar. II, 38.

geworden zu sein, zugleich mit dem Vater besteht, so könnten sie doch auch leicht zugeben, daß diese Weisheit der Sohn sei, der ewig mit dem Vater existirt, um den Widersprüchen zu entgehen, in die sie sich selbst verwickeln, [1]) indem sie einerseits nur Ein Ungewordenes annehmen, andererseits aber doch wieder behaupten, daß die Weisheit, ohne geworden zu sein, zugleich mit Gott bestehe.

Auf der Identität des Logos in Gott mit dem in der Offenbarung hervortretenden beruht es im letzten Grunde, wenn Athanasius sagt, daß die Arianer gar nie zur Schöpfung gelangen können außer durch die Annahme, der (hervortretende) Logos habe sich selbst geschaffen. Nur auf Grund dieser Identität haben seine ständigen Vorwürfe gegen die Arianer, daß nach ihnen Gott ohne Logos und ohne Weisheit sei, [2]) daß Gott als ein trockener Quell, als ein Feuer ohne Licht, als ein Wesen ohne Leben [3]) vorgestellt werden müsse, eine eigentliche Bedeutung. Aber gerade diesen Beweis behandelt Athanasius nur nebenbei und selbst hier nicht mit der gehörigen Gründlichkeit. [4]) Denn sein Vorwurf gegen die Arianer, daß sie zwei Ungewordene annehmen, wenn sie die göttliche Weisheit zugleich mit Gott bestehen lassen, könnte mit demselben Rechte auf alle göttlichen Eigenschaften ausgedehnt werden, so daß durch jede solche Gott zusammengesetzt und sein Wesen ergänzt schiene. Er beruht auf einem Mangel an gehöriger Unterscheidung zwischen den göttlichen Eigenschaften und den göttlichen Personen.

3. Der eigentliche Grund des Gegensatzes zwischen Athanasius und den Arianern hinsichtlich der Identität oder Verschiedenheit des Logos in Gott und des hervortretenden Logos war aber der Umstand, daß in dem Worte „Logos" verschiedene Elemente enthalten sind. Logos nämlich hat einen philosophischen, einen alttestamentlichen und neutestamentlichen Inhalt. Es ist für das Verständniß der ganzen damaligen Theologie von enormer Wichtigkeit, diesen Gesichtspunkt nicht aus dem Auge zu verlieren, und wir möchten deßhalb gerade diesem Punkte eine besondere Aufmerksamkeit zugewendet wissen.

---

[1]) c. Ar. II, 40.
[2]) c. Ar. I, 14 u. s. w.
[3]) De decr. 12, 15; c. Ar. I, 19; IV, 4 u. s. w.
[4]) Vgl. Baur I, 425 ff., der aber doch wieder entschieden zu weit geht.

In der Philosophie bedeutet Logos ganz allgemein die im Universum sich manifestirende Vernunft,[1]) sei es als einfach thätig, wie bei Heraclit, oder als zweckvoll thätig, wie bei den Stoikern, oder als zweckvoll thätig im Dienste eines höheren Wesens wie bei Philo und den Neuplatonikern.

Auch im alten Testamente ist die Rede von einem göttlichen Logos. Eine ähnliche Anwendung finden auch die Bezeichnungen Weisheit, Kraft u. s. w., welche alle mehr oder minder eine Beziehung Gottes zur Welt involviren.

Im neuen Testamente hat insbesondere der hl. Johannes im Prolog zu seinem Evangelium dieses Wort gebraucht, einerseits mit Rücksicht auf die altjüdische Tradition, andrerseits mit Rücksicht auf die neujüdische, d. h. philonische Speculation. An beide sich anschließend zeigte er, welches der wahre Logos sei, nämlich der in Christo Mensch gewordene, mit dem Vater wesensgleiche, aber persönlich von ihm verschiedene Sohn Gottes.[2])

Damit war der Theologie die Möglichkeit und die Aufgabe gestellt, das Wesen des historischen Christus zu begreifen durch den hellenischen Logosbegriff, und gerade in diesem Versuche liegt der Ausgangspunkt jeder Speculation über das Trinitätsdogma.

Bei Athanasius sind diese drei Momente in der Weise verbunden, daß der historische Christus erscheint als der philosophische Logos, das alttestamentliche Wort, die Weisheit u. dgl.

Das erstere Moment ersehen wir z. B., wenn nach Athanasius Christus, der Sohn, Gott ist, nicht durch Theilnahme, sondern von Natur aus.

In der griechischen Philosophie, namentlich bei Plato, entstehen und bestehen die einzelnen Dinge durch Theilnahme an der Idee als an ihrem ewigen Wesen.[3]) Die Dinge sind deßhalb das Theilnehmende, die Idee das, woran Theil genommen wird.

---

[1]) Näheres über Etymologie und Bedeutung von Logos bei Schegg, Ev. nach Joh. I, 533, Teichmüller: Neue Studien zur Geschichte der Begriffe S. 170 ff. Heinze, Lehre vom Logos.

[2]) Vgl. Haneberg, Ev. nach Joh., herausgeg. von Schegg, I, S. 56 ff. Grimm, Leben Jesu 2. Bd. 1. Kap. Langen, das Judenthum in Palästina zur Zeit Christi S. 279 ff. Klasen, die alttestamentliche Weisheit u. s. w. S. 86. Die Untersuchungen über die materielle und formelle Quelle des johanneischen Logos wären äußerst interessant, können aber hier nicht weiter ausgedehnt werden.

[3]) Vgl. Teichmüller, Geschichte des Begriffs der Parusie, S. 82 ff.

Von ihrem angegebenen philosophischen Standpunkte aus behaupteten die Arianer, der historische Logos, der als Schöpfer und Erlöser in die Erscheinung getreten, sei bloß theilnehmend an dem Gott immanenten Logos und der wesentlich göttlichen Weisheit und werde dadurch vergöttlicht (d. h. Christus war ihnen nicht Gott selbst, sondern nur ein Geschöpf Gottes). Dem gegenüber lehrt Athanasius, daß in Christus die Idee selbst erschienen sei (d. h. daß er Gott selbst sei), daß er nicht bloß ein Theilnehmendes sei, sondern vielmehr das, woran Theil genommen wird. Denn „wäre er bloß durch Theilnahme, so könnte er nur am Geiste theilnehmen, weil auch alles Uebrige daran Theil nimmt. Allein der Geist nimmt ja vielmehr am Sohne Theil, wie dieser selbst gesagt. Auch durch Theilnahme an Etwas außer dem Vater kann er nicht sein, weil er sonst nicht Sohn des Vaters, sondern Sohn dieses Dinges außer dem Vater wäre. Es ist also das, woran er Theil nimmt, zum Wesen des Vaters gehörig. Das Wesen des Vaters muß man aber zugleich als Wesen des Sohnes sich vorstellen, weil man außerdem sich wieder ein Mitteldinq denken müßte zwischen dem Vater und dem Wesen des Sohnes.“ [1]) An einer andern Stelle sagt Athanasius: [2]) „Wenn er ganz Theil nimmt an dem Lichte aus dem Vater, warum ist er dann nicht vielmehr das, woran Theil genommen wird, so daß man kein Mittleres mehr finde zwischen ihm und dem Vater? Denn ist dem nicht so, so kann nicht mehr gezeigt werden, daß durch den Sohn Alles geworden ist, sondern es ist vielmehr geworden durch das, woran auch er Theil nimmt. Wenn aber er selbst der Logos und die Weisheit des Vaters ist, in welchem der Vater sich offenbart und erkannt wird und schafft, und ohne welche der Vater nichts thut, so ist offenbar er selbst das aus dem Vater Seiende.“

Wie wir schon hieraus ersehen, ist dem Athanasius Christus oder der Sohn Princip und Möglichkeitsgrund aller Offenbarung Gottes nach außen hin. In diesem Sinne sagt Athanasius weiter: [3]) „Wenn Gott ohne (immanente) Zeugung ist, so ist er auch ohne (transeunte) Wirksamkeit“, d. h. hat Gott keinen Sohn, so kann er gar nicht schaffen. Oder: [4]) „Wie nennt ihr (o Arianer) Gott Schöpfer, wenn durch

[1]) c. Ar. I, 15.

[2]) De decr. 24.

[3]) c. Ar. IV, 4. p. 621 A: *Εἰ ἄγονος, καὶ ἀνέργητος ὁ θεός.*

[4]) c. Ar. II, 2.

den Logos und in der Weisheit Alles wird, Gott aber nach euch nichts hat, in dem und durch den er Alles schafft?"

Ist Christus nicht durch Theilnahme Gott, sondern gehört er so zum Wesen Gottes, daß Gott ohne ihn gar nicht thätig sein könnte, so ist in ihm auch Gott selbst anwesend, er ist die Parusie der Idee oder Gottheit selbst. Parusie bedeutet bei den griechischen Philosophen die Anwesenheit der Form oder des idealen Princips in der Materie.[1]) Sie bringt die Möglichkeit zur Wirklichkeit, und durch sie kommt das Ding in den Besitz seines Zweckes. In der Sprache der Kirchenväter wurde dieses Wort vorzüglich gebraucht, um das Offenbarwerden oder Erscheinen des Logos zu bezeichnen. Athanasius wendet das Wort Parusie an zur Bezeichnung des Offenbarwerdens des Logos bei der Schöpfung[2]), Menschwerdung[3]) und seiner Wiederkunft am jüngsten Tage.[4])

Sind in den bisherigen Stellen zunächst philosophische Begriffe mit dem historischen Christus verbunden, so erscheint derselbe Christus auch als das Wort, die Weisheit, u. s. w. des alten Testamentes. Die Weisheit, von der Bar. 3, 12; Prov. 8, 12; Ps. 103, 24 u. s. w. die Rede ist, ist der Logos, durch den Alles geworden ist, und dieser ist Christus.[5]) Alles, was der Vater wirkt, das wirkt er durch seine eigene Kraft, welche der Sohn ist.[6]) Der Sohn ist die Gerrchtigkeit des Vaters, in der wir erhöht werden,[7]) Alles, was der Vater spricht, das spricht er durch seinen Logos,[8]) dieser ist das väterliche Licht.[9]) In ihm schafft der Vater, was er zu schaffen bei sich beschließt.[10]) Er ist selbst der lebendige Wille des Vaters[11]) und der Rathschluß des Vaters.[12]) Er ist mit einem Worte die absolute Weisheit,

---

[1]) Teichmüller, Geschichte des Begriffs der Parusie S. 6 und 9 ff.

[2]) Z. B. de inc. 4. p. 50 F: *Τῇ τοῦ λόγου παρουσίᾳ εἰς τὸ εἶναι ἐκλήθησαν οἱ ἄνθρωποι.*

[3]) In dieser Bedeutung steht es unzählige Male und wechselt mit *ἐπιφάνεια, ἐπιδημία, φανέρωσις*. Es hat Attribute wie *ἀνθρωπίνη, ἔνσαρκος, ἐνσώματος, σωματική, θεία παρουσία.*

[4]) c. Ar. III, 45. p. 595 B: *Οἶδεν ὁ λόγος τὴν ἡμέραν τῆς ἑαυτοῦ παρουσίας.*

[5]) c. Ar. I, 19.

[6]) De inc. c. Ar. 11. cf. c. Ar. I, 11.

[7]) c. Ar. I, 41.

[8]) c. Ar. III, 8, 14.

[9]) c. Ar. III, 53.

[10]) c. Ar. III, 61.

[11]) c. Ar. III, 64.

[12]) c. Ar. III, 65.

das absolute Wort, die absolute Kraft, das absolute Licht, die absolute Wahrheit, die absolute Gerechtigkeit, die absolute Tugend des Vaters.[1])

Gleichwie der hellenische Logosbegriff, der Begriff der alttestamentlichen Weisheit, des Wortes u. s. w. die Vorstellung vom historischen Christus erläutern, so erhalten sie selbst wieder ihr volles Licht erst von dem Christusbegriff. Erst wenn der Logos und die Weisheit als dasselbe Subject gelten, wie der historische Christus, ist ihre Existenz unabhängig von der Schöpfung und ihr persönliches Fürsichsein gesichert. Es beruht daher auf dieser Identifizirung, wenn Athanasius sagt:[2]) „Der Logos selbst bleibt unbeweglich beim Vater, während er selbst Alles bewegt, wie es seinem Vater gut scheint." „Wie der Logos, obwohl er in der Schöpfung ist, dennoch seinem Wesen nach außerhalb derselben ist, so war er auch durch die Menschwerdung nicht von seinem Körper umschlossen, sondern erfüllte Alles und umschloß es, wie zuvor,"[3]) d. h. der Logos existirt ganz unabhängig von der Welt.

Noch mehr beruhen auf jener Identifizirung Stellen wie die folgenden: „Dem Logos ist es eigen, die Werke des Vaters zu vollbringen."[4]) „Der vermittelnde Logos und die Weisheit thun den Willen des Vaters kund."[5]) Denn an solchen Stellen ist die eigene Persönlichkeit des Logos bezeichnet und ausgeschlossen, daß er bloß die Offenbarungsseite des Vaters sei. Das Gleiche gilt genau genommen auch, wenn dem Vater z. B. ein vom Logos unterschiedener Wille zugeschrieben wird,[6]) oder wenn es heißt, daß der Vater sich selbst vollkommen genüge und nicht deßhalb, weil er nicht genügen würde, der Sohn bei der Taufe genannt werde[7]) u. dgl.

4. Inwieferne liegt nun in dieser Identificirung von Logos u. s. w. mit dem historischen Christus eine Wiederlegung des arianischen Deismus? Die Arianer nahmen gar wohl in dem durchaus einfachen Wesen Gottes einen Logos und eine Weisheit an, trennten aber von diesem innergöttlichen Logos jenen andern Logos, der als Schöpfer und Erlöser

---

[1]) c. Gent. 46.

[2]) c. Gent. 42.

[3]) De inc. 17.

[4]) c. Ar. II, 20.

[5]) c. Ar. II, 31.

[6]) c. Ar. III, 66. Serm. maj. de fide c. 39. (bei Migue II, 1263): Ἕτερον ἔχει θέλημα ὁ πατὴρ καὶ ἕτερον ὁ υἱός.

[7]) c. Ar. II, 41.

in die Erscheinung getreten, und verbanden mit diesem letzteren die hellenische Logosidee. In dieser Trennung liegt die letzte Wurzel des arianischen Deismus und zugleich die letzte Ausflucht desselben. Eben diese Trennung involvirt auch nothwendig eine Sprengung der Trinität.

Athanasius ging von der Anschauung aus, daß der schöpferische und menschgewordene Logos wahrer Gott sein müsse, und daß dieser Logos kein anderer sein könne, als der im Innern Gottes selbst nothwendig zu denkende. Damit ist dem arianischen Deismus die Lebenswurzel abgeschnitten. Hienach wäre es allerdings für Athanasius Hauptaufgabe gewesen, die Identität des immanenten und des hervortretenden Logos zu beweisen. Allein auf dieses Gebiet konnte Athanasius den Kampf nicht hauptsächlich verlegen, weil er mit aller Kraft das Trinitätsdogma selbst retten mußte, welches in Folge der Trennung beider Logos in Frage gestellt war. Auf diese Weise erklärt es sich, warum Athanasius jene Trennung unmittelbar nur bekämpfte, wenn sie formell ausgesprochen wurde, sie aber nicht als einen Fundamentalirrthum des arianischen Systems direkt angriff.

Nur indirekt widerlegte Athanasius den arianischen Deismus, indem er dessen verderbliche Folgen für die Trinitätslehre mit aller Macht abzuwenden suchte. Zu diesem Zwecke brachte Athanasius alle Mittel der Speculation und der positiven Offenbarung in Anwendung. Ohne lange zu untersuchen, ob und wie beide vereinbar seien, verbindet er sie gleich von vorneherein, die Lehren der positiven Offenbarung erläutert er durch die Resultate der Speculation und diese ergänzt und vollendet er durch jene.

Was aber das Auszeichnende in seiner Polemik ist, das ist die Thatsache, daß er die positive Offenbarung stets maßgebend sein ließ für seine Speculation. Während die Arianer die Resultate menschlicher Speculation auf Kosten des menschlichen Glaubens zu hoch anschlugen, hält Athanasius daran fest, daß vor Allem der ganze Christenglaube gewahrt bleiben müsse. Es trifft in diesem Punkte sein Kampf gegen den arianischen Deismus zusammen mit seinem Kampfe gegen den arianischen Rationalismus. Beide haben ihre gemeinsame Wurzel in dem treuen Festhalten an der Wahrheit des Christenthums, wie sie in den Quellen der Offenbarung und in unserm eigenen Glaubensbewußtsein enthalten ist. Die Arianer erheben die Lüge ihrer eigenen Erfindungen und den Götzen ihrer eigenen Einbildungen auf den Thron der wahren und einzigen Gottheit, Athanasius steht mit der ganzen Kraft seines Geistes ein für die absolute Bedeutung und die absolute Wahrheit des Christenthums und für den unendlichen und eben deßhalb für endliche Erkenntnißformen unerfaßlichen Inhalt desselben.

Soll noch die Frage berührt werden, ob die athanasianische Verbindung speculativer und positiver Elemente berechtigt war, so würde eine genügende Beantwortung die Grenzen der uns gestellten Aufgabe weit überschreiten. Es wäre nämlich zu diesem Behufe eine Untersuchung nothwendig über die Uebereinstimmung der natürlichen Wahrheiten mit den übernatürlichen, die Ergänzung der ersteren durch die letzteren und das Begreifen der letzteren durch die Begriffe von den ersteren. Im Speziellen müßte dann eingegangen werden auf den Coincidenzpunkt des philosophischen und theologischen Logos, auf den Akt der Schöpfung und gezeigt werden, daß Philosophie und Theologie die Schöpfung dem Logos zuschreiben, daß folglich der beiderseitige Logos derselbe sei, nur in der Theologie noch mit weiteren Bestimmungen versehen. Nehmen wir das Resultat dieser Untersuchungen, so wie es die christliche Wissenschaft stets erzielt hat, hier voraus, so müssen wir der athanasianischen Polemik die volle objective Berechtigung zusprechen. Seine Methode bleibt so lange eine spezifisch-christliche, als das Christenthum gefaßt wird als Vollendung aller Offenbarung und seine Wahrheit als die absolute Wahrheit in intensiver und extensiver Beziehung und als Vollendung aller Wahrheit.

In letzter Instanz leiten sich alle Häresien davon ab, daß man das Speculative und Positive aus ihrem organischen Zusammenhange zerreißt und sofort das Speculative einseitig, weil ohne Zusammenhang mit seinem Complement, im Denken berücksichtigt. Zur Zeit des hl. Athanasius war man bestrebt, die christliche Idee zum Inhalte des menschlichen Denkens zu machen und wendete deshalb die Begriffe der hellenischen Philosophie auf die Wahrheiten des Christenthums an. Das will es sagen, wenn man die heidnische Logosidee mit dem historischen Christus verband. In der falschen Verbindung dieser zwei Elemente wurzelten damals alle Häresien. Wie damals, so sind aber auch jederzeit alle Irrthümer über die Trinität und die Person des Erlösers aus einer derartigen falschen Verbindung speculativer und positiver Elemente oder mit anderen Worten, aus einer Zerreißung beider aus ihrem organischen Zusammenhang entstanden.

Athanasius beugt durch die Art und Weise seiner Verbindung speculativer und positiver Elemente allen diesen Gefahren vor und er steht deshalb da als ein Träger des Christenthums und der christlichen Wahrheit gegenüber dem Irrthum und der Lüge des Arianismus.

Allein einen Mangel hat die Verbindung speculativer und positiver Elemente bei Athanasius dennoch. Methodisch nämlich muß zwischen dem Logos der Philosophie, dem Sohn als zweiter Person in der Gottheit nach der Offenbarung und dem Christus, als dem menschgewordenen Sohn immer unterschieden werden. Denn die Verwischung des ersteren Unterschiedes könnte eine Identificirung des Begriffs der Eigenschaft mit dem Begriff der Person zur Folge haben, die Verwischung des zweiten Unterschiedes außerdem noch eine zu weite Herabsetzung des Menschlichen in Christo. Indem Athanasius auch diese methodische Unterscheidung nicht macht, scheint er in seiner Darstellung namentlich die erste Klippe nicht immer vermieden und den Arianern oft minder berechtigte Vorwürfe gemacht zu haben.

III. Der Kampf um den sprachlichen Ausdruck des Dogma.

1. Alle Seiten der Logoslehre des hl. Athanasius finden zusammen ihren formellen Ausdruck in dem Worte „Homousios", welches in's nicänische Symbolum aufgenommen worden war. Darum wurde dieses Wort auch zum Schibboleth der ganzen Partei des Athanasius und zum Symbol der Orthodoxie und Athanasius litt und stritt für dieses Wort sein ganzes Leben lang. Wir wollen darum die Geschichte desselben und dessen Vertheidigung durch Athanasius näher verfolgen. Wir haben hier insoferne die formelle Seite des großen Streites, als es sich nur um ein Wort handelt, das an sich ebenso gut hätte durch ein anderes ersetzt werden können; allein da sich damit einmal ein bestimmter Begriff verband, so hat das Ganze doch nicht mehr den Charakter eines bloßen Wortgefechtes, sondern hinter dem Worte steckte immer die Sache selbst.

Angewendet wurde dieser Ausdruck auf dem Nicänum, um das Verhältniß des Sohnes zum Vater zu bezeichnen. Den Hergang aber, warum die Väter des Concils gerade dieses Wort wählten, erzählt uns Athanasius in folgender Weise: [1])

„Die Synode habe für die unfrommen arianischen Phrasen, der Sohn sei aus Nichts u. s. w. einfach die allgemein anerkannten schriftgemäßen

[1]) De decr. 19–20; cf. ep. ad Afros Ep. 5; de Syn. 36, 45. Vgl. Böhringer 1. Bd. 2. Abth. S. 81 ff.

Ausdrücke setzen wollen, er sei aus Gott, sei Logos und Weisheit Gottes, nicht ein Geschöpf, sondern eine zum Wesen des Vaters gehörige Zeugung. Dagegen wendeten die Arianer ein, daß ja nach I. Cor. 8, 6 Alles aus Gott sei. Es mußte daher die dem Sohne eigenthümliche Art, aus Gott zu sein, ausgedrückt werden und darum schrieben die Väter, er sei aus dem Wesen Gottes, damit man glaube, der Logos allein sei aus dem Vater, alle Wesen dagegen Geschöpfe." Um also den Doppelsinn des Ausdruckes „aus Gott" zu vermeiden, sprach sich die Synode näher dahin aus, der Sohn sei aus dem Wesen Gottes. „Die Väter hatten jedoch nicht blos den Sohn von den Geschöpfen zu unterscheiden, sondern auch seine völlige Gleichheit mit dem Vater auszudrücken. Zu diesem Behufe wollten die Väter schreiben, der Sohn sei die wahrhafte Kraft und das Ebenbild des Vaters, ihm in Allem ähnlich, ohne Mangel, unveränderlich, ewig und in ihm unzertrennlich. Allein auch hier versteckten sich die Eusebianer hinter Schriftstellen, in denen jene Ausdrücke auch von Geschöpfen gebraucht werden. Daher wollten die Väter den Sinn jener in der Schrift vom Sohne gebrauchten Bezeichnungen in deutlicheren und klareren Worten wieder geben und sie waren so gezwungen zu sagen, der Sohn sei dem Vater wesensgleich."

2. Um aber zu erkennen, wie die Väter überhaupt zu diesem Worte kommen konnten, müssen wir dessen Bedeutung in der vulgären Sprache und dessen frühere Anwendung auf die Trinität darlegen.

Die Bedeutung des Wortes erklärt uns Athanasius in folgender Weise.[1]) „Nicht ist der Sohn von außen her einfach ähnlich, damit er nicht als ein anderes Ding erscheine oder ganz anderen Wesens, wie das funkelnde Erz und das Gold, das Silber und das Zinn. Denn diese sind einander fremd und verschiedenen Wesens und der Natur und der Kraft nach getrennt, und nicht gehört das Erz zum Golde, noch ist die Holztaube aus der zahmen, sondern, wenn sie auch für ähnlich gehalten werden, so sind sie doch verschieden dem Wesen nach. Wenn nun auch der Sohn so ist, so sei er ein Geschöpf wie wir und nicht wesensgleich u. s. w."

„Aehnlich wird nämlich nicht von Wesenheiten, sondern von Zuständen und Eigenschaften gebraucht.[2]) Von Wesenheiten sagt man nicht Aehnlichkeit, sondern Identität. Der Mensch ist folglich dem Menschen ähnlich nicht

---

[1]) De decr. 23.
[2]) De Syn. 53.

dem Wesen, sondern der Zuständlichkeit und dem Charakter nach, dem Wesen nach sind sie Eines Stammes. Und wiederum sagt man nicht, der Mensch ist dem Hunde unähnlich, sondern er ist anderer Abstammung. Was nun desselben Stammes ist, ist auch desselben Wesens, was verschiedenen Stammes ist, ist auch verschiedenen Wesens." „Hätte der Sohn eine Aehnlichkeit und eine Stammverwandtschaft mit den Geschöpfen, so wäre er ihnen auch wesensgleich, gleichwie auch die Söhne ihren Vätern wesensgleich sind."[1])

Diese Bedeutung der Stammverwandtschaft oder Wesensgleichheit hatte Homousios in der vulgären Sprache. Es wurde aber schon lange vor dem Nicänum auch auf die Trinität angewendet. Athanasius beruft sich bei seiner Vertheidigung auf Dionys von Alexandrien,[2]) Dionys von Rom,[3]) Theognost[4]) und Origines[5]), wenn er gleich von den beiden letzteren keine Stelle anführt, welche ausdrücklich jenes Wort enthält, sondern nur solche Stellen, in welchen der Sinn jenes Wortes enthalten ist. Uebrigens hat Origines auch Homousios schon angewendet und zwar in der später kirchlich gewordenen Bedeutung, wenn er sagt:[6]) „Nach der Natur zeugt der Vater den Sohn, deshalb wurde er wesensgleich geboren. Nicht ein Körper ist Gott, deßhalb hat auch Gott nicht in einem Flusse oder einer Bewegung oder etwas derart, wie es an den Körpern bemerkt wird, Gott der Körperlose, geboren. Die Zeugung ist eine immanente, aus der Wesenheit des Vaters wurde der Sohn geboren."

3. Indem nun die Väter zu Nicäa diesen Ausdruck anwendeten, decretirten sie dem Gesagten zufolge vor Allem die Wesensgleichheit des Sohnes mit dem Vater.[7]) Daß aber darin nicht bloß eine spezifische, sondern eine numerische Wesensgleichheit des Sohnes liege, ergibt sich aus der Einheit Gottes, sowie daraus, daß das Wesen Gottes nicht theilbar ist, daß man es also nur ganz oder gar nicht besitzen kann. Diese Untheilbarkeit des göttlichen Wesens spricht Athanasius,

---

[1]) Ad Ser. II, 5, 6.

[2]) De decr. 25.

[3]) l. c. 26.

[4]) l. c. 25.

[5]) l. c. 27.

[6]) Schol. in Matth. 28 nr. 18 (ed. Gallandi).

[7]) De decr. 20.

wie schon oben bemerkt, wiederholt aus,[1]) und daraus folgt, daß die Homousie in Gott anders vorhanden sei als bei den Menschen, so nämlich, daß Vater und Sohn nicht außer einander, sondern in einander sind. Diese Momente zunächst gegen die Arianer auszusprechen, konnte sich die Synode begnügen. Allein indirect lag doch auch das Moment des Unterschiedes in jenem Worte. Denn es schließt ein Zusammensein Zweier in sich. Sind nämlich Vater und Sohn eines numerisch identischen Wesens und dennoch einander wesensgleich, so müssen sie auch von einander verschieden sein, denn außerdem wären sie nicht mehr wesensgleich, sondern ganz und gar dasselbe.[2]) In dem apollinaristischen Streite sprach darum Athanasius folgenden Satz aus:[3]) „Homousios schließt die Identität der Natur in sich und die eigene Vollkommenheit in sich selbst," also die Wesenseinheit und das persönliche Fürsichsein. „Jenes Wort, sagt Basilius,[4]) verneint die Identität der Hypostase und schließt den persönlichen Unterschied in sich. Denn niemals ist etwas sich selbst wesensgleich, sondern das eine dem andern." So ist also mit diesem Worte sowohl der Arianismus als auch der Sabellianismus ausgeschlossen.[5])

4. Da dieser Ausdruck, in der angeführten Bedeutung genommen, so ganz und gar dem Arianismus die Spitze brach und geeignet war, zum Symbol der athanasianischen Anschauungen gestempelt zu werden, so erklärt es sich leicht, wie die Arianer gegen ihn mit allen Mitteln sich erhoben. Alles, was entweder eine völlige Geschöpflichkeit des Sohnes behauptete, oder doch irgend eine Wesenssubordination desselben unter den Vater, vereinigte sich zum Kampfe. Ihre Ansichten aber legten sie theils in Glaubenssymbolen nieder, theils in wissenschaftlichen Werken.

Fassen wir den Inhalt der verschiedenen Glaubenssymbole kurz zusammen, so vermeiden die 4 antiochenischen Formeln das Wort Homousios,

---

[1]) z. B. de decr. 10, 11, 22; X; c. Ar. II, 33; IV, 10.

[2]) Der Sohn wäre dem Vater nicht ὁμοούσιος, sondern μονοούσιος. Cf. Exp. fid. 2.

[3]) c. Apoll. I, 9.

[4]) Bas. Ep. 300. (ed. Maur. 52): Ἀναιρεῖ τὴν ταυτότητα τῆς ὑποστάσεως καὶ εἰσάγει τελείαν τῶν προσώπων τὴν ἔννοιαν.

[5]) Vgl. über ὁμοούσιος Nat. Alex. Tom. IV. dissert. XIV. p. 221 ff., welcher die Erklärung jenes Wortes von zehn Vätern anführt. Petav. de trinitate l. II, c. 10; l. IV, c. 5. Voigt (l. c. 46) meint, daß etymologisch in ὁμοούσιος nicht das Gezeugtsein aus dem Wesen des Vaters liege. Jedenfalls lag es darin nach dem Sprachgebrauche. Sehr treffend sind die Bemerkungen Dorners l. c. 831—832.

ohne deshalb geradezu häretisch zu klingen.[1]) Gerade der Kernpunkt des Streites aber, ob der Sohn ein im Wesen der Gottheit selbst gegründetes Verhältniß habe, oder ob er für dasselbe zufällig und äußerlich sei, wird gar nicht berührt. Der Sohn erscheint zwar erhaben über die Geschöpfe. Allein ob es in der Idee Gottes selbst liege, daß er einen Sohn habe, ob somit Gott nothwendig mehrpersönlich sei oder nicht, wird nirgends angedeutet. Deßhalb sind diese Symbole unvollkommen und nichtssagend, nachdem einmal jene Fragen aufgetaucht waren. Die lange Formel[2]) redet mit derselben Unbestimmtheit. Sie wendet sich insoferne mehr gegen die athanasianische Lehre, als sie auch den Satz verwirft, „der Sohn sei ungezeugt, oder nicht hat ihn der Vater gezeugt nach seinem Willen und Entschluß." Den positiven Theil dieser Formel gibt auch die etwas frühere von Philippopolis.

Was die sogenannten sirmischen Formeln betrifft, so ist die erste[3]) eine Wiederholung der vierten antiochenischen mit beigefügten 27 Anathematismen hauptsächlich gegen Photinus von Sirmium. Die 2. sirmische Formel[4]) nähert sich sehr dem strengen Arianismus. Sie mißbilligt die Anwendung des Homousios, aber auch des Homoiousios und lehrt, der Sohn sei geringer als der Vater an Ehre, Würde, Herrlichkeit, Majestät und schon durch den bloßen Vaternamen. Die dritte sirmische Formel ist wahrscheinlich nur eine Erneuerung älterer Glaubensdecrete, namentlich eines antiochenischen, und zwar des vierten vom Jahre 341.[5]) Die vierte (nach anderen die dritte) sirmische Formel[6]) tritt wieder zu Gunsten der strengen Arianer auf. Sie nennt den Sohn bloß ähnlich den Schriften gemäß, nicht mehr wesensähnlich. Weiter nennt sie ihn ähnlich in Allem. Dieses „in Allem" ließ Valens von Mursa anfangs weg, wurde aber vom Kaiser gezwungen, es beizusetzen. Basilius von Ancyra erklärte es dahin, es beziehe sich nicht bloß auf den Willen, sondern auf das ganze Sein. Die ein Jahr ältere Formel von Ancyra[7]) verwirft jene, welche sagen, der Sohn sei dem Vater unähnlich, womit zum erstenmal eine Scheidung eintritt unter den

[1]) Sie finden sich bei Athanasius de Syn. 22—25. Vergl. Hefele (l. c. I, 523–530).

[2]) De Syn. 26. Hefele I, 627 ff.

[3]) De Syn. 27. Hefele I, 641 ff.

[4]) De Syn. 28. Hefele 676 ff.

[5]) Hefele I, 685 ff.

[6]) De Syn. 8. Hefele I, 699 ff.

[7]) Epiph. haer. 73. n. 10—11; Hefele I, 679 ff.

Arianern selbst, in Semiarianer und strenge. Sie verwirft aber auch jene, welche die Homousie und Tautusie[1]) lehren, also die strengen Nicäner. Die Formel von Nice ist nur die Wiederholung der vierten sirmischen mit Auslassung des „in Allem", und der Verwerfung nicht blos des Wortes „Usie" sondern auch des Wortes „Hypostase".[2]) In gleicher Weise hat auch die Formel der Synode von Seleucia bloß eine allgemeine unbestimmte Aehnlichkeit angenommen und sowohl Homousios als auch Homoiusios verworfen. Sie anathematisirt aber auch das Wort „unähnlich" und so entsteht den Anomöern gegenüber eine neue, nämlich die acacianische Partei.[3]) Die Formel von Constantinopel ist mit der von Nice identisch. Schon ein Jahr darauf verließen sie die Arianer oder Acacianer und stellten eine gänzliche Unähnlichkeit auf.[4])

Diese verschiedenen Formeln zeigen uns auch die verschiedenen Phasen des arianischen Streites. Betrachten wir den Gang der Entwicklung, so zeigt sich, daß das Wort „Homousios" zuerst einfach vermieden wurde. Später aber wurde es ausdrücklich verworfen, aber man ging wieder in verschiedenen Richtungen auseinander, indem die einen dafür wesensähnlich, oder ähnlich in Allem setzten, die andern eine durchgängige Unähnlichkeit behaupteten, eine dritte Partei in der Mitte zwischen diesen beiden sich zu halten suchte und nur überhaupt eine Aehnlichkeit, nicht eine Wesensähnlichkeit behauptete.[5])

5. Deutlicher freilich als aus den zu allgemein gehaltenen Glaubensbekenntnissen könnte man den Lehrbegriff der verschiedenen Parteien unter den Arianern sehen aus den näheren Ausführungen der Symbole durch die Hauptrepräsentanten der verschiedenen Richtungen. Es ist jedoch zum Verständniß des hl. Athanasius nicht nothwendig, näher darauf einzugehen.

Als Einleitung seiner Vertheidigung schickt Athanasius folgende Worte voraus, welche so recht zeigen, daß der Kampf nicht blos ein leerer Wort-

---

[1]) Das Wort ταυτοούσιος findet sich bei Ath. nicht, wohl aber bei Epiphanius, vgl. Petav. de trin. l. IV, 5, 17.

[2]) De Syn. 30; Hefele I, 708 ff.

[3]) De Syn. 29; Hefele I, 716 ff.

[4]) De Syn. 31.

[5]) Diese drei Parteien der Arianer beschreibt uns Epiphanius (haer. 73, n. 22—23). Cf. Pet. de trin. l. I, c. 10 u. A. Nimmt man an, daß mit der ersten Partei auch ganz orthodox gesinnte Männer es halten konnten, so kann der Arianismus auch als „in sich verviertheilt" erscheinen, wie Möhler (II, 229) sagt.

streit war, sondern etwas tiefer ging. Er sagt:[1]) „Wenn die Arianer diese Worte als unpassend vorschützen, so sollen sie den Sinn bei sich überlegen, gemäß welchem die Synode so geschrieben hat, indem sie anathematisiren, was die Synode anathematisirt hat und dann noch, wenn sie können, die Ausdrücke tadeln. Ich aber weiß gar wohl, daß sie, wenn sie den Sinn der Synode bei sich überlegen, auch die Ausdrücke für den Sinn ganz und gar aufnehmen werden.“

Athanasius hat ein zweifaches zu vertheidigen, nämlich den Gebrauch des Wortes „Wesen“ und des Wortes „wesensgleich“.

a) In Beziehung auf die Anwendung des Wortes „Wesen“ sagt er:[2]) „Wenn Gott ein einfaches Wesen ist, wie er es in der That auch ist, so bezeichnen wir offenbar mit dem Worte „Gott“ und dem Namen „Vater“ Nichts, was um ihn herum ist (d. h. was nicht er selbst, sondern etwas ihm Aeußerliches wäre), sondern sein eigenes Wesen. Denn, ist es auch nicht möglich, zu erfassen, was das Wesen Gottes ist, so wollen wir doch mit dem Worte „Gott“ nichts Anderes bezeichnen, als sein unerfaßliches Wesen, und daß er auch wirklich existirt. Die Väter hielten es für dasselbe, zu sagen, der Sohn sei aus Gott, oder er sei aus dem Wesen Gottes. Wenn nun der Logos nicht aus Gott ist, so daß er natürlicher und echter Sohn des Vaters wäre, sondern wenn, wie die Geschöpfe nur wegen der Schöpfung, so auch er wie Alles aus Gott heißt, dann ist er weder aus dem Wesen des Vaters, noch ist der Sohn selbst Sohn seinem Wesen nach, sondern nur wegen seiner Tugend, wie wir der Gnade nach Söhne Gottes genannt werden.“

Aehnlich sagt Athanasius an einer anderen Stelle,[3]) „wenn die Arianer mit Vater oder Gott nicht das Wesen ausdrücken, oder den Seienden wie er ist, sondern etwas Anderes außer ihm, oder gar etwas Niedrigeres, so müßten sie sagen, der Logos sei Sohn dieses Dinges, nicht des Vaters selbst, dann aber sei Gott körperlich und Sohn Gottes ein bloßer Name. Auch die Schöpfung sei nicht mehr Werk des seienden Gottes. Aber die Worte „Gott“, „Vater“, „allmächtig“ bezeichnen nichts anderes als die Substanz des Seienden selbst. Wenn daher die

---

[1]) De decr. 21.

[2]) De decr. 22. p. 227 E: *Εἰ ἁπλοῦν τί ἐστιν ὁ θεὸς, ὥσπερ οὖν καὶ ἔστι, δῆλον ὅτε λέγοντες τὸν θεὸν καὶ ὀνομάζοντες τὸν πατέρα, οὐδέν τι ὡς περὶ αὐτὸν ὀνομάζομεν, ἀλλ' αὐτὴν τὴν οὐσίαν αὐτοῦ σημαίνομεν.*

[3]) De Syn. 34—35.

Arianer selbst sagen, er sei aus Gott, so sei das soviel, als er sei aus dem Wesen Gottes. Nicht seien aber die Geschöpfe ebenso aus Gott, wie der Sohn, weil sie eben keine Zeugungen seien nach der Lehre der hl. Schrift. Um diesen Unterschied auszudrücken, sage man, die Geschöpfe seien einfach aus Gott, der Sohn aus dem Wesen des Vaters." Streng genommen handelt es sich also um die Bedeutung des Wortes „Wesen". Der griechische Sprachgebrauch und die griechische Etymologie machten es leicht, es für das Seiende selbst zu setzen, so daß also „Wesen" eines Dinges gleich ist dem seienden Dinge selbst. In dieser Bedeutung haben wir das Wort bei Aristoteles.[1]) Die Arianer scheinen nun zwischen Wesen eines Dinges und dem Dinge selbst in seiner concreten Existenz einen Unterschied gemacht und deshalb die Anwendung des Wortes auf Gott verworfen zu haben, weil dieser eben unterschiedlos und untheilbar zu denken sei. Auf dieser Ansicht beruhen zum Theil ihre Einwürfe gegen das Nicänum, welche Athanasius zu widerlegen hatte. Und darum schreibt er weiter:[2]) „Die Väter von Nicäa haben den Geist der Schriften, indem Gott selbst sagt im Buche Exodus: Ich bin der ich bin, und durch Jeremias: Wer ist in seiner Substanz und sah sein Wort? und bald darauf: Wenn sie geblieben wären in meiner Hypostase und meine Worte gehört hätten. Die Hypostase ist aber das Wesen und bezeichnet nichts anderes als das Seiende selbst, was Jeremias Existenz nennt mit den Worten: Und sie hörten nicht die Worte meiner Existenz. Denn die Hypostase und das Wesen ist die Existenz, weil sie ist und existirt. In diesem Sinne hat auch Paulus gesagt: Seiend der Abglanz seiner Herrlichkeit und die Gestalt seiner Hypostase. Diese aber, die da wähnen, die Schriften zu verstehen und sich weise dünken, wie sind sie nicht mit Recht abgesetzt worden (da sie nicht das Wort Hypostase von

---

[1]) Metaphys. l. VII, c. 1: *Καὶ δὴ καὶ τό πάλαι τε καὶ νῦν καὶ ἀεὶ ζητούμενον καὶ ἀεὶ ἀπορούμενον, τί τὸ ὄν, τοῦτό ἐστι τίς ἡ οὐσία.*

[2]) Ep. ad Afr. Ep. c. 4 p. 894 A: *Οἱ ἐν Νικαίᾳ τῶν Γραφῶν πνέουσι, λέγοντος αὐτοῦ τοῦ θεοῦ ἐν μὲν τῇ Ἐξόδῳ* (3, 14)· *Ἐγώ εἰμι ὁ ὤν· διὰ δὲ τοῦ Ἰερεμίου* (23, 18, 22). *Τίς ἐστιν ἐν ὑποστήματι αὐτοῦ καὶ εἶδε τὸν λόγον αὐτοῦ; καὶ μετ' ὀλίγον· Καὶ εἰ ἔστησαν ἐν τῇ ὑποστάσει μου καὶ ἤκουσαν τῶν λόγων μου. Ἡ δὲ ὑπόστασις οὐσία ἐστὶ καὶ οὐδὲν ἄλλο σημαινόμενον ἔχει ἢ αὐτὸ τὸ ὂν ὅπερ Ἰερεμίας ὕπαρξιν ὀνομάζει λέγων* (9, 10). *Καὶ οὐκ ἤκουσαν φωνὴν ὑπάρξεως. Ἡ γὰρ ὑπόστασις καὶ ἡ οὐσία ὕπαρξίς ἐστιν. Ἔστι γὰρ καὶ ὑπάρχει. Τοῦτο νοῶν καὶ ὁ Παῦλος ἔγραψεν Ἑβραίοις· Ὃς ὢν ἀπαύγασμα τῆς δόξης καὶ χαρακτὴρ τῆς ὑποστάσεως αὐτοῦ.*

Gott aussagen wollten), da auch sie, wie der Thor, in ihrem Herzen sagen: Gott ist nicht (d. h. er hat kein Sein, er hat kein Wesen)."

Gegen den Gebrauch des Wortes „Wesen" wendeten die Arianer immer wieder ein, es sei nicht schriftgemäß.[1]) Athanasius entgegnet, auch die Arianer gebrauchen fortwährend solche Ausdrücke, die nicht in der Schrift stehen;[2]) wenn diese Ausdrücke auch nicht in der Schrift stehen, so haben sie doch den Sinn der Schriften.[3]) „Wenn einer auch Ausdrücke gebraucht, die nicht in der Schrift stehen, so liegt nichts daran, wenn er nur den frommen Sinn (der Schriften) bewahrt."[4])

„Der Sinn dieser Worte, sagten die Arianer ferner, sei unklar." Athanasius erwidert, dann hätten sie eben von den Kundigen ihn lernen sollen, nicht die Worte selbst verwerfen. Man verwerfe ja auch nicht die Worte der hl. Schrift, wenn man sie auch nicht verstehe.[5])

Wie klar Athanasius in der ganzen Angelegenheit schaute, sehen wir auch daraus, daß er in der Vermeidung des Wortes „Wesen" den ersten Schritt sah zum strengen Arianismus, zu welchem die Macht der Consequenz sofort dränge. „Wenn diejenigen, sagt er,[6]) welche das Wort Wesen verwerfen, gefragt werden, wie Vater und Sohn Eins sind und wie der, welcher den Sohn gesehen, auch den Vater gesehen, so werden sie wohl sagen, wegen der Aehnlichkeit, wenn sie nicht ganz zusammengefallen sind mit ihren Gesinnungsverwandten, den Anomöern. Wenn sie aber wieder gefragt werden, wie ist er ähnlich, so werden sie dreist erwidern: Durch vollkommene Tugend und Uebereinstimmung, indem er dasselbe will, wie der Vater, und nichts will, was der Vater nicht will. Aber sie sollen wissen, daß derjenige, welcher bloß aus Tugend und im Wollen dem Vater ähnlich ist, den freien Willen hat, sich auch zu ändern. Der Logos ist aber nicht so, wenn er nicht etwa bloß durch Theilnahme und in unserer Weise ähnlich sein soll, so daß er nicht dem Wesen nach ähnlich wäre." Die acacianische unbestimmte Aehnlichkeit des Sohnes mit

---

1) Diese Einwände galten ebensowohl gegen „ἐκ τῆς οὐσίας" wie gegen „ὁμοούσιος", weil ja überall οὐσία auf Gott angewendet wird. De decr. 18 nimmt Ath. auch Beides zusammen, de Syn. 36 spricht er nur von dem ersteren Ausdruck.

2) De decr. 18; de Syn. 36, 37.

3) De decr. 21.

4) De Syn. 39 p. 754 A: *Κἂν ἀγράφους τις λαλῇ λέξεις, οὐδὲν διαφέρει ἕως εὐσεβῆ τὴν διάνοιαν ἔχει.*

5) De Syn. 40.

6) Ad Afr. Ep. 7.

dem Vater, gegen welche Athanasius hier sich richtet, muß auch von der Höhe seines speculativen Standpunktes aus als ganz unbefriedigend erscheinen. Darum sagt Athanasius auch geradezu gegen Acacius und Eudoxius:[1]) „Wenn der Sohn nicht dem Wesen nach ähnlich ist, so ist er ganz unähnlich.“

b) Ist dem Gesagten zufolge die Anwendung des Wortes „Wesen“ in der Trinitätslehre unvermeidlich, so liegt hierin schon, daß auch Homousios angewendet werden könne. Athanasius sagt auch,[2]) „wenn einmal zugegeben sei, der Sohn sei aus dem Wesen des Vaters, so soll man auch an Homousios keinen Anstand mehr nehmen. Denn er sei dann nicht anderen Wesens als der Vater, nicht äußerlich einfach ähnlich, sondern eben wesensgleich. An eine Theilung oder überhaupt an eine körperliche Vorstellung Gottes habe man aber dabei keineswegs zu denken.“ Gerade der Umstand aber, daß man sich eine Homousie nicht denken konnte ohne Theilung Gottes, veranlaßte Viele, statt Homousios Homoiusios zu setzen. Athanasius will diese nicht als Feinde bekämpfen, „sondern mit ihnen reden wie ein Bruder zu Brüdern, die ebenso denken, wie seine Anhänger und nur in Ansehung des Wortes von ihm verschieden seien. Indem sie alle übrigen Bestimmungen annehmen, seien sie ganz nahe dem Homousios.“ Dann fährt er aber weiter:[3]) „Der bloße Ausdruck „ähnlich dem Wesen nach“ bezeichne noch nicht ganz den Ausdruck „aus dem Wesen“, worin, wie sie selbst sagen, die Einheit des Sohnes dem Vater gegenüber noch mehr hervortritt. Denn auch das Zinn sei ähnlich dem Silber, und der Wolf dem Hunde, und das Messing dem Golde, aber es würde weder das Zinn aus dem Silber, noch halte man den Wolf für einen Abkömmling des Hundes. Wenn sie aber vom Sohne sagen, er sei aus dem Wesen und wesensähnlich, was sagen sie damit anders als er sei wesensgleich. Denn wie der, welcher ihn bloß wesensähnlich nennt, nicht ganz damit sein Sein aus dem Wesen anzeigt, so bezeichnet, wer ihn wesensgleich nennt, beides, sowohl seine Wesensähnlichkeit als auch sein Geborensein aus dem Vater.“ Vergleichen wir damit, was Athanasius anderswo sagt,[4]) daß nämlich das Wort „ähnlich“

---

[1]) De Syn. 38. **Vergl. das oben über die Wesenseinheit im Gegensatze zur Willenseinheit Gesagte.**

[2]) De decr. 23, 24.

[3]) De syn. 41.

[4]) De Syn. 53.

auf Wesenheiten streng genommen gar keine Anwendung zulasse, so begreifen wir noch mehr seine Verwerfung des Homoiusios. Denn wer von Aehnlichkeit des Wesens spreche, der müsse nothwendig diese Aehnlichkeit durch Theilnahme erst werden lassen, denn die Aehnlichkeit sei eine Eigenschaft, die zum Wesen erst hinzukomme. Dieß finde bei Menschen statt; wenn man aber auch vom Sohne dieß gelten lasse, dann sei er nicht mehr von Natur und seinem Wesen nach Gott. (Er müßte nämlich dem Wesen nach ein anderer sein, da ja eine Aehnlichkeit sich blos beziehen könnte auf erst später hinzutretende Eigenschaften und Beschaffenheiten des Wesens, nicht auf dieses selbst.)

Mit tiefem Scharfsinn zeigt Athanasius hier den Semiarianern, daß die Macht der Consequenz sie zum strengen Arianismus forttreibe, wenn sie auf ihrem prinzipiellen Widerspruch gegen das Homousios beharrten. In der That ist auch auf der speculativen Höhe des Athanasius eine in unbestimmter Mitte schwebende Wesensähnlichkeit ein philosophisches Unding. Der Logos ist entweder wesenseins mit Gott oder wesensverschieden. Eine Wesensähnlichkeit ist höchstens eine populäre, ungenügende und unklare Vorstellung, wie sie nur Platz greifen kann aus Mangel an tieferer Einsicht in das Wesen der Sache, oder in Folge scheinbarer Widersprüche und Inconvenienzen, die in dem Ausdruck Homousios liegen sollen.

Eine solche scheinbare Inconvenienz war außer dem oft wiederkehrenden Vorwurfe der Verkörperlichung und Theilung Gottes, die Athanasius durch die Behauptung zurückwies, daß man sich Gott nicht wie einen Menschen denken dürfe, weiterhin folgende: Die Semiarianer behaupteten, „wenn man den Sohn wesensgleich nenne mit dem Vater, so müsse man nothwendig ein Wesen ansetzen, aus dem sie beide stammen, und sie seien dann nicht mehr Vater und Sohn, sondern Brüder.“ Athanasius erwidert,[1]) „wenn die Beiden bloß unter sich wesensgleich wären, so wären sie es nicht mit dem vorausgedachten Wesen. Seien sie aber beide wesensgleich mit dem Wesen, aus dem sie stammen sollen, so sei ja schon Eine Wirkung wesensgleich mit ihrer Ursache und man habe daher nicht mehr drei Wesenheiten zu suchen, sondern nur, ob das Eine aus dem Andern sei. Sollten wir nämlich auch nicht mehr 2 Brüder haben, sondern sollte nur ein Einziger aus jenem Wesen stammen, so

[1]) De Syn. 51.

könne doch dieser wesensgleich genannt werden, wie auch ein eingebornes Kind wesensgleich genannt werden könne mit seinen Eltern." Athanasius will hier offenbar nachweisen, wie der Begriff der Homousie auch anwendbar sei auf 2 Dinge, von denen das Eine vom Andern abhängig sei durch Zeugung, daß also die Homousie nicht eine totale Gleichheit in allen Beziehungen in sich schließe, sondern nur eine Gleichheit des Wesens bei Verschiedenheit der Wesensträger oder Personen. So gewiß diese Anschauung seinen Worten zu Grunde liegt, so sind doch diese selbst unklar, weil es ihm noch fehlte an einem ausgebildeten Persönlichkeitsbegriff. Er will einen persönlichen Unterschied des Vaters und Sohnes bei völliger Gleichheit des Wesens, allein er drückt diesen Gedanken nicht in der uns geläufigen Form aus.

Einen Hauptgrund zur Bekämpfung des Homousios holten die Semiarianer auch aus der Thatsache, daß dieses Wort auf einer Synode zu Antiochien gegen Paulus von Samosata verworfen worden sei.[1]) Athanasius erwidert darauf vor Allem, man dürfe die Väter von Antiochien und die von Nicäa nicht in Widerstreit versetzen, denn alle seien Väter, alle seien in Christo entschlafen.[2]) Man müsse ihren Gedanken erforschen und dann werde man sehen, daß beide Synoden wohl mit einander übereinstimmen. Die Gegner des Samosateners, fährt er weiter, haben nämlich Homousios in körperlicher Bedeutung verstanden, wegen der Sophistik des Paulus, der da sagte: Ist Christus nicht aus einem Menschen Gott geworden, so ist er wesensgleich mit dem Vater, dann aber muß man drei Wesenheiten annehmen, eine frühere und zwei aus ihr stammende (d. h. wohl, das göttliche Wesen wäre dann in drei Theile zerspalten). Wegen dieser Sophistik hätten die Väter von Antiochien Homousios verworfen. Ganz anders aber habe sich die Sache für die Väter von Nicäa dargestellt. Diese mußten erklären, daß der Logos kein Geschöpf, sondern aus dem Wesen des Vaters gezeugt sei, daß die Substanz des Vaters Princip, Wurzel und Quelle des Sohnes sei, daß er eine wahre Aehnlichkeit mit seinem Erzeuger habe und ungetheilt mit ihm verbunden sei u. s. w, und deßhalb haben sie ihn mit Recht dem Vater wesensgleich genannt.[3])

---

[1]) De syn. 43.

[2]) De Syn. 43.

[3]) De Syn. 45. Vgl. über die Verwerfung des Homousios Tübing. theologische Quartalschrift 1850 Heft 1. Hagemann, die römische Kirche S. 464 ff. Franzelin, de div. traditione et scriptura p. 186. Es fehlt auch nicht an Autoren, welche

Wenn wir der Sache auf den Grund sehen, so ist der Streit zwischen den Semiarianern und Athanasius kein leerer Wortstreit, sondern es besteht ein Gegensatz zwischen einer unklaren, verschwommenen Vorstellung und einer speculativ klaren, wenn auch formell nicht immer bestimmt gefaßten Anschauung. Athanasius hat daher ganz Recht, wenn er allen Antinicänern wiederholt zuruft, sie sollten zuerst den Sinn des Nicänums erforschen und dann erst um das Wort streiten. Hätten sie einmal den Sinn aufgenommen, so würden sie gegen das Wort nicht mehr ankämpfen. Wie aber Athanasius den Sinn des Nicänums vertheidigte, hat der Verlauf unserer Darstellung gezeigt.

Warum aber Athanasius die Semiarianer so gelinde behandelte, dafür kann ein Grund darin gefunden werden, daß er selbst in seinen Streitschriften gegen die Arianer wiederholt gesprochen hatte von einer Wesensähnlichkeit, Aehnlichkeit in Allem u. s. w.[1]), ferner darin, daß er selbst, wie alle wahrhaft großen Geister, auf die Worte wenig Gewicht legte und sich mehr um die Sache kümmerte. Es floß dabei mit Recht auch die Absicht unter, die Semiarianer durch freundliche Zurechtweisung und liebevolles Aufmerksammachen auf die Gefährlichkeit ihrer Lehre auf seine Seite zu ziehen.[2])

B. Der Kampf des Athanasius gegen den Sabellianismus.

Den Kampf mit dem Sabellianismus führte Athanasius weniger in Hinsicht auf die Art und Weise der theologischen Erkenntniß, als vielmehr in Hinsicht auf deren realen Inhalt. Wir finden gegen ihn bei Athanasius nirgends den Vorwurf eines Rationalismus oder eines solchen Formalismus, wie die Arianer ihn festhielten, wohl aber bekämpft Athanasius den objectiven Inhalt der sabellianischen Doctrin aus dem durch Vernunft und Offenbarung zumal gebildeten Inhalt des Gottesbegriffes.

---

die ganze Geschichte der Verwerfung des Homousios für von den Semiarianern erdichtet ansehen, so z. B. Maranus Div. D. N. J. Ch. l. IV, c. 29 n. 2, Simon de Magistris Proleg. ad Opp., Dionys. Alexand. n. 18 sqq.

[1]) z. B. Exp. fid.: *ὅμοιος τῷ πατρί*; de decr. 20: *ὅμοιος κατὰ πάντα*; ad Ep. Aeg. et Lib. 17: *κατὰ πάντα καὶ ἐν πᾶσιν ὅμοιος*, *ὅμοιος κατὰ τὴν οὐσίαν τοῦ πατρός*; c. Ar. I, 35 wiederholt *ὅμοιος*; *ὅμοιος κατὰ πάντα* findet sich z. B. c. Ar. I, 40, 44; II, 17, 18, 22, 42 u. s. w. Gleich im Eingange seiner Schriften gegen die Arianer gebraucht er aber auch schon *ὁμοούσιος* (c. Ar. I, 9).

[2]) Vgl. Möhler II, 230 ff.

Athanasius zeigte dem Sabellianismus gegenüber, daß im Wesen Gottes selbst reale, persönliche Unterschiede existiren. Der tiefste Grund aber für die Richtigkeit seines Satzes und für die Verwerflichkeit des Sabellianismus liegt eigentlich auch hier in der (richtig verstandenen) Identität der Begriffe von Logos, Sohn und Christus.

I. Die realen Unterschiede im Innern der Gottheit.

1. Den sabellianischen Hauptsatz von der persönlichen Identität des Vaters und des Sohnes bekämpft Athanasius direkt also:[1]) „Weder ist der Vater Sohn, noch der Sohn Vater: denn der Vater ist Vater eines Sohnes und der Sohn Sohn eines Vaters. Denn wie nicht die Quelle der Fluß ist und nicht der Fluß die Quelle, beide aber ein und dasselbe Wasser sind, das da aus der Quelle in den Fluß überströmt, so geht die Gottheit vom Vater auf den Sohn ohne Fluß und ohne Trennung über." „Sollten Vater und Sohn nicht zwei sein, so ist dasselbe Grund und Begründetes, Gezeugtes und Zeugendes. Derselbe würde nur im Denken Vater und Sohn genannt. In Wahrheit muß aber der Logos, der da ist Christus, aus Gott sein; denn außerdem müßte er entweder aus sich selbst entstanden sein, und dann hätten wir zwei Principe, oder Gott hätte ihn geschaffen, und dann wäre er nicht mehr Logos. Ist er aber aus Gott, so ist etwas Anderes das, was aus etwas ist, und das, woraus es ist, und in dieser Hinsicht sind es zwei."[2]) „Die Schrift sagt: Ich und der Vater sind Eins. Sabellius lehrt, daß das Eins doppelnamig sei, er erklärt den Nämlichen als Sohn und Vater, und hebt damit beide auf, den Vater, wenn er Sohn, und den Sohn, wenn er Vater ist."

„Wenn aber die zwei Eins sind, so müssen zwei sein, Eins aber der Gottheit nach, so daß zwei sind, weil der Vater und der Sohn, d. h. der Logos sind, Eins aber, weil ein Gott ist. Denn wenn es nicht so sich verhält, hätte gesagt werden müssen: Ich bin der Vater oder: Ich bin auch der Vater (nicht: Ich und der Vater). Nicht ist, wie die Hellenen meinen, derselbe weise und die Weisheit und derselbe Vater und Logos. Denn es reimt sich nicht, daß er sein eigener Vater sei. Die göttliche Lehre weiß von Vater und Sohn, einem Weisen und einer Weisheit, von Gott und Logos."[3]) „Damit Niemand im Hinblicke darauf, daß der Sohn

---

[1]) Exp. fid. 2.
[2]) c. Ar. IV, 3.
[3]) c. Ar. IV, 9.

Alles hat, was der Vater hat, in Folge der unmangelhaften Aehnlichkeit und Identität dessen, was er hat, sich in die Gottlosigkeit des Sabellius verirre, und wähne, er sei selbst der Vater, deßhalb hat er gesagt: Es wurde mir gegeben, — Ich empfing, — Es wurde mir übergeben, bloß um zu zeigen, daß er nicht der Vater ist, sondern der Logos des Vaters und sein ewiger Sohn.“ [1])

2. Wir haben oben gesehen, daß nach Sabellius die Existenz des Logos bedingt ist durch das Sprechen der Monas bei der Schöpfung. Damit die Monas zum Logos wird, muß sie sprechen, d. h. schaffen. Diese Vorstellung, die consequent den Pantheismus in ihrem Schooße birgt, widerlegt Athanasius in folgender Weise: [2])

„Die Sabellianer fallen in die nämliche Thorheit wie die Arianer; denn auch diese sagen, der Logos sei unsertwegen geschaffen worden, gewähren also uns mehr als dem Sohne. Die Sabellianer aber gewähren Gott weniger als uns, denn wir sind oft thätig, auch wenn wir schweigen, rein im Sinnen, so daß aus dem Sinnen Vorstellungen hervorgehen; von Gott aber wollen sie, daß er schweigend keine wirksame Kraft habe, sondern erst redend etwas vermöge, sofern er schweigend Nichts machen kann, sondern redend zu schaffen begann. Man muß sie nämlich mit Recht fragen, ob der Logos während seiner Immanenz vollkommen war, so daß er auch schaffen konnte. War er unvollkommen in seiner Immanenz und wurde er durch die Zeugung (d. h. durch seinen Hervorgang) bei der Schöpfung vollkommen, so sind wir die Ursache seiner Vollkommenheit, insofern als er um unsertwillen gezeugt wurde; denn durch uns hat er dann auch die Schöpfermacht hinzubekommen. War er aber in seiner Immanenz vollkommen, so daß er auch schaffen konnte, so ist seine Zeugung überflüssig, da er ja auch als immanent in Gott schaffen konnte. Folglich ist er entweder gar nicht gezeugt, oder zwar gezeugt, aber nicht um unsertwillen, sondern so, daß er ewig aus dem Vater ist, denn seine Zeugung zeigt nicht seine Schöpfung an, sondern das Sein aus Gott, er war nämlich auch schon vor der Schöpfung.“

„Wenn ferner der Vater schweigend nicht schaffen konnte, so mußte er durch Zeugen, d. h. durch sein Sprechen eine Macht hinzubekommen. Aber woher gewann er sie und wodurch? Konnte er auch bei der Immanenz seines Logos schaffen, so zeugt er umsonst, da er auch schweigend

[1]) c. Ar. III, 36. Cf. c. Ar. I, 45. ad Ser. I, 28. in illud omnia 4. 5.

[2]) c. Ar. IV, 11—12.

schaffen kann. Weiter: Wenn der Logos vor seiner Zeugung in Gott war, so ist er nach derselben draußen und außerhalb Gottes. Wenn dem so ist, wie sagt er jetzt: Ich bin im Vater und der Vater in mir? Wenn er aber jetzt im Vater ist, so war er immer im Vater, wie er es auch jetzt ist .... Er wäre sonst unvollkommen und veränderlich. Er wurde nicht einmal in Gott gezeugt, und ein anderes Mal nicht, und nicht schwieg Gott einmal, ein anderes Mal redete er."

Dieses Argument richtet sich gegen jede Logoslehre, welche das Sein des Logos in Zusammenhang bringt mit der Schöpfung. Der Logos erscheint hier nirgends als in sich vollkommen, er ist in seiner Existenz bedingt durch die Welt, d. h. es ist damit der Begriff des Unendlichen für ihn wieder aufgehoben. So aufgefaßt wäre der Logos ein Widerspruch in sich selbst, indem er durch die Welt und die Welt durch ihn wäre.

3. Athanasius bekämpft ferner die sabellianische Lehre von der Selbstausdehnung und Erweiterung der Monas zur Trias.

„Was sich erweitert, sagt er,[1]) das erweitert sich aus der Enge, und was sich ausdehnt, das war vorher zusammengezogen, es bleibt dasselbe und erfährt nichts mehr als ein Leiden. Wenn nun die Monas durch Erweiterung Trias wurde, so hat vor Allem die Monas durch die Erweiterung ein Leiden erfahren und ist geworden, was sie nicht war; denn sie wurde weit, nachdem sie es vorher nicht war. Wer solche Lügen schmiedet, der macht aber Gott zu einem körperlichen und leidenden Gegenstand; denn was ist die Erweiterung anderes, als ein Leiden dessen, das sich erweitert; und was ist das sich Erweiternde, als ein solches, das vorher nicht so war, sondern eng; es bleibt dasselbe und unterscheidet sich nur der Zeit nach von sich selbst."

Außer diesem Vorwurfe, daß die Sabellianer Gott herabziehen in die Formen des Endlichen, nämlich des Leidens und Werdens, des Raumes und der Zeit, macht Athanasius auch geltend, daß sich gar kein Grund finde für eine solche Ausdehnung der Monas:

„Wenn Jemand solche Dinge redet, so ist es geziemend, ihn zu fragen: Welches ist der wirkende Grund einer solchen Ausdehnung oder warum hat sich die Monas überhaupt ausgedehnt? Denn, was nicht

[1]) c. Ar. IV, 13—14.

dasselbe bleibt, sondern später sich erweitert, muß nothwendig eine Ursache haben, weßhalb es sich erweitert. Soll die Ursache die sein, daß Logos und Geist mit dem Vater zusammen seien, so ist es überflüssig, zuerst von einer Monas zu reden, sodann von ihrer Erweiterung. Denn nicht sind Logos und Geist später, sondern immer, sonst wäre Gott ohne Logos wie bei den Arianern. Folglich ist die Monas, wenn Logos und Geist ewig sind, ewig weit und nicht zuvor einfach Monas. — Wenn aber wegen der Menschwerdung die Monas sich erweiterte und da zur Trias wurde, so war vor der Menschwerdung noch keine Trias, und der Vater selbst erscheint als der Fleischgewordene, insofern er selbst als Monas im Menschen sich erweiterte. Es ist auch unstatthaft, zu sagen, die Ausdehnung sei in der Schöpfung vor sich gegangen; denn es mußte doch die Monas, auch wenn sie dieselbe blieb, Alles schaffen können, denn nicht bedurfte sie der Erweiterung und war nicht ohnmächtig vor derselben; denn es ist unsinnig und gottlos, solches von Gott zu denken oder zu reden."

4. Es widerstreitet somit die sabellianische Lehre dem Begriffe von Gott in ganz schroffer Weise. Aber wie sie den Begriff von Gott eigentlich aufhebt, so hebt sie auch den Begriff der Welt auf. „Wenn nämlich der Logos unsertwegen gezeugt wurde und in seiner Zeugung wir geschaffen wurden und durch die Zeugung die Schöpfung besteht, und wenn er wieder zurückläuft, damit er sei, wo er war, so wird fürs Erste das Gezeugte nicht mehr gezeugt sein; denn ist sein Hervorgang seine Zeugung, so ist sein Rücklauf das Aufhören der Zeugung. Ist er nun wieder in den Zustand der Immanenz getreten, so wird Gott wieder schweigen. Wenn er schweigt, so wird sein, was war, als er schwieg, nämlich Ruhe, es wird also auch die Schöpfung aufhören. Wie durch den Hervorgang des Logos die Schöpfung in die Existenz trat, so wird sie, wenn der Logos wieder zurückkehrt, nicht mehr existiren. Welches ist dann der Zweck ihres Werdens, wenn sie wieder aufhören soll? Warum hat Gott gesprochen, um hernach wieder zu schweigen? Warum hat Gott den hervorgehen lassen, den er wieder zurückruft, warum den gezeugt, dessen Zeugung er wieder hat aufhören lassen wollen? Was aber dann wieder sein wird, ist unklar. Denn er wird entweder immer schweigen, oder wiederum zeugen und eine zweite Schöpfung aussinnen; denn nicht mehr wird er dieselbe schaffen, sonst wäre sie ja geblieben, sondern eine andere. Consequent wird er auch diese wieder aufhören lassen und eine andere aussinnen und so fort

ins Unendliche."[1]) Ebenso folgt aus der Lehre von der Erweiterung der Monas bei der Schöpfung, daß mit dem Ende dieser Erweiterung auch das Ende der Schöpfung eintreten müsse. „Wie die Monas sich erweitert zur Schöpfung, so wird auch mit dem Aufhören der Erweiterung die Schöpfung aufhören."[2])

Die sabellianische Doctrin widerspricht somit vollständig der teleologischen Weltanschauung des Christenthums. Die Schöpfung wird durch keinen genügenden Grund erklärt, die Hoffnung auf eine ewige Fortdauer ist eitel, Alles ist unsicher und schwankend. Selbst die Gnade der Taufe wird aufhören, wenn der Name des Sohnes aufhört, denn auf den Sohn wurde sie gespendet.[3]) Weil also die sabellianische Lehre von der bloß nominellen Verschiedenheit der Hypostasen in Gott, von dem Hervorgange des Logos und der Erweiterung der Monas bei der Schöpfung dem christlichen Bewußtsein durchaus fremd gegenübersteht, darum trägt sie das Urtheil der Verwerfung in sich selbst.

II. Die Subjectsidentität von Logos, Sohn und Christus.

1. Im Vorausgehenden ist der Nachweis versucht worden, daß in Gott reale Unterschiede vorhanden sind und daß diese Unterschiede keineswegs abhängig sind von dem Akte der Schöpfung. Wenn wir aber die Polemik des Athanasius näher betrachten, so verbindet er mit dem Logosbegriff von vorneherein die Aussagen der Schrift über den Sohn, d. h. er setzt Logos und Sohn gleich. Allein wie die Arianer unterschieden zwischen dem Gott immanenten und dem hervortretenden Logos, so unterschieden die Sabellianer zwischen Logos und Sohn.

Athanasius zählt drei verschiedene Formulirungen des Unterschiedes von Logos und Sohn auf. Die Einen sagten nämlich, der Mensch, den der Erlöser angenommen, sei selbst der Sohn; Andere sagten, beide, der Mensch und der Logos, seien damals Sohn geworden, als sie verbunden wurden; wieder Andere, der Logos selbst sei damals Sohn geworden, als er Mensch ward. Athanasius erwidert, „das sei stoisch. Wenn Gott Vater des Logos sei, warum sei nicht auch der Logos Sohn seines eigenen Vaters? Vater nämlich sei und heiße Einer von dem, der

[1]) c. Ar. IV, 12.
[2]) c. Ar. IV, 14.
[3]) c. Ar. IV, 25.

sein Sohn ist, und Sohn heiße und sei Einer von dem, der sein Vater ist u. s. w.[1]) Ist der Sohn ein Geschöpf, dann sei allerdings Gott erst später Vater; ist er aber kein Geschöpf, so sei der Vater immer, und immer auch der Sohn; ist aber der Sohn immer, so sei er selbst der Logos. Wäre nämlich der Logos nicht Sohn, so müßte man entweder den Logos für den Vater halten oder den Sohn für größer als den Logos. Denn wenn der Sohn im Schooße des Vaters ist, so sei entweder der Logos nicht vor dem Sohne, denn nichts sei vor dem, was im Vater ist; oder wenn der Logos dennoch ein anderer ist als der Sohn, so sei der Logos der Vater, in welchem der Sohn ist. Wenn aber der Logos nicht der Vater ist, sondern Logos, so sei er außerhalb des Vaters, da der Sohn im Schooße des Vaters ist. Denn nicht seien beide, der Logos und der Sohn, im Schooße, sondern einer und zwar der Sohn, welcher eingeboren ist. Wenn der Logos ein anderer ist als der Sohn, so müsse dieser auch wegen anderweitiger Aussprüche der Schrift größer sein. Allein der Sohn heiße Licht der Welt, und wenn er dieses Licht ist, das da in die Welt gekommen, so sei unbestreitbar die Welt durch den Sohn entstanden. Wenn aber dieses, so müsse er selbst nothwendig der Logos Gottes sein, von dem der Evangelist bezeugt, daß Alles durch ihn geworden; denn entweder müssen sie zwei Welten annehmen, wovon die eine durch den Sohn, die andere durch den Logos entstanden wäre; oder, wenn die Welt und die Schöpfung eine ist, so sei nothwendig auch einer und derselbe Sohn und Logos vor aller Schöpfung; denn durch ihn sei sie geworden. Somit sei es dasselbe zu sagen, im Anfange war der Logos und im Anfang war der Sohn, und wenn das vom Logos Gesagte nicht auf den Sohn paßt, so passe auch das vom Sohne Gesagte nicht auf den Logos."[2])

Nachdem Athanasius so die Identität von Logos und Sohn auf Grund der Lehre der Schrift über beide dargestellt, geht er über auf die Widerlegung der sabellianischen Unterscheidung beider.[3]) „Wenn sie nun sagen, erklärt er, der Mensch, den der Logos trug, sei der eingeborne Sohn Gottes und nicht der Logos, so wäre der Mensch im Vater und der Vater im Menschen, er wäre eins mit dem Vater, im

[1]) c. Ar. IV, 15.
[2]) c. Ar. IV, 16—19.
[3]) c. Ar. IV, 20—23.

Schooße desselben und das wahre Licht. Sie werden auch sagen müssen, durch den Menschen sei die Welt geworden, und der Mensch sei es, der da gekommen, nicht um die Welt zu richten, sondern zu erlösen; er sei, bevor Abraham ward. Aber wie kann der vor Abraham existiren, welcher zweiundvierzig Geschlechter hernach aus dem Samen Abrahams hervorging? Wie kann durch das Fleisch, das der Logos aus Maria annahm, die Welt entstanden sein? Wie kann der Sohn die Welt erlösen, wenn er selbst von der Welt ist? Welchen Platz wird der Logos im Verhältniß zum Vater einnehmen, wenn der Mensch und der Vater Eins sind? Und wenn der Mensch eingeboren ist, welchen Rang wird der Logos einnehmen? u. s. f. Was könnte der Logos zu unserem Heile noch mehr beitragen als der Sohn, da wir an den Sohn glauben sollen und die Taufe nicht auf den Logos, sondern auf den Sohn gespendet wird?

Aber sie sagen vielleicht: „In dem Namen des Vaters ist auch der Logos eingeschlossen.“ Warum denn nicht auch der Geist? Ist er etwa außerhalb des Vaters? Es wird ferner, wenn nicht der Logos der Sohn ist, ein Mensch nach dem Vater genannt, nach dem Menschen aber der heilige Geist. Dann aber erweitert sich die Monas nicht mehr zur Trias, sondern zur Tetras, nämlich Vater, Logos, Sohn und Geist.

Indem sie (die Sabellianer) so zu Schanden werden, suchen sie einen andern Ausweg und sagen, die Verbindung von Logos und Mensch sei der Sohn. Aber wer von den beiden ist denn die Ursache (des Sohnes) und welcher macht den andern zum Sohne? Heißt der Logos Sohn wegen des Fleisches oder das Fleisch Sohn wegen des Logos? Oder heißt die Verbindung beider Sohn? Im ersten Falle ist der Sohn das Fleisch und das ist schon widerlegt; im zweiten Falle ist der Logos auch schon vor dem Fleische Sohn. Dieß folgt um so mehr, da schon vor der Menschwerdung von Söhnen Gottes die Rede ist, und der Herr Gott seinen Vater nennt. Wenn aber die Verbindung beider Sohn ist, so ist der Sohn die Ursache, durch die sie verbunden wurden. Diese Ursache wird der Verbindung vorausgehen, die den Sohn machen soll. Und so war auch hier der Sohn schon vor der Menschwerdung.

Sie nehmen aber wieder eine andere Ausflucht und sagen, nicht der Mensch sei Sohn, auch nicht die Verbindung beider, sondern der Logos war am Anfange Logos, als er aber Mensch wurde, da wurde er Sohn genannt. Allein dann ist die Menschwerdung Grund der Sohnschaft. Ist nun der Mensch Grund der Sohnschaft oder die Verbindung beider, so begegnen wir den angeführten Ungereimtheiten. Weiter: Wenn er zuerst Logos und dann Sohn war, so wird er offenbar erst später den Vater erkennen, früher aber nicht. Er ist erst später im Schooße des Vaters und später sind er und der Vater Eins, und erst später hat, wer ihn gesehen, auch den Vater gesehen. Alles das wird vom Sohne gesagt und der Logos wird als bloßer Name erscheinen (weil Nichts von all Dem auf ihn Bezug hat)." Athanasius geht sofort über auf den Grund dieser Meinung und sagt:[1]) „Weil im Alten Testamente vom Sohne nicht die Rede ist, sondern nur vom Logos, deßhalb halten sie daran fest, daß der Sohn jünger sei als der Logos." „Hiemit zerreißen sie die beiden Testamente nach Art der Manichäer und Juden. Aber auch im Alten Testamente wird oft vom Sohne gehandelt."[2]) Darauf erwidern sie, „das sei prophetisch zu verstehen." „Dann sind aber auch die Aussagen über den Logos prophetisch zu verstehen." Es bleibt somit dabei, daß nach der Lehre der Schrift[3]) der Sohn immer, auch vor der Menschwerdung im Vater ist.

„Wenn sie aber die Worte des Psalmisten: „Aus dem Mutterleibe vor dem Morgenstern habe ich dich gezeugt," auf Maria beziehen, weil das sich für Gott nicht gezieme, so ist zu sagen: Von einem Mutterleibe bei Gott zu reden, ist ebenso geziemend, wie wenn man von einem Herzen spricht. Beides sind eben Anthropomorphismen, und in solchen pflegt die Schrift das Uebermenschliche darzustellen. Der Morgenstern aber bedeutet nicht den am Morgen aufgehenden wirklichen Stern, sondern das Geschlecht Davids.[4]) Wenn das, was im Alten Testament nicht vorkommt, jünger ist, so sollen diese zankſüchtigen Menschen sagen, wo im Alten Testamente vom Geiste als dem **Tröster** die Rede ist. Vom Geiste wird zwar gesprochen, vom Tröster aber nirgends. Ist deßhalb der heilige Geist ein anderer und ist der Tröster ein anderer und ist der Tröster jüngeren Ursprungs? Es ist ein und derselbe Gott, der damals heiligte und der

[1]) c. Ar. IV, 23.

[2]) So werden angeführt Ps. 2, 7; 44, 1; 109, 3; Prov. 8, 25; Dan. 3, 92. Ἀγαπητός (Ps. 44, 1; Is. 5, 1) ist dem Athanasius gleich μονογενής. Er beruft sich dafür auf eine Stelle im Homer (Odyss. II, 363) c. Ar. IV, 29.

[3]) c. Ar. IV, 26 werden angeführt I. Joh. 1, 1—2; 5, 20; Joh. 14, 6; 1, 18; Ps. 73, 11; Is. 66, 2.

[4]) Nach Apoc. 22, 16, wo Jesus sich Geschlecht Davids und glänzenden Morgenstern nennt.

jetzt heiligt und die tröstet, welche ihn aufnehmen, und ebenso ist auch ein und derselbe Logos Sohn, der auch damals die Würdigen zur Sohnschaft führte.[1])"

In ähnlicher Weise sucht Athanasius auch die Identität des Logos mit Christus nachzuweisen. Einige nämlich von den Anhängern des Paulus von Samosata beriefen sich auf eine Stelle in der Apostelgeschichte,[2]) wo es heißt, daß der Logos durch Christus spricht. Athanasius hält ihnen eine andere Stelle entgegen,[3]), wo Christus den Tag Christi befestigt und sagt: Wie hier nicht ein anderer Christus den Tag des ersten Christus befestigt, so sandte der Vater den Fleisch gewordenen Logos, damit er als Mensch durch sich selbst predige. Auch Moses spricht von sich selbst als einem zweiten Moses.[4]) Im Besondern zeigt dann Athanasius, daß Christus der mit dem Fleische aus Maria zur Einheit verbundene Logos, also Gott und Mensch zugleich sei.[5])

2. So unbedeutend als diese Streitigkeiten über die Identität oder Verschiedenheit von Logos, Sohn und Christus zu sein scheinen, ebenso tief liegen ihre Wurzeln und ebenso verderblich können sein ihre Folgen. Nach der sabellianischen Doctrin ist Gott oder das Unendliche zuerst todte Monas, bei der Schöpfung wird sie lebendiger Logos und erst in der Schöpfung erscheint sie als Sohn und Geist. Damit ist ein unsicheres Schwanken zwischen Pantheismus und Deismus und ein blindes Herumtappen zwischen hellenistisch-pantheistischen und jüdisch-monotheistischen Elementen in der Bestimmung des Gottesbegriffes nothwendig gegeben.[6]) Will man aber die sabellianische Trennung von Logos und Sohn in der Weise fassen, daß der Sohn wirklich ein anderes Subject ist, als der Logos, so ist hiemit überdieß noch für die Lehre von der Person Christi ein bedenkliches Hinüberlenken zum Ebionismus gegeben, wie wir später noch sehen werden.

---

[1]) c. Ar. IV, 29.

[2]) Act. 10, 36.

[3]) I. Cor. 1, 7.

[4]) Lev. 9, 7.

[5]) c. Ar. IV, 30–36.

[6]) Das widerspricht nicht dem, was wir oben über den Sabellianismus gesagt haben. Ein durchgebildetes System hatte der Sabellianismus nicht, er verband eben die verschiedensten Begriffe mit einander und je nachdem man den einen oder andern urgirt, gewinnt er eine verschiedene Gestalt.

All' diesen Irrthümern schneidet Athanasius die innere Lebenswurzel ab, indem er die Begriffe Logos und Sohn identifizirt und beide als eine und dieselbe Person von Ewigkeit her im Vater sein läßt. Die Richtigkeit dieses Satzes mußte dem Sabellianismus gegenüber dargethan werden. Wie aber Athanasius den arianischen Deismus nicht direkt angriff, sondern nur indirekt durch Darlegung seines Widerspruches mit der christlichen Wahrheit, in ähnlicher Weise griff er auch die sabellianische Doctrin nicht bei ihrer Wurzel an, nämlich bei der ungeordneten Verquickung abstract-monotheistischer und pantheistischer Elemente, sondern nur bei deren Auswüchsen in der Trinitätslehre. Diese Auswüchse stehen nach Athanasius im Widerspruch mit der hl. Schrift und mit dem christlichen Bewußtsein überhaupt und verurtheilen sich daher von selbst.

Soll die Polemik des Athanasius noch einer Prüfung unterstellt werden, so gilt das Gleiche, was oben über seine Polemik gegen den Deismus der Arianer gesagt worden ist.

Auch hier muß die Art und Weise seiner Verbindung von Philosophie und Theologie als objectiv berechtigt und sein Beweisverfahren als principiell angemessen betrachtet werden. Athanasius brachte stets die ganze Entwicklung seiner Anschauungen in organischen Zusammenhang mit der absoluten Wahrheit des Christenthums, weßhalb auch mit dieser seine ganze Lehre steht oder fällt.

C. Rückblick auf den Kampf des Athanasius gegen den Arianismus und Sabellianismus.

Vergleichen wir jetzt näher das gegenseitige Verhältniß der arianischen, sabellianischen und athanasianischen Trinitäts- und Logoslehre, so erscheinen die beiden ersteren als die Extreme, zwischen welchen die letztere die Mitte hält.

Im Arianismus ist es besonders das Moment des Unterschiedes, welches hervorgehoben wird, im Sabellianismus das Moment der Gleichheit und Einheit, bei Athanasius sind diese beiden Momente neben einander und beide kommen gleich zur Geltung. Gott oder das absolut Seiende ist im Arianismus unendlich getrennt von der Welt, im Sabellianismus (wenigstens consequent) ganz eins mit ihr, bei Athanasius erscheint er nur, aber unmittelbar er selbst, zweimal oder eigentlich dreimal in der Welt (bei der Schöpfung, Menschwerdung und beim letzten Gerichte).

Der Vater erscheint im Arianismus als wesensverschieden vom Logos, im Sabellianismus als durchaus identisch mit ihm, bei Athanasius ist der Logos mit dem Vater wesensgleich, aber auch der Existenzweise nach von ihm verschieden.

Der Logos ist im Arianismus durchaus abhängig vom Willen des Vaters, im Sabellianismus dasselbe wie der Vater, also in keiner Weise von seinem Willen abhängig, bei Athanasius ist der Vater Princip des Sohnes, aber naturnothwendig wirkendes, so daß die Wirkung in Nichts hinter der Ursache zurücksteht. Der in der Welt erscheinende Logos ist dem Arianismus ein wesentlich anderer, als der dem Vater immanente, im Sabellianismus kann von einer Unterscheidung beider nicht die Rede sein, außer durch innere Inconsequenz, bei Athanasius ist der erscheinende Logos zugleich der Gott immanente, aber auch irgendwie von ihm verschieden, indem er als erscheinender auch Schöpfer und Erlöser ist. Die Welt kann vom Arianismus aus nur durch einen unbefugten Sprung erreicht werden, im Sabellianismus muß ein Unterschied zwischen ihr und der lebendigen Monas nicht herausgefunden werden, Athanasius läßt sie entstehen durch unmittelbare Schöpfung Gottes, aber auch wesensverschieden sein von Gott. Einmal entstanden ist die Welt nach dem Arianismus in sich selbst mit Kraft ausgerüstet, dem Sabellianismus ist sie für sich eigentlich gar Nichts, bei Athanasius besteht die Welt nur durch Gott selbst.

Darin kommen aber Arianismus und Sabellianismus überein, daß das absolut Seiende in sich keine persönlichen oder realen Unterschiede dulde. Theologisch erscheint diese Vorstellung, wie wir schon am Eingange zum ersten Hauptstück gesagt haben, als starrer Monotheismus, philosophisch aber führt sie nur zu leicht auf Deismus und Pantheismus oder auf ein unsicheres Herumschwanken zwischen beiden hinaus.[1]) Athanasius griff jedoch diese Vorstellung nicht direkt an, sondern nur, insoferne darin eine Fälschung oder Läugnung der Trinität gelegen war. Dadurch aber, daß Athanasius das Trinitätsdogma

[1]) Unrichtig aber wäre der Schluß, die Philosophie könne ohne die christliche Lehre vom Logos den Pantheismus und Deismus nicht überwinden. In dieser Beziehung scheint Dorner (I, 888 ff.) zu weit zu gehen, wenn er es für die nachnizänischen Kirchenlehrer als nothwendig hinstellt zur Ueberwindung des Pantheismus und Deismus, den bisherigen Gottesbegriff zum trinitarischen bestimmt zu entfalten. Das Trinitätsdogma ist sehr nützlich, aber nicht unbedingt nothwendig zur Ueberwindung des Pantheismus und Deismus. Cf. Thom. S. theol. I. qu. 32. a. 1 ad 3m.

in seinem wahren Inhalte zur Darstellung brachte, mußte von selbst der Grundvoraussetzung der antitrinitarischen Häresie der Boden unter den Füßen genommen, d. h. das absolut Seiende mußte als mehrpersönliches bestimmt werden.

Arianismus und Sabellianismus kommen ferner darin überein, daß sie in der Construction der Trinität nicht so fast die absolute Wahrheit des Christenthums als vielmehr die veränderliche Gestalt menschlicher Begriffe zur Herrschaft gelangen ließen, d. h. daß sie das Speculative aus seinem organischen Zusammenhange mit dem Positiven zerrissen. Die Wahrheit in ihrer Totalität erscheint so mehr als Wirkung des menschlichen Denkens, denn umgekehrt das menschliche Denken als Wirkung der objectiv existirenden Wahrheit. Diesen Quellpunkt aller Häresien verstopft Athanasius dadurch, daß er die Wahrheit als objectiv Existirendes vor das Denken setzt und letzterem nur die Aufgabe stellt, die Wahrheit in seiner Weise nachzubilden. Dieses ist der tiefste Gegensatz zwischen Athanasius und seinen Gegnern, der damals allerdings in der Trinitätslehre zum Ausbruch kam, aber von so immenser Bedeutung ist, daß sich die ganze Weltgeschichte um diesen Einen Punkt dreht.

Athanasius stellt in der Trinitätslehre der Vernunft nur die Aufgabe, in klaren Begriffen den Zusammenhang der verschiedenen Aussprüche der hl. Schrift und des christlichgläubigen Gefühles herzustellen. Gerade das ist auch wirklich die einzig mögliche Aufgabe der Vernunft in dieser Beziehung. Jedes System, das diese Aufgabe überschreiten will, wird nothwendig auf irgend eine Form des Arianismus oder Sabellianismus hinauskommen. Die Lehre von der Trinität ist eben, wie Möhler schön sagt,[1]) durch keine Speculation zu begreifen. „Aber," setzt er sogleich bei, „nie werden die Bemühungen der Menschen ruhen, um sie zu begreifen." Dieses Begreifenwollen führt aber sofort in transscendente Verirrungen, wenn es über die ihm gestellten Grenzen hinauswill.[2])

Ist so auf der einen Seite festzuhalten, daß das Trinitätsdogma durch die menschliche Vernunft nicht construirt werden kann, und auf

---

[1]) l. c. I, 57.

[2]) Ueber die Unbegreiflichkeit und Unbeweisbarkeit der Trinität vgl. z. B. Ruiz, de trin. disp. 41—45 (ebenso ausführlich als gründlich); Greg. a Valenzia, de trin. disp. II, qu. VI; Kleutgen, Theologie der Vorzeit I. S. 399 ff. Scheeben,

der andern Seite, daß eben dieses Dogma alle objective Wahrheit umfaßt und vollendet, und daß die Wahrheit, objectiv genommen, ein Ganzes ist, das nicht beliebig zerstückelt werden kann, so läßt sich daraus einigermaßen ersehen, welche unendliche Bedeutung dieses Dogma hat nicht etwa bloß für die christliche Theologie, die ohne dasselbe gar nicht gedacht werden kann, sondern auch für die Philosophie, welcher es in den höchsten metaphysischen und erkenntnißtheoretischen Fragen ein leitender Stern sein könnte und sollte.

Da aber von der Philosophie wiederum in letzter Instanz alle weltbewegenden Ideen ausgehen, so läßt sich auch ahnen, welche Bedeutung die Offenbarung der Trinität für die Weltgeschichte hat.

Jetzt vermögen wir auch die Bedeutung einzusehen, welche Athanasius nicht etwa bloß in der Geschichte der Theologie, sondern in der Geschichte der Welt dadurch hat, daß er festhielt an der Gottheit des Logos trotz aller Schwierigkeiten und daß er so von der Vorsehung bestimmt war, das Trinitätsdogma in seinem wahren Inhalte zu retten und der Nachwelt zu überliefern.

III. Hauptstück.

Die Ausbildung der Lehre von den immanenten Beziehungen des Logos durch Athanasius.

Das Resultat des Kampfes gegen den Arianismus und Sabellianismus ist die Anschauung, daß das Verhältniß des Logos zum Vater ein in der Gottheit selbst stattfindendes und zwar ein auf realen Gegensätzen beruhendes sei. Damit ist der abstrakte Gottesbegriff zum Trinitätsbegriff erweitert. Zwar ist der Trinitätsglaube, wie sich aus den ältesten Zeugnissen mit Leichtigkeit beweisen ließe, ebenso alt wie die Kirche, allein der Trinitätsbegriff entstand erst durch den Kampf

---

Dogmatik, I. 486 ff. Mysterien des Christenthums S. 20. Franzelin, de Deo trino thes. 17—18 u. A. Klassisch sagt Dante:

Matto è chi spera che nostra ragione
Possa trascorrer la infinita via
Che tiene una sustanzia in tre personne.

Purg. III, 34—36.

entgegengesetzter Ansichten und erst nach einer lange andauernden Entwicklung.

Es wird nun unsere Aufgabe sein, zu zeigen, wie Athanasius die verschiedenen im Trinitätsdogma gelegenen Momente in Worte faßt und welche Begriffe er auf dasselbe anwendet, nachdem bis jetzt bewiesen worden ist, daß in der Gottheit wirklich eine persönliche Verschiedenheit neben der (Wesens-) Einheit vorhanden ist. Hierin liegt eben die Fortbildung der Trinitätslehre durch Athanasius. Weil aber Athanasius nur zur Vertheidigung des Trinitätsglaubens polemische Schriften verfaßte, so werden wir auch die Fortbildung der Trinitätslehre durch ihn nur aus seiner Polemik herausstellen können.

I. Der formelle Ausdruck der Einheit und Verschiedenheit in Gott.

Die bei den orientalischen Vätern mit Vorliebe gebrauchte Formel „Ein Wesen in drei Personen"[1]) war nicht vom Anfang an schon gang und gebe. Man mußte sich nemlich lange streiten über die Bedeutung jener Ausdrücke in ihrer Anwendung auf die Gottheit. Vier Ausdrücke sind es in dieser Hinsicht, die unterschiedlich gebraucht werden zur Bezeichnung der Verhältnisse in Gott, nämlich die Ausdrücke Usie, Physis, Hypostase und Prosopon.

1. Das Wort „Usie" wird von Aristoteles[2]) also erklärt: die Usie, welche vorzugsweise und zuerst und vor Allem so heißt, wird weder von einem Subjekte ausgesagt, noch ist sie in irgend einem Subjekte, z. B. dieser Mensch, dieses Pferd. Von den Kirchenvätern wurde das Wort Usie zumeist gebraucht, um unsern Begriff von Natur oder Wesen oder Substanz zu bezeichnen, also mehr entsprechend der aristotelischen zweiten Usie. Eine bestimmte Abgrenzung aber des Wesenhaften in Gott gegen das Persönliche war mit dem Ausdruck Usie noch nicht gegeben und daher konnte ebenso wohl von einer wie von mehreren Usien in Gott die Rede sein.

Bei Athanasius bedeutet der Ausdruck Usie in seiner Anwendung auf Gott „das göttliche Wesen als das den drei Personen Gemeinsame."

---

[1]) *Μία οὐσία ἐν τρισὶν ὑποστάσεσιν.*

[2]) Categ. c. 3. Vgl. Stentrup: Zum Begriff der Hypostase (Innsbrucker Zeitschrift für kath. Theologie 1877 S. 59 ff.), welcher zu beweisen versucht, daß Aristoteles keineswegs Natur und Hypostase für allseitig identisch hielt. Ueber *οὐσία* vgl. ferner Petav. de trin. l. IV. c. 1. Voigt, a. a. O. S. 39. Braun, der Begriff Person, S. 1.

Für Person im Gegensatze zum Wesen steht es nur einmal den Sabellianern gegenüber, wo es heißt, der Sohn sei nicht einer Usie mit dem Vater.[1]) Offenbar muß hier Athanasius Usie gleich Person gesetzt haben, sonst hätte er ja jenen Ausdruck gar nicht verwerfen können. Wie er die Anwendung dieses Wortes auf die Trinität überhaupt vertheidigte, haben wir schon gesehen. Eine nähere Abgrenzung des Begriffes Usie als des Ausdruckes für das den Personen Gemeinsame gegenüber dem spezifisch Persönlichen finden wir aber auch bei ihm noch nicht.

2. Das Wort „Physis"[2]) hat bei Athanasius stets die Bedeutung von Wesen oder Natur. Insbesonders steht es gerne in der Verbindung, der Sohn ist dem Vater von Natur aus[3]) eigen.

3. Das Wort Hypostasis[4]) wird von Aristoteles erklärt, wie die erste Usie. Es bedeutet also jedes Einzelwesen, eine concrete Substanz, ein Einzelding. Es war dieser Grundbedeutung nach geeignet, in der Trinität sowohl das Einfache als das Dreifache zu bezeichnen und wir finden es für beide Verhältnisse angewendet. So verwirft z. B. Dionys von Rom die Lehre jener, welche die Monarchie in drei getrennte Hypostasen zerschneiden.[5])

Ebenso anathematisirt das Nicänum in seinem Symbolum alle, die sagen, der Sohn sei aus einer anderen Hypostase oder Usie als der des Vaters.[6]) Origenes aber gibt dem Logos meist eine andere Hypostase als dem Vater.[7])

Im Gegensatze gegen den Sabellianismus bildete sich allmählig der Sprachgebrauch heraus, in der Gottheit von drei Hypostasen zu reden.

Bei Athanasius hat das Wort Hypostase noch keine bestimmt abgrenzte Bedeutung. Die beiden Momente des wesenhaften Seins

---

[1]) Exp. fid. 2, p. 100 B.: *Οἱ Σαβέλλιοι λέγουσι μονοούσιον καὶ οὐχ ὁμοούσιον καὶ ἐν τούτῳ ἀναιροῦσι τὸ εἶναι υἱόν.*

[2]) Cf. Pet. l. c. IV, c. 2. Braun S. 3, Voigt S. 39.

[3]) *Φύσει ἴδιος, ἴδιος κατὰ φύσιν.* Vielleicht könnte man *φύσις* als „Princip des Gebärens" fassen, so daß also *φύσει ἴδιος* hieße „der Abstammung nach zum Vater gehörig".

[4]) Vgl. Petav. l. IV, c. 1; Voigt S. 40; Braun S. 2; Ruiz, de trin. disp. 31. Stentrup S. 66 ff.

[5]) De decr. 26

[6]) *Τοὺς ἐξ ἑτέρας ὑποστάσεως ἢ οὐσίας φάσκοντας εἶναι (τὸν υἱὸν ἢ ἐκ τῆς οὐσίας τοῦ πατρὸς) ἀναθεματίζει ἡ καθολικὴ ἐκκλησία.* Symb. Nic.

[7]) Vgl. Kuhn, Trinitätslehre p. 226 ff.

und Fürsichseins, die in dem Worte enthalten sind, ermöglichten es ihm, es zur Bezeichnung des göttlichen Wesens und der göttlichen Personen zu gebrauchen. Indeß bedeutet es bei ihm nie Wesen im Gegensatze zu Person, wohl aber scheint es uns gegen Petavius[1]) an ein paar Stellen für Person im Gegensatz zu Wesen zu stehen.

Athanasius verwirft es, daß der Sohn aus einer anderen Hypostase sei als der des Vaters;[2]) er sagt, wie der Vater seine eigene Hypostase wolle, so auch den seiner Usie eigenen Sohn;[3]) der Sohn ist Abdruck der väterlichen Usie, und Hypostase.[4]) Mehr tritt schon der Begriff des Fürsichseins hervor, wenn Athanasius den Sabellianismus verwirft, weil er den Vater Sohn nenne und umgekehrt, und sage, sie seien der Hypostase nach Eins, dem Namen nach zwei:[5]) Allein auch hier scheint uns Hypostase noch nicht im Gegensatz zu Wesen zu stehen, es bedeutet nur das, was in Wirklichkeit und nicht bloß in der Vorstellung existirt, und steht deshalb im Gegensatze zu „dem Namen nach".

Entschieden aber steht es für den Personbegriff, wenn Athanasius das dreimal heilig der Seraphim auf die drei vollendeten Hypostasen bezieht, und durch den Ausdruck, „Herr Gott Sabaoth" die Eine Usie oder Eine Gottheit bezeichnet sein läßt.[6])

4. Das Wort „Prosopon"[7]) bedeutet eigentlich „Antlitz", sofort aber wird es gebraucht für „äußere Erscheinung", und weiterhin für „Rolle", die Jemand spielt, sei es auf Grund bestimmter Eigenschaften oder in Stellvertretung eines Anderen. Man konnte demgemäß darunter sowohl das Erscheinende als auch die bloß äußerliche Erscheinungsweise verstehen. In letzterem Sinne wurde es namentlich von Sabellius auf Gott angewandt, während z. B. Hippolyt unter Prosopon ein wirklich

---

[1]) Pet. de trin. l. IV, c. 1 n. 7 sagt: Non puto Athanasium *τὴν ὑπόστασιν* unquam pro mera persona et ut ab *οὐσίᾳ* distinguitur sumpsisse.

[2]) De decr. 27. cf. de Syn. 41.

[3]) c. Ar. III, 66.

[4]) c. Ar. III, 65; Ep. ad Afros c. 4 heißt es geradezu, die *οὐσία* sei gleich der *ὑπόστασις*.

[5]) c. Ar. IV, 25 p. 636 E: *Ὑποστάσει μὲν ἕν, ὀνόματι δὲ δύο.* Schwane, Dogmengeschichte d. patrist. Zeit, S. 130 Anm. meint, es stehe hier für den Personbegriff, allein die Ansicht des Petavius l. 4 c. 1 n. 7 ist richtiger. Im Sinne eines concreten Einzeldings steht es auch exp. fid. 2; c. Ar. IV, 1; etc.

[6]) In illud omnia c. 6; de inc. c. Ar. 10.

[7]) Petav. l. c. IV, c. 2, 5 und c. 4; Braun S. 4; Voigt S. 39—40; Scheeben, Dogmatik, I. Bd. S. 829.

Existirendes versteht und deshalb dieses Wort in seiner Trinitätslehre gebraucht.

Bei Athanasius bedeutet Prosopon oft das wirkliche Sein, also nicht blos die äußerliche Erscheinung. Allein es wird nie gebraucht, um die drei göttlichen Personen gegenüber dem Wesen Gottes zu bezeichnen, sondern stets nur in Bezug auf Christus. Bei Erklärung einer jeden Schriftstelle, sagt Athanasius, müsse man nach dem Prosopon fragen, und seine Exegese zeigt, daß er darunter stets das verstand, worauf sich die Stelle bezieht, also das (logische) Subjekt derselben im Gegensatze zu dem, was ausgesagt wird, dem Prädikate.[1]) Näher aber steht Prosopon in diesen Fällen für die menschliche Natur in Christo. In einer ähnlichen Bedeutung steht es, wenn es heißt, in Christo dürfe man nicht die zwei Prosopa, nämlich die Gottheit und Menschheit, trennen, sondern beide müssen unlösbar geeint sein.[2]) Eine weitere Anwendung findet das Wort bei Athanasius noch besonders in der Redensart, im (oder aus dem) Prosopon Jemands etwas reden oder thun.[3]) Hier tritt noch ganz deutlich die ursprüngliche Bedeutung des Wortes hervor, nämlich die der Stellvertretung eines andern, dessen Rolle gespielt wird.

5. Das stete Schwanken im Ausdrucke konnte natürlich nicht ohne Einfluß bleiben auf die bezeichneten Begriffe selbst, indem sich mit den Worten auch die damit verbundenen Anschauungen geltend machten. Es war daher nothwendig, einmal zur Bezeichnung der Einheit und Dreiheit in Gott bestimmte Ausdrücke zu fixiren, um den Zweideutigkeiten, die sich immer hinter das Wort verstecken, zu entgehen. Ganz adäquate und völlig zutreffende Ausdrücke, die das eine Moment mit Ausschluß des andern genau bezeichneten, fanden sich in der Sprache gar nicht vor; daher beruhte es nur auf dem Uebereinkommen der einzelnen Lehrer, welches Wort sie zur Bezeichnung der Einheit und welches sie zur Bezeichnung der Dreiheit wählen wollten. Das Nicänum hatte insoferne zur Fixirung des Sprachgebrauches beigetragen, als es die Wesensgleichheit durch den Ausdruck Homousios nicht Homohypostatos fixirte.[4]) Allein Athanasius

[1]) De decr. 14; c. Ar. I, 64; II, 8.

[2]) So z. B. c. Ap. II, 2, 10.

[3]) So z. B. c. Gent. 34; de inc. 3; de inc. c. Ar. 9, 12, 18; und unzählige Male in den Expositiones in Psalmos. Indem er diese auf Christus und die Kirche deutet, läßt er den Psalmisten reden ἐκ προσώπου Christi u. s. w.

[4]) Vgl. Braun S. 2.

hielt sich, wie wir gesehen haben, an keine bestimmte Ausdrucksweise im Kampfe gegen seine Gegner. Erst im Jahre 362 fand in Alexandrien eine Unionssynode statt, in der über die Anwendung der Worte Usie und Hypostase gehandelt wurde. Etwas bestimmtes entschied aber auch diese Synode nicht, indem sie gestattete, von drei Hypostasen in Gott zu reden, wenn man nur nicht arianisch denke, oder von Einer, wenn man nur nicht den Gedanken des Sabellius festhalte.[1])

Erst in der Folge einigte man sich in der griechischen Kirche namentlich durch den Einfluß der großen cappadocischen Väter dahin, zur Bezeichnung der Wesensgleichheit das Wort Usie und zur Bezeichnung der persönlichen Unterschiedenheit das Wort Hypostasis in Anwendung zu bringen, was aber hier nicht näher untersucht werden kann.[2]) Desgleichen einigten sich die Lateiner über den Gebrauch von persona und essentia zu dem gleichen Zwecke.

Hat nun auch Athanasius in Hinsicht auf die formelle Ausbildung der Trinitätslehre kein besonderes Verdienst, so bleiben seine sachlichen Versuche, die Trinitätslehre fortzubilden, deswegen nicht von minderem Werthe.

II. Die sachliche Fortbildung der Trinitätslehre.

Die christliche Trinitätslehre, wie sie jetzt fertig vor uns liegt, enthält in sich die Lehre von einem numerisch-identischen Wesen und drei numerisch verschiedenen Personen, und zwar in der Weise, daß die erste Person nothwendig Princip der zweiten und beide zusammen nothwendig Princip der dritten Person sind. In diesem letztern Satze liegt eingeschlossen, daß es in Gott zwei active Hervorbringungen und zwei passive Ausgänge, also vier Relationen gebe, und in Folge dessen fünf persönliche Eigenschaften, nämlich die Ungezeugtheit, die Vaterschaft, die Sohnschaft, die active und passive Hauchung.

Athanasius wurde durch den Kampf mit dem Arianismus und Sabellianismus vo selbst gezwungen, in das Innere der Gottheit zu dringen und hier nach der Vermittlung der Einheit mit der Dreiheit zu suchen. Er hat jedoch eben wegen seines polemischen Standpunktes die

---

[1]) Tom. ad Antiochenses c. 5 et 6. Vgl. Stentrup S. 75 ff.

[2]) Vgl. Kuhn, Trinitätslehre S. 421 ff. Braun S. 14 ff. Pet. de trin. l. IV. Stentrup S. 76 ff.

eben berührten Momente der Trinitätslehre nicht in besonderer Weise ausgebildet, weil zu erkenntnißtheoretischen und dialektischen Voruntersuchungen ihm zunächst keine Gelegenheit gegeben war. Immerhin aber finden sich bei Athanasius auch die immanenten Beziehungen der Gottheit selbst deutlich genug in Begriffe gefaßt, wie sich zeigen soll.

1. Der Logos in seinem Verhältnisse zum Vater.

1. In der Reihe jener Begriffe, durch welche das Verhältniß des Logos zum Vater bestimmt wird, erscheint uns vor Allem der Begriff der Identität. Identität (*ταυτότης*) bedeutet bei Plato den in sich einen und mit sich gleich bleibenden Zustand der idealen Natur, der von der Materie (dem *θάτερον*) abgetrennten Idee. Was diese Identität in sich hat, das ist vom Endlichen und Zeitlichen ganz abgetrennt. Es kann nun allerdings nicht bewiesen werden, daß mehrere Subjekte diese Identität besitzen, allein dieser Begriff ist immerhin geeignet, die Wesensgleichheit des Logos mit dem Vater einigermaßen klar zu legen.

Im Bereiche des Endlichen wird nach Athanasius dieses Wort von den Wesenheiten der Dinge gebraucht;[1]) es hat das Identität, was sich durchgehends ähnlich ist, was dasselbe Wesen hat.[2]) Die Wesenheiten der Dinge sind eben das in ihnen wahrhaft Seiende, „also das sich Gleichbleibende und Beharrende. Die einzelnen Dinge sind jedoch mit Beschaffenheiten zusammengesetzt und deßhalb ist ihre Identität nicht die der Idee, sondern nur ein Abbild derselben. Auch der Mensch besaß ursprünglich eine Identität, bei deren Bewahrung er vom erkannten Gotte nicht abgeirrt wäre.[3]) In Beziehung auf die Gottheit nun redet Athanasius an sehr vielen Stellen von der Identität und sagt, daß der Sohn sie vom Vater erlangt habe.

a. Der Vater verhält sich nach Athanasius immer identisch mit sich selbst und bleibt immer derselbe[4]), Gott ist immer derselbe, d. h.

---

[1]) De Syn. 53 p. 766 D: *Ἐπὶ τῶν οὐσιῶν ταυτότης ἂν λεχθείη.*

[2]) Ad Ser. II, 3 p. 684 D: *Ὧν ἐσμεν ὅμοιοι, καὶ τὴν ταυτότητα ἔχομεν τούτων καὶ ὁμοούσιοί ἐσμεν.*

[3]) c. Gent. 2. Nach dieser Auffassung löst sich die Schwierigkeit der angezogenen Stelle. *Ταυτότης* wäre hier der Sache nach nichts Anderes, als das im Menschen vorhandene Bild des Logos.

[4]) c. Ar. I, 35. p. 439 E: *Ὁ πατὴρ ἄτρεπτος καὶ ἀναλλοίωτος καὶ ἀεὶ καὶ ὡσαύτως ἔχει καὶ ὁ αὐτός ἐστιν.*

mit sich identisch[1]), er ist allein in Wirklichkeit und Wahrheit Gott, d. h. er hat das ideale Sein, das mit sich selbst identische Sein allein.[2])

b. Vom Sohn heißt es ausdrücklich, er habe vom Vater die Identität, sei deßhalb unveränderlich und könne nicht wieder Vater eines anderen Sohnes sein;[3]) er bewies nach Athanasius seine Identität und Unveränderlichkeit auch als Mensch,[4]) er ist als Mensch derselbe, d. h. mit sich identisch,[5]) er verhält sich stets gleichbleibend und kann nicht nach der entgegengesetzten Seite sich hinneigen,[6]) der Sohn ist als ganz ähnliche Geburt des Vaters mit ihm identisch, d. h. er hat die Wesensidentität mit ihm;[7]) diese Identität wird aber dadurch gewahrt, daß der Sohn als eine zum Wesen des Vaters gehörige Zeugung betrachtet wird.[8]) Es hat demgemäß der Logos in Wirklichkeit und Wahrheit die Identität der Natur mit dem Vater, während die Menschen nur ein Bild und Gleichniß haben.[9]) Wie aber die Identität des Logos durch die Zeugung gewahrt wird, so ist auch wegen der Identität der Natur nur Eine Usie oder Hypostase in Gott.[10])

Es kann nach den angegebenen Stellen, die oft wörtlich mit Plato übereinstimmen, keinem Zweifel unterliegen, daß Athanasius den platonischen Begriff der Identität verwendete, um die Wesenseinheit des Vaters und Logos klar zu legen. Zwar ist mit jenem Begriffe zunächst nur das Unveränderliche und sich Gleichbleibende der Idee bezeichnet, aber gerade hierin liegt ja nach Plato deren wesentlicher Unterschied von dem Realen, indem dieses stets mit dem Wandelbaren vermischt ist.

---

1) c. Ar. I, 63. p. 467 B: *Ὁ θεὸς ἀεὶ καὶ ὁ αὐτός ἐστιν.*

2) c. Ar. II, 10. p. 478 A: *Ὁ τῶν ὅλων καὶ μόνος τῷ ὄντι ὄντως καὶ ἀληθινὸς ὢν θεὸς πιστός ἐστιν.* cf. c. Ar. II, 43. Eusebius v. Cäsarea (ep. ad suae Parociae homines, bei Ath. am Schlusse von de decr. p. 241 D) sagt vom Vater, *ἀεὶ κατὰ τὰ αὐτὰ καὶ ὡσαύτως ἔχει.*

3) c. Ar. I, 22.

4) c. Ar. I, 36 p. 440 D: *Γενόμενος ἄνθρωπος δείκνυσι τὴν ταυτότητα καὶ τὸ ἄτρεπτον ἑαυτοῦ.*

5) c. Ar. I, 48.

6) c. Ar. I, 52. p. 456 B: *Ὁ λόγος ἀεὶ καὶ ὡσαύτως ἔχει, οὐδὲ τὴν ἐπὶ θάτερα ῥοπὴν ἔχει.*

7) De decr. 20 p. 226 A: *Ὁ αὐτὸς τῇ ὁμοιώσει ἐκ τοῦ πατρος ἐστιν.*

8) De decr. 23.

9) c. Ar. III, 21, 22.

10) Tom. ad Antioch. 6. p. 773 F: *Μίαν φρονοῦμεν (ὑπόστασιν καὶ οὐσίαν) διὰ τὴν ταυτότητα τῆς φύσεως.*

Eine andere Frage aber ist es, ob dieser Begriff auch anwendbar ist auf die Gottheit, wie sie in der Offenbarung vor uns steht. Das kann nun freilich im strengen Sinne nicht angenommen werden, denn wir kämen ja dann zu keinem Unterschiede in Gott, also zu keiner Mehrpersönlichkeit, ebensowenig wie bei unmittelbarer Anwendung des aristotelischen Begriffes der Usie. Man wird also nur mit der gehörigen Einschränkung dem Sohne die Identität des Vaters zuschreiben können und dessen ist sich auch Athanasius wohl bewußt, indem er alle Begriffe von Gott nur analog gelten läßt.

2. Weiterhin wird die Einheit des Vaters und des Logos erklärt durch den Begriff der Natureigenheit[1]). Dieser Begriff findet sich bei Athanasius wiederholt auf Gott angewendet. Schon in seinen Schriften vor dem Ausbruche der arianischen Streitigkeiten nennt er sehr oft den Logos dem Vater eigen. Seine volle Klarheit erhält jedoch dieser Begriff erst durch zwei andere, die oft mit ihm verbunden werden, nämlich den Begriff der Zeugung und den der Trennung. Der Begriff der Trennung oder Diairesis ist im eigentlichen Sinne nur anwendbar auf das, was sachlich aus einander bestehen kann, also nicht in sich eins ist. Was aber so enge zusammengehört, daß Eines ohne das Andere gar nicht bestehen kann, sondern nothwendig mit ihm verbunden gedacht werden muß, das ist natureigen. Im Endlichen nun kann es allerdings nicht zwei Hypostasen geben, wovon die Eine naturnothwendig mit der andern verbunden wäre, d. h. es gibt kein Ding, das ein mehrfaches Subjekt hätte, sondern nur die Eigenschaften können als nothwendig mit dem Dinge verbunden gedacht werden; wohl aber behauptet Athanasius dieses vom Unendlichen und gibt uns damit eine Erklärung der Wesensgleichheit des Sohnes mit dem Vater. Als Grund aber der Untrennbarkeit und Natureigenheit des Sohnes mit dem Vater erscheint die Zeugung, die dem früheren zufolge als naturnothwendige Wesensmittheilung des Vaters aufzufassen ist. Diese Begriffe ergänzen und erklären sich gegenseitig. Indem das Gezeugte erscheint als natureigen dem Zeugenden, und als untrennbar von ihm, wird dessen Einheit mit dem Zeugenden gewahrt, und indem das Natureigene und Untrennbare als Zeugung erscheint, wird es selbst wieder näher in seinem vollen Unterschiede vom Zeugenden bestimmt.

---

[1]) Ἰδιότης.

Nunmehr können folgende Stellen verstanden werden: „Der Logos ist eigen dem Wesen des Vaters;[1]) der Logos ist eigene Zeugung des väterlichen Wesens,[2]) er ist allein natureigene Zeugung des väterlichen Wesens.[3]) Wegen der Zeugung des Sohnes aus dem Vater ist dieser größer als der Sohn, aber gerade hierin ist auch die Natureigenheit angezeigt.[4]) Untrennbar ist die Einheit der Gottheit,[5]) und zwar ist der Sohn untrennbar vom Vater wegen der Eigenheit und Zugehörigkeit zum Wesen des Vaters.[6]) Alles vom Sohn ist dem Vater eigen.[7])" Es ließen sich diese Stellen noch sehr vermehren, aber soviel sehen wir, daß Athanasius das Verhältniß des Logos zum Vater mittels des Begriffes der natureigenen vom Vater untrennbaren Zeugung zu bestimmen sucht. Er kann aber dieses nur, wenn er den Begriff der Zeugung auf die Gottheit nur analog anwendet mit Ausschluß nämlich alles Endlichen und ebenso den Begriff der Natureigenheit in der Weise, daß das Natureigene auch eine selbstständige Hypostase sein kann.

3. Sehr verwandt mit diesen Stellen sind eine Menge anderer, wo der Sohn erscheint als echt und von Natur aus vorhanden. Auch hier ist nämlich die Wesensgleichheit des Sohnes mit dem Vater ausgesprochen und weil das göttliche Wesen nicht theilbar und trennbar ist, ihre numerische Wesenseinheit. So wenn es heißt:[8]) „Wer die Echtheit des Sohnes anerkennt, der kümmere sich nicht um die auf ihn angewendeten Worte; in dem Worte „vorzüglicher" (κρείττων) werde die Echtheit des Sohnes ausgedrückt,[9]) wenn es heißt, „in Prov. 8, 22 werde nicht seine ewige und echte Geburt aus dem Vater bezeichnet, sondern seine Menschwerdung u. s. w."[10]) ferner, wenn Athanasius sagt, „man soll glauben, der Sohn sei von Natur Sohn,"[11]) wenn er eine Zeugung der Natur nach heißt;[12]) wenn von einer natürlichen Er-

[1]) c. Ar. II, 22, 23, 24, 27 u. s. w.
[2]) c. Ar. I, 9, 58.
[3]) c. Ar. I, 56.
[4]) c. Ar. 1, 58.
[5]) c. Ar. 1, 18.
[6]) c. Ar. III, 16.
[7]) c. Ar. III, 4.
[8]) c. Ar. I, 56,
[9]) c. Ar. I, 61.
[10]) c. Ar. II, 45.
[11]) c. Ar. II, 20, 24: φύσει υἱός.
[12]) Exp. fid. 3. 101 A: γέννημα κατὰ φύσιν.

zeugung des Sohnes aus dem Vater die Rede ist,[1]) wenn der Sohn die unwandelbare väterliche Natur hat,[2]) wenn deshalb das Wort „Sohn“ die väterliche Natur erkennen lassen soll.[3])

In allen diesen und ähnlichen Stellen ist die völlige Wesensidentität des Sohnes mit dem Vater ausgesprochen und der Versuch gemacht, sie der menschlichen Vernunft einigermaßen nahe zu rücken. Im Zusammenhalt mit solchen Stellen konnte Athanasius auch sagen, die Gottheit des Sohnes sei auch die des Vaters,[4]) der Logos selbst sei immer erhöht gewesen gemäß seiner väterlichen (vom Vater durch Zeugung erlangten) Gottheit und Vollkommenheit.[5]) Er konnte reden von einer Einheit der Usie[6]) und einer Identität der Einen Gottheit,[7]) er konnte behaupten, der Sohn habe eine untrennbare Einheit der Gottheit mit dem Vater.[8])

4. Suchen wir nach weiteren Bestimmungen, so finden wir bei Athanasius sehr oft den Begriff „Form“ (εἶδος) auf die Homousie des Sohnes mit dem Vater angewendet.[9]) Auf Endliches angewendet bezeichnet dieses Wort keineswegs bloß die äußere Gestalt oder die sinnenfällige Figur eines Dinges, sondern vielmehr das innere Wesen, das wahrhafte Sein desselben und kommt ganz nahe der Usie. In diesem Sinne sagt Athanasius:[10]) „Der Logos hat Alles, was der Vater hat, die Ewigkeit, die Unveränderlichkeit, die durchgängige Aehnlichkeit, die Gleichzeitigkeit und er ist selbst die Form der Gottheit selbst.“ „Die Arianer bemessen das Bild und die Form der Gottheit nach der Zeit;[11]) Gott ist der Logos und er allein ist die Form seines Vaters, er ist die Form Gottes;[12]) Eine ist die Form der Gottheit, die da auch im

[1]) c. Ar. II, 7. p. 475 B: φυσικὴ γέννησις.

[2]) c. Ar. I, 40. p. 444 C: ἀναλλοίωτος αὐτοῦ πατρικὴ φύσις.

[3]) c. Ar. II, 73.

[4]) c. Ar. III, 36. p. 587 A: Ἡ τοῦ υἱοῦ θεότης τοῦ πατρὸς θεότης ἐστιν.

[5]) c. Ar. I, 45.

[6]) c. Ar. III, 3. p. 553 B: Ἑνότης τῆς οὐσίας.

[7]) c. Ar. III, 3, 4. p. 553 B und D: Ταυτότης τῆς μίας θεότητος.

[8]) c. Ar. II, 41. p. 508 C: Ἀχώριστον ἔχει πρὸς τὸν πατέρα ἑαυτοῦ τὴν ἑνότητα τῆς θεότητος.

[9]) Diese Bezeichnung stützt sich auf Joh. 5, 37 und auf die platonische Philosophie.

[10]) Ep. ad Ep. Aeg. et Lib. 17. p. 287 C: Αὐτὸ τὸ τῆς θεότητος εἶδος αὐτός ἐστιν.

[11]) c. Ar. 1, 20.

[12]) c. Ar. III, 16. p. 566 B: Εἶδος ἐστι (λόγος) τοῦ πατρὸς ἑαυτοῦ, ἐστιν εἶδος τοῦ θεοῦ.

Logos ist.[1]) Dasselbe wie Form bezeichnen auch Gestalt und Modus.[2]) Auch diese gebraucht Athanasius zur Bezeichnung der Wesenseinheit, wenn er sagt: „Nicht bloß theilweise ist das Sein des Sohnes die Gestalt der Gottheit, sondern die Fülle der Gottheit des Vaters und ganzer Gott ist er.[3]) Wir sagen, daß der schöpferische Logos keinen anderen Modus der Gottheit hat, als die Gottheit des Einen Gottes, weil er aus ihm entstanden ist.“[4])

5. Es kann nach dem Vorausgehendem keinem Zweifel mehr unterliegen, daß Athanasius die Einheit des Vaters und des Sohnes als eine numerische Wesenseinheit auffaßte. Deutlich ersehen wir dies auch noch aus der Art und Weise, wie er sich gegen den Ditheismus oder Tritheismus verwahrt: „Eins sind ihm Vater und Sohn, nicht als ob das Eine in zwei Theile getrennt wäre, die nichts sind als das Eine, nicht als ob das Eine nur zweimal genannt würde, wie Sabellius lehrte, sondern zwei sind, weil der Vater Vater ist und nicht selbst der Sohn, und der Sohn Sohn und nicht selbst der Vater, Eine aber ist die Natur. Wenn der Sohn auch ein anderes ist als Zeugung, so ist er doch dasselbe als Gott.“[5]) „Mit der Trias führen wir nicht drei Principe oder Väter ein, wie die Anhänger des Marcion und Manichäus, wir anerkennen nur Ein Princip. Es ist Ein Gott Vater, der in sich ist gemäß seinem Erhabensein über Alles, der im Sohn erscheint gemäß seiner Durchdringung des All, und ebenso im Geiste gemäß seiner in diesem durch den Sohn vollbrachten Wirksamkeit. So bekommen wir in der Trinität nur Einen Gott und unsere Worte stimmen weit mehr mit der Frömmigkeit überein als die vielgestaltige und vieltheilige Gottheit der Häretiker, weil wir in der Trias die Eine Gottheit denken.“[6]) „Aus Gott ist der Logos Gott; weil Christus Gott aus Gott und

---

[1]) c. Ar. III, 15 p. 564 E: *Ἓν εἶδος θεότητος, ὅπερ ἐστι καὶ ἐν τῷ λόγῳ.*

[2]) *Μορφή* (cf. Phil. 2, 6) und *τρόπος*. Letzteres bedeutet sonst, verbunden mit *ὕπαρξις* (*τρόπος τῆς ὑπάρξεως*) die Eigenthümlichkeit der Personen. Cf. Petav. de trin. l. IV, c. 2, 12.

[3]) c. Ar. III, 6. p. 555 A: *Τὸ πλήρωμα τῆς τοῦ πατρὸς θεότητος καὶ ὅλος θεός.* Vgl. damit c. Gent. 46, wo der Sohn *καρπὸς παντέλειος τοῦ πατρὸς* genannt wird.

[4]) c. Ar. III, 15.

[5]) c. Ar. III, 4. p. 553 C: *Εἰ καὶ ἕτερόν ἐστιν ὡς γέννημα ὁ υἱός, ἀλλὰ ταὐτόν ἐστιν ὡς θεός.*

[6]) c. Ar. III, 15.

Logos, Weisheit und Kraft Gottes ist, deßhalb wird Ein Gott in den Schriften dargestellt; da nämlich der Logos Sohn Gottes ist, so wird er auf den, dem er angehört, bezogen, so daß Vater und Sohn zwei sind, die Monas der Gottheit aber untrennbar und unspaltbar ist. Deshalb gibt es aber auch nur Ein Princip[1]) der Gottheit, so daß im eigentlichen Sinne auch Eine Monarchie existirt. Aus dem Princip selbst ist der Logos Gott von Natur aus, nicht wie ein zweites Princip für sich existirend, nicht von Außen geworden, damit nicht durch die Verschiedenheit eine Dyarchie und Polyarchie entstehe. Wie Ein Princip und demgemäß Ein Gott ist, so ist auch die wesenhaft und wahrhaft und wirklich seiende Usie und Hypostase Eine, die da sagt: „Ich bin der ich bin, und nicht zwei, auf daß nicht zwei Prinzipe seien."[2]) „Wenn Christus aus sich existirt und Gott ist, so sind zwei Principe, wenn er aber von Gott geschaffen ist, so ist er ein Geschöpf. Da dieses beides nicht angeht, so bleibt nur übrig, daß er aus Gott ist; wenn aber dieses, so ist das, was aus Etwas ist, etwas Anderes, als das, woraus es ist, und in dieser Beziehung sind zwei. Wenn aber Jemand sich weigern würde, ihn eine Zeugung zu nennen, so hat er zu fürchten, daß er in eine Ungereimtheit verfalle, nämlich eine Doppelnatur Gott beilege. Wenn er nämlich nicht zugesteht, daß der Logos aus der Monas sei, führt er zwei Wesen ein, von denen keines Vater des Anderen ist. Ein Vater ist und nicht zwei, aber aus dem Einen ist der Sohn. Wie nicht zwei Väter, sondern Einer ist, so auch nicht zwei Principe, sondern Eines, und aus diesem der Sohn."[3])

„Der Herr hat keine andere Ursache vor sich, als nur, daß er des Vaters Zeugung und eingeborne Weisheit ist.[4])" „Der Sohn hat das Sein nicht in einem andern Princip als im Vater, der ohne Anfang ist, auf daß er ohne Anfang im Vater existire."[5]) Am schärfsten wider-

---

[1]) Das Wort ἀρχή können wir im Deutschen nicht wiedergeben. Es bedeutet ebensowohl die temporale wie principale Priorität und kann vielleicht übersetzt werden mit „oberstes Princip alles Seins". Dieses kann nur Eines sein, aber in seinem Wesen liegt es, daß es zeugend wirke, gleichwie es im Wesen des Vaters liegt, daß er einen Sohn, und im Wesen des absolut Seienden, daß es einen Logos habe.

[2]) c. Ar. IV, 1.

[3]) c. Ar. IV, 3.

[4]) c. Ar. II, 54.

[5]) c. Ar. II, 57.

legt Athanasius den Vorwurf eines Ditheismus folgendermaßen[1]): „Wenn der, welcher Vater und Sohn anerkennt, damit zwei Götter nennt, so muß der, der Einen nennt, den Sohn aufheben und sabellianisiren. Denn wenn der, der (Vater und Sohn) zwei nennt, hellenisirt, so sabellianisirt der, der sie Eins nennt. Dem ist aber nicht so. Denn wie der, der Vater und Sohn zwei nennt, damit Einen Gott bezeichnet, so soll auch der, der Einen Gott nennt, zwei denken, nämlich Vater und Sohn, die der Gottheit nach Eins sind, und weil der Logos ohne Theilung und Trennung und Absonderung aus dem Vater ist."

6. Deutlicher als es in diesen Stellen geschieht, kann der Sache nach die Wesenseinheit bei bloß persönlicher Verschiedenheit nicht mehr ausgesprochen werden,[2]) es fehlt nur mehr der formelle Ausdruck.

Athanasius sagt weiter noch, der Logos sei nicht bloß ein einfacher Laut, sondern wesenhafter Logos und wesenhafte Weisheit, die da in Wahrheit der Sohn sei. Außerdem würde Gott in den Wind reden. Wie Christus Gott aus Gott ist, Weisheit aus dem Weisen, Logos aus dem Logischen, Sohn aus dem Vater, so ist er hypostasirt aus der Hypostase, wesenhaft und wesentlich aus dem Wesen und seiend aus dem Seienden.[3]) „Wäre er nicht wesenhafte Weisheit und wesentlicher Logos und seiender Sohn, sondern einfach Weisheit, Logos und Sohn im Vater, so wäre der Vater zusammengesetzt mit der Weisheit und mit dem Sohne. Christus wäre Vater seiner selbst und der Sohn würde sich selbst zeugen und von sich selbst gezeugt werden; oder es wäre Logos und Weisheit und Sohn ein bloßer Name, denn das hätte keine Hypostase, wovon solches ausgesagt wird, oder vielmehr, der das ist. Wenn er nun keine Hypostase hat, so sind auch die Namen leer und inhaltlos, außer man behauptet, Gott sei selbst die Weisheit und selbst der Logos. Ist aber das, so ist er Vater und Sohn seiner selbst: Vater, insofern er weise, Sohn, insofern er die Weisheit ist. Aber auch nicht wie irgend eine Beschaffenheit ist der Logos und die Weisheit in Gott. Denn sonst würde Gott zusammengesetzt erscheinen aus Substanz und Accidens. Der Sohn ist also

---

[1]) c. Ar. IV, 10.

[2]) Anders meinen freilich Baur (I, 432) und Meier (I, 157 ff.)

[3]) c. Ar. IV, 1. p. 618 B: Ὡς ἐκ θεοῦ θεός ἐστι καὶ ἐκ σοφοῦ σοφία, καὶ ἐκ λογικοῦ λόγος καὶ ἐκ πατρὸς υἱός, οὕτως ἐξ ὑποστάσεως ὑπόστατος καὶ ἐξ οὐσίας οὐσιώδης καὶ ἐνούσιος καὶ ἐξ ὄντος ὤν.

Wort und Weisheit, nicht als Beschaffenheit; auch ist der Vater nicht selbst die Weisheit, also muß der Sohn es sein als eine eigentliche Zeugung aus dem Wesen des Vaters. Es ist somit der Logos wahrer, wesenhafter Logos, denn wie in Wahrheit der Vater, so ist in Wahrheit auch der Sohn.[1])"

In der Bezeichnung „wesenhafter Logos"[2]) ist somit ein zweifaches, oder eigentlich dreifaches ausgeschlossen, nämlich einmal, daß der Logos ein numerisch anderes Wesen habe als der Vater, denn nur das kann es heißen, wenn Athanasius Gott zusammengesetzt sein läßt bei Läugnung eines wesenhaften Logos, ferner ist ausgeschlossen, daß der Logos bloß im subjektiven Denken ein vom Vater verschiedenes Sein habe und endlich, daß er eine bloße Beschaffenheit sei. Allein, wenn wir auf die Darlegung selbst sehen, so ist namentlich der Beweis für das dritte Moment sehr schwach. Wäre nämlich Gott deßhalb zusammengesetzt, wenn er den Logos als Beschaffenheit in sich hätte, so müßte er auch wegen jeder anderen Eigenschaft zusammengesetzt erscheinen. Es hätte also vor allem der Unterschied zwischen dem Logos und den Eigenschaften herausgestellt werden müssen. Athanasius aber setzt den Logos sofort gleich dem Sohne und nun ist es allerdings nicht mehr möglich, den Logos als bloße Beschaffenheit zu denken. Es macht sich auch hier wieder der schon oben erwähnte Mangel einer Unterscheidung zwischen Person und Eigenschaft sehr fühlbar, indem Athanasius es nie versuchte, den Begriff „Person" selbst näher zu untersuchen. Seine Darstellung ist zwar objektiv genommen ganz richtig, es mangelt ihr aber die gehörige Unterscheidung und Präcision.

Fassen wir das Resultat der bisherigen Erörterungen kurz zusammen, so hat der Sohn den Grund seines Daseins nicht in sich selbst, sondern er hat vom Vater dieselbe Gottheit und darum mit ihm die Einheit der Usie ohne Trennung der letzteren, er ist aber nicht bloß eine Eigenschaft des Vaters oder gar der Vater selbst, sondern als Erzeugtes ein anderes Subject als sein Erzeuger. Damit ist der Sache, wenn auch nicht gerade dem Worte nach, die numerische Wesenseinheit und die persönliche Verschiedenheit beider gelehrt. Eben damit sind auch die Grundlagen gegeben für die Ausbildung der Lehre

---

[1]) c. Ar. IV, 2.

[2]) Zu vergleichen Petav. de trin. l. VII, c. 6, 7. Ruiz, de trin. disp. 25 sect. 3 n. 7 u. d. 32 s. 11 n. 4.

von den Relationen und den persönlichen Eigenthümlichkeiten in der Gottheit, womit sich aber Athanasius speziell nicht befaßt hat, weil seine Hauptaufgabe in der Wahrung des Trinitätsdogma bestand, nicht in dessen dialektischer Durchbildung.

7. Zur Veranschaulichung dieses Verhältnisses des Logos zum Vater gebrauchte Athanasius die in Schrift und Tradition sich findenden sinnlichen Gleichnisse von Feuer und Licht, von der Sonne und dem Abglanz, von der Quelle und dem Flusse, und zur näheren Bestimmung jenes Verhältnisses noch die Begriffe Sohn, Logos, Weisheit, Abbild u. dgl.

Die erwähnten sinnlichen Gleichnisse sind entweder biblisch oder schon von den ältesten Kirchenvätern gebraucht worden. Athanasius gebraucht sie z. B. in folgender Weise: [1]) „Nicht wie ein von der Sonnenwärme entzündetes Feuer, das nachher wieder auszulöschen pflegt, verhält sich nach den Aussprüchen der Heiligen der Logos Gott gegenüber, denn das wäre ein Werk von außen und ein Geschöpf des Schöpfers, sondern als Abglanz haben wir ihn alle verkündet, um auszudrücken, er sei dem Wesen des Vaters eigen und untrennbar von ihm und Eins mit ihm."

Diese Vergleiche erscheinen dem hl. Athanasius für sehr geeignet, um die in Homousios liegenden Momente anschaulich zu machen. „Wie könnte man," sagt er, [2]) „den Abglanz des Lichtes und den Abfluß der Quelle passender benennen, als mit dem Ausdruck Homousios?" „Die Bischöfe sammelten aus den Schriften Ausdrücke, wie Abglanz, Quelle und Fluß u. s. w., und schrieben deßhalb, der Sohn sei dem Vater wesensgleich. Denn die vorausgehenden Beispiele haben alle diese Bedeutung." [3]) Wie Athanasius jene sinnlichen Gleichnisse anwandte, sehen wir noch aus andern Stellen. „Wie die Quelle nicht der Fluß und der Fluß nicht die Quelle ist, sagt Athanasius, [4]) beide aber dasselbe Wasser haben, das da von der Quelle in den Fluß überströmt, ebenso geht auch die Gottheit vom Vater auf den Sohn ohne Trennung über." „Nicht nennt man Sonne und Abglanz zwei Lichter, sondern zwei sind Sonne und Abglanz, eines aber das von der Sonne ausgehende und im Abglanze überallhin leuchtende Licht. So ist auch die Gottheit des Sohnes die des Vaters.

---

[1]) De decr. 23.
[2]) De Syn. 41.
[3]) Ep. ad Afr. 6.
[4]) Ex fid. 2.

Da sie eins sind und eine ihre Gottheit, so wird dasselbe ausgesagt vom Sohne, was vom Vater ausgesagt wird, mit Ausnahme des Namens „Vater“.[1]) Besonders lehrreich ist folgende Stelle:[2]) „Wie eine Zeugung im eigentlichen Sinne ist der Sohn im Vater, nach dem Gleichnisse des Lichtes. Wie nemlich vom Feuer das Licht, so ist der Logos aus Gott, die Weisheit aus dem Weisen und der Sohn aus dem Vater. In dieser Weise bleibt die Monas untrennbar und ganz, und ihr Sohn, der Logos, ist nicht ohne Usie und Hypostase, sondern in Wahrheit wesenhaft.“

Untersuchen wir die Kraft und Bedeutung dieser sinnlichen Gleichnisse, so müssen wir vor Allem darauf sehen, was Athanasius durch sie klar machen will. Kein Gleichniß paßt vollkommen, es kommt überall nur darauf an, irgendwelche Vergleichungspunkte zu finden. Diese findet Athanasius hier in der Einheit bei der Mehrheit. Er untersucht nicht lange, wie jene Einheit und Mehrheit beschaffen sei, ob demnach das Gleichniß auch nach weiteren Beziehungen passe oder nicht, sondern es ist ihm genug, schon im Sinnlichen eine Wesenseinheit in verschiedenen Existenzformen gefunden zu haben. Athanasius ist hier umsomehr entschuldigt, als er ja diese Gleichnisse nicht selbst einführte, sondern sie nur gebrauchte im Anschluß an Schrift und Tradition, und als er ja überhaupt bei der Anwendung derselben jeden Emanatianismus und Substanzialismus geradezu ausschloß. An sich könnten wohl letztere Anschauungen in jenen Gleichnissen liegen, allein sie sollen nach der Absicht des Athanasius gerade das Gegentheil ausdrücken.[3])

8. Gehen wir von den sinnlichen Gleichnissen über zu den auf das Verhältniß des Sohnes zum Vater angewendeten Begriffen, so sagt uns Athanasius bezüglich der Bezeichnung „Sohn“:[4]) „Die Schrift sagt

---

[1]) c. Ar. III, 4.

[2]) c. Ar. IV, 2.

[3]) Baur (I, S. 435) meint, in dieser bildlichen Vorstellung sei der eigentliche positive Ausdruck der Trinitätslehre des Athanasius enthalten, hienach müsse man sich das Verhältniß des Vaters zum Sohne nothwendig denken durch die Kategorie der Substanz. Allein nirgends sagt Athanasius, daß diese Vorstellungen „der vollkommen adäquate Ausdruck jenes Verhältnisses seien und alle Bestimmungen in sich begreifen, die hier in Betracht kommen,“ und überdieß hat er ganz andere Bestimmungen jenes Verhältnisses, wie sich zeigen soll. Auch nach Meier (I, 151) ist Athanasius nicht frei von Substanzialismus.

[4]) c. Ar. I, 28. p. 432 E: *Υἱὸν ἔφησεν ἡ γραφή, ἵνα τὸ φύσει καὶ ἀληθινὸν τῆς οὐσίας γέννημα εὐαγγελίσηται.* Cf. Pet. de trin l. II, c. 10.

Sohn, um die natürliche und wahrhafte Zeugung aus dem Wesen zu verkünden.“ Aehnlich heißt es:[1]) „Wie könnte man den Sohn des Vaters passender benennen, als mit dem Ausdruck „Homousios“? Die Bezeichnung „Sohn“ hat demgemäß den Zweck, die Wesensgleichheit des Vaters und Sohnes auszudrücken. Die persönliche Verschiedenheit beider brauchte Athanasius den Arianern gegenüber nicht zu betonen, den Sabellianern gegenüber that er dieses, wie wir gesehen, indem er behauptete, der Sohn könne nicht Vater seiner selbst sein.

Die Bezeichnung „Sohn“ ist so entschieden aus Schrift und Offenbarung, daß dabei an die heidnische Mythologie und Philosophie gar nicht zu denken ist.

9. Dagegen ist die Bezeichnung „Logos“ ebensowohl aus der Philosophie wie aus der positiven Offenbarung entsprungen. Wir haben schon gesehen, wie man dazu kam, zur Bezeichnung der zweiten Hypostase in der Gottheit gerade dieses Wort zu wählen. Auch über den philosophischen Inhalt dieses Wortes haben wir bereits gehandelt und namentlich gesehen, daß Logos in dieser Hinsicht bei Athanasius das Princip oder den Möglichkeitsgrund jeder äußeren Offenbarung Gottes bezeichnet. Wir haben endlich gesehen, daß Athanasius mit diesem Begriffe sofort die Idee vom Sohne Gottes und von dem historischen Christus verbindet. Es bleibt uns jetzt nur noch darzustellen übrig, inwieferne in der Bezeichnung Logos das immanente Verhältniß der ersten und zweiten Hypostase in Gott näher bestimmt wird, abgesehen von dem Beweise ihrer beiderseitigen Gottheit und persönlichen Verschiedenheit.

Athanasius findet in der Bezeichnung „Logos“ vor allem ausgesprochen, daß in der Gottheit keine Theilung und kein Leiden stattfinde. „Damit Niemand ihn für eine menschliche Zeugung halte, deßhalb nennt ihn die Schrift Logos. Wenn schon der Logos der Menschen, obwohl diese leidensfähig und theilbar sind, kein Leiden und kein Theil ihres Nus ist, so ist um so weniger der göttliche etwas Derartiges.“[2]) Es stehen Sohn und Logos zur gegenseitigen Ergänzung. Damit man den Sohn nicht für einen Theil des Vaters halte, heißt er Logos, damit man aber nicht meine, der Logos sei, wie der menschliche, ohne eigene Hypostase, heißt er Sohn, „damit man erkenne, er sei lebendiger Logos und wesenhafte Weisheit.“

---

[1]) De Syn. 41. cf. c. Ar. I, 26.

[2]) c. Ar. I, 28; cf. de decr. 11; de Syn. 41.

Auf den soeben angedeuteten Unterschied des göttlichen und menschlichen Logos kommt Athanasius wiederholt zu sprechen. So sagt er z. B.: [1]) „Unter Logos verstehe ich nicht den Logos, wie ihn das vernünftige Geschlecht hat, der aus Silben besteht und in der Luft zur Darstellung kommt, sondern ich meine des Guten und des Gottes aller Dinge lebendigen und wirksamen Gott, der natureigener und einziger Logos des Vaters ist." In diesem Unterschiede liegt auch eingeschlossen, daß der göttliche Logos einfach ist, während der menschliche sich vervielfältigen kann. „Die Menschen haben nemlich, da sie aus Theilen zusammengesetzt und aus dem Nichtseienden geworden sind, einen zusammengesetzten und auflösbaren Logos. Gott ist aber nur seiend (das reine Sein) und nicht zusammengesetzt. Darum ist auch sein Logos nur seiend und nicht zusammengesetzt, sondern Einer und eingeborner Gott." [2])

Weiter besteht ein Unterschied darin, daß der menschliche Logos in sich keine Kraft hat, wohl aber der göttliche. Deßhalb wirkt der Mensch nicht durch seine Logoi, sondern durch seine Hände, weil diese reale Existenz haben, der Logos aber keine Hypostase hat (es ist hier die Rede von dem in der Luft verhallenden Wort). Der göttliche Logos aber ist, wie der Apostel sagt, lebendig und wirksam und einschneidender als jedes zweischneidige Schwert. [3])

Endlich besteht noch ein Unterschied darin, daß es in Gott nur Einen Logos geben kann, weil eben dieser das Wesen des Absoluten schon vollkommen an sich hat. [4])

Daß aber trotz dieser Verschiedenheit dennoch eine Aehnlichkeit zwischen göttlichem und menschlichem Logos bestehe, zeigt uns Athanasius ganz besonders dadurch, daß er, wie Dionys von Alexandrien u. A. das Verhältniß des menschlichen Logos zum menschlichen Nus auch auf die Gottheit anwendet. „Wenn wir erkennen," sagt er, [5]) daß die Quelle des Logos, der von den Menschen ausgeht, der Nus ist, und indem wir auf den Logos merken, mittelst unserer Denkkraft den Nus bezeichnet sehen, so erlangen wir umsomehr die Kenntniß des guten Vaters, wenn

---

[1]) c. Gent. 40.

[2]) c Gent. 41.

[3]) c. Ar. II, 35. cf. c. Ar. IV, 1.

[4]) c. Ar. II, 37, 41.

[5]) c. Gent. 45.

wir die Kraft seines Logos schauen." „Der Logos ist eben dem Nus nicht fremd." [1])

Es schwebt dem Athanasius hier offenbar der menschliche Geist mit seinem Denken und Sprechen vor, und er benützt diese Analogie zur Bestimmung des Verhältnisses des Sohnes zum Vater.

10. Schließlich bezeichnet Athanasius die zweite Hypostase noch als Abbild des Vaters. Der Ursprung dieser Bezeichnung ist entschieden biblisch. [2]) Athanasius sagt vom Logos, „er sei das Bild des Vaters und in ihm werde der Vater erfaßt, dessen Bild ja der Erlöser sei." [3]) „Er ist nicht aus Silben zusammengesetzt, sondern das unmangelhafte Bild des Vaters." [4]) „In ihm als dem Bilde des Vaters ist Alles, was des Vaters ist." [5]) „Weil Ein Gott ist, so muß auch Ein Abbild desselben sein, das da der Sohn ist." [6]) „Dieser ist ganz das Abbild des ganzen Vaters." [7])

Athanasius versucht es auch, auf dogmatisch-speculative Weise das Vorhandensein eines solchen Bildes in Gott zu beweisen. [8]) „Mit der Existenz des Vaters, sagt er, [9]) ist auch die Wahrheit, die der Sohn ist, und mit dem Vorhandensein seiner Hypostase muß alsogleich deren Figur und Abbild gegeben sein, denn nicht von außen ist das Bild Gottes eingeschrieben, sondern Gott selbst ist sein Erzeuger, und in ihm sich schauend, freut er sich daran, wie der Sohn selbst sagt: „Ich war es, woran er sich ergötzte." Wann nun sah der Vater sich nicht in seinem Bilde? Oder wann erfreute er sich nicht? Wie könnte sich auch der Bildner und Schöpfer in einem geschaffenen und gewordenen Bilde schauen?" „Woran erfreut sich der Vater, sagt Athanasius wieder, [10]) als darin, daß er sich selbst in seinem Bilde schaut, welches sein Logos ist? Auch nach Erschaffung der Menschen erfreut er sich an diesen nur, weil er sieht, daß sie nach seinem Bilde geworden sind." Athanasius will hier offenbar aus

---

[1]) c. Ar. II, 33.

[2]) cf. Petav. de trin. l. VI, c. 5 etc.

[3]) c. Gent. 34.

[4]) c. Gent. 41.

[5]) In illud omnia 5; cf. c. Ar. I, 21, 52; ad Serap. II, 2.

[6]) De decr. 17.

[7]) Ad Serap. I, 16 p. 665 A: Ὅλος ἐστιν ὅλου εἰκών.

[8]) Vgl. Schwane S. 132.

[9]) c. Ar. I, 20.

[10]) c. Ar. II, 82.

dem göttlichen Schauen und Erkennen seiner selbst die Nothwendigkeit eines Gleichbildes als Objekt jenes Schauens erschließen.

11. Hiemit haben wir stufenweise die hauptsächlichsten Begriffe zusammengestellt, welche Athanasius zur Bestimmung des Verhältnisses des Logos zum Vater anwendet, und es wird nun unsere Aufgabe sein, die einzelnen Strahlen zu einem Gesammtbilde zu vereinigen. Die Spitze, in welche seine ganze Lehre ausläuft, ist der Satz, daß der Logos oder Sohn nothwendig zum Wesen Gottes gehöre, d. h. daß Gott nach der (von uns durch Vernunft und positive Offenbarung erkannten) Idee seines Wesens nicht ohne Sohn sein könne, sowie, daß der Sohn nicht wäre, was er seinem Begriffe nach sein muß, wenn er nicht selbstständiges, persönliches Dasein hätte. Mit anderen Worten ausgedrückt: Es liegt in der Natur des Vaters, daß er eine zweite Person, den Sohn, zeuge und ihm sein ganzes Wesen mittheile.[1]) Der Begriff der in der Gottheit immanenten, mit ihrem Wesen gegebenen Zeugung ist es, durch welchen sich Athanasius die Wesensgleichheit mit der persönlichen Verschiedenheit vermittelt. Allein der Begriff der Zeugung ist selbst wieder auf geistigem Gebiet ein bildlicher und kann hier im eigentlichen Sinne nicht angewendet werden. Deßhalb erklärt ihn Athanasius noch näher als einen Erkenntnißakt des absolut Seienden. Er wendet das Verhältniß des menschlichen Geistes zu seinem Denken auch auf die Gottheit an, aber es ist ihm dieses nicht ein bloßer Versuch, durch Analogie der Vorgänge im menschlichen Geiste sich die trinitarischen Verhältnisse zurechtzulegen. Er ist überzeugt, daß die Produktion des Sohnes wirklich ein intellectueller, auf einen innern Ausdruck der Erkenntniß abzielender Akt ist, mit anderen Worten, die absolute und vollkommene Erkenntniß in Gott ist ihm das Medium, wodurch der Vater den Sohn zeugt,

---

[1]) Dorner (I, 929) bezeichnet es als einen Mangel der Trinitätslehre der nizänischen Kirchenlehrer, daß nach ihnen der Vater nicht bloß der logische Anfangspunkt des trinitarischen Prozesses, sondern nicht selten als die Wurzel und der Quell aller Gottheit gedacht und mit der Monas identifizirt ist. — Kuhn (S. 464) meint, die Generation des Sohnes sei kein persönlicher Willensakt, sondern ein personifizirender Akt des Vaters. — Insoferne hier vor Allem der Persönlichkeitsbegriff in Betracht kommt, müssen wir bei Athanasius auf eine präcise Lösung solch' subtiler Fragen verzichten. So viel steht fest, daß nach ihm der Vater als wirklich in sich vollendete Hypostase den Sohn zeugt, wenn er auch ohne Zeugung nicht gedacht werden kann. Das Gegentheil, daß nämlich der Vater nach Athanasius ohne den Sohn noch nicht wirklich Person sei, lehrt Meier (I, 151).

und letzterer ist die innere Offenbarung und der adäquate Ausdruck jener Erkenntniß. Als solcher muß er einerseits aus seinem Princip als etwas Verschiedenes heraustreten, andererseits muß in ihm der ganze Inhalt der göttlichen Erkenntniß, also die ganze göttliche Natur, niedergelegt sein. Die Produktion des Sohnes ist darum die aus der eminenten Fruchtbarkeit Gottes sich ergebende, durch einen Erkenntnißakt sich vollziehende Mittheilung der göttlichen Wesenheit an einen andern Inhaber, der eben durch diese Mittheilung als Person constituirt wird. Das will es sagen, wenn Athanasius für den Vater ein Bild fordert, in dem er sich schauen könne, ein Bild, das er selbst seit Ewigkeit hervorgebracht.

Diese Darlegung des Verhältnisses des Sohnes zum Vater ist in der kirchlichen Theologie stets die herrschende geblieben und sie hat die Aussprüche der hl. Schrift, auf welche sich Athanasius fortwährend beruft, in solchem Grade für sich, daß von ihr nicht leicht abgegangen werden kann.

Als innerer Ausdruck der eminenten Fruchtbarkeit der göttlichen Erkenntniß ist die zweite Hypostase auch Medium, wodurch die göttlichen Ideen in der Schöpfung zum Ausdruck gelangen. Sie ist die Vernunft, die Weisheit und die Kraft, in welcher Gott Alles schafft, sie ist Trägerin der Idealwelt und Auswirkerin der Ideen in der Erscheinungswelt.

Athanasius schlägt somit einen zweifachen Weg ein, um sich das Verhältniß des Sohnes zum Vater im Denken zu vermitteln. In synthetischer Weise sucht er aus der Natur Gottes sich die Nothwendigkeit einer zweiten Hypostase als Objectes der göttlichen Selbstschauung zu erklären und in analytischer Weise schließt er aus der thatsächlich existirenden Welt auf deren Idee und Möglichkeitsgrund in Gott und kommt so zu einer Verschiedenheit in Gott. Beide Wege treffen darin zusammen, daß das Object der göttlichen Selbstschauung und der Möglichkeitsgrund der Welt Gott ist, wie er nicht blos Sein, sondern Denken und Erkennen ist, so daß demgemäß der Inhaber der Gottheit, insoferne sie Erkennen ist, in Wahrheit die hypostatische und persönliche Vernunft und Weisheit und nicht blos eine Personifikation der Vernunft und Weisheit seines Principes ist.

In beiderlei Beziehungen erbringt aber Athanasius den Beweis, daß Gott, insoferne er Erkennen ist, auch eine eigene Person sein müsse, nicht aus der Vernunft, sondern aus der positiven Offenbarung.

Er hat uns nie die Grenze bestimmt, bis zu welcher wir mit reiner Vernunft in der Erkenntniß der Trinität vordringen können. Er hat hat uns auch nie ausdrücklich angegeben, wie weit die Begriffe der Philosophie in der Trinitätslehre Anwendung finden.

Wie wir schon öfter bemerkt haben, schied er in seinem Beweisverfahren zwischen Philosophie und Theologie nicht aus. Aber gerade der Mangel einer Unterscheidung speculativer und positiver Elemente hat auch eine gewisse Unbestimmtheit seiner Lehre von dem Verhältniß des Logos zum Vater zur Folge. Wir haben schon gesehen, wie sie ihn mitunter zu minder berechtigten Vorwürfen gegen die Arianer veranlaßte. Dieselbe Unbestimmtheit rächte sich hier dadurch, daß er an manchen Stellen den Logos zu sehr als die wesentliche Vernunft und wesentliche Weisheit dargestellt zu haben scheint. Athanasius machte zwar diesen Fehler anderweitig wieder gut, indem er mit dem Logos den Begriff Sohn und Christus verband, allein er drückt sich nicht immer so aus, daß er unmittelbar ohne Zuhilfenahme anderweitiger Stellen verstanden werden kann.

Der tiefer liegende Grund aber dieser Unzulänglichkeiten liegt in einem Mangel an erkenntnißtheoretischen Voruntersuchungen. Insbesondere vermissen wir bei Athanasius eine eingehendere Untersuchung der Begriffe von Wesen, Wesenseigenschaft und Person.[1]) Ueber diese für die Trinitätslehre so ungemein wichtigen Begriffe waren in damaliger Zeit noch keine Untersuchungen angestellt worden. Man war sich nicht klar bewußt, was denn die Person zur Person mache, wodurch sie sich spezifisch unterscheide vom Wesen und der Wesenseigenschaft. Wir können die dießbezüglichen Anschauungen immer nur heraussuchen aus dem ganzen Lehrcomplex. Die Folge davon ist, daß man sehr leicht die persönlichen Eigenthümlichkeiten der göttlichen Hypostasen mit den Eigenschaften des göttlichen Wesens vermengen kann. Diese Klippe scheint auch Athanasius nicht immer vermieden zu haben. Denn immer, wo er einen Unterschied in Gott findet, setzt er denselben sofort als einen persönlichen an.

Das Hauptverdienst des Athanasius um die Lehre vom Verhältniß des Logos zum Vater besteht demgemäß darin, daß er mit aller Gewalt

---

[1]) Nach Tiphanus (de hypostasi cap. 21) hätte Athanasius zwischen Person und Natur unterschieden, aber ratione tantum. Indeß die von ihm angeführte Stelle (aus der Schrift: De definitionibus bei Montfaucon t. II, p. 242) ist entschieden unächt.

den Logos über das *Geschöpfliche* empor und in das *Göttliche* *hineinhob*. Seine Einheit aber mit Gott dem Vater und seine Verschiedenheit von ihm hat er zwar *richtig erkannt*, aber nicht *präcis* genug *dargestellt*. Diese Aufgabe fiel der *späteren* Theologie zu. Gleichwie diese das Dogma in irgend welche Formel zu bringen hatte, so mußte sie auch auf Grundlage *dialektischer* Voruntersuchungen die *begriffliche Durchbildung* desselben, soweit es der Vernunft möglich ist, *vollenden*.

2. Der Logos in seinem Verhältnisse zum hl. Geiste.[1])

Nachdem wir die hauptsächlichsten Bestimmungen angegeben haben, durch welche Athanasius die Beziehungen *des Logos* zum *Vater* zu erfassen strebte, soll noch kurz das Verhältniß des Logos zum hl. *Geiste* besprochen werden.

Athanasius vertheidigte die Gottheit des hl. Geistes den Pneumatomachen oder von ihm sogenannten Tropikern gegenüber ähnlich wie die Gottheit des Sohnes den Arianern gegenüber, indem er sich einerseits berief auf direkte Aussprüche *der hl. Schrift*, anderseits aber auf das Bewußtsein der *Heiligkeit* Gottes, welche nichts *Kreatürliches* in sich gestattet, sowie auf das *christlichgläubige Bewußtsein*, daß wir in dem hl. Geiste *wahrhaft geheiligt* werden und mit Gott selbst in Lebensgemeinschaft treten. Seine dießbezüglichen Beweise aber wollen wir hier nicht weiter verfolgen, sondern nur das *immanente Verhältniß des Geistes* zum *Logos* (und Vater) in Betracht ziehen. Hier verwendet Athanasius nahezu dieselben Begriffe, welche wir schon angewendet gefunden haben zur Bestimmung des Verhältnisses *des Logos* zum *Vater*.

1. Wie dem Logos, so wird auch dem hl. Geiste *Identität* zugeschrieben. „Er ist derselbe und unwandelbar.[2]) Er ist immer derselbe und zwar deßhalb, weil er nicht zu den theilnehmenden Dingen gehört, sondern an ihm Alles theilnimmt.[3]) Deßhalb ist die ganze heilige Trias in sich selbst identisch und geeint in sich selbst.“[4])

---

[1]) Vgl. Möhler I, 297 ff. Voigt S. 81 ff.

[2]) Ad Ser. I, 26 p. 675 B: *Τὸ πνεῦμα τὸ αὐτό ἐστι καὶ ἀναλλοίωτον.*

[3]) Ad. Ser. I, 27.

[4]) Ad Ser. I, 30 p. 678 D: *Ἡ ἁγία τριὰς ἡ αὐτή ἐστιν ἑαυτῇ καὶ ἡνωμένη πρὸς ἑαυτήν.*

2. Auch der Begriff der Natureigenheit (*ἰδιότης*) wird auf den Geist angewendet und der Begriff der Trennung (*διαίρεσις*) von ihm ausgeschlossen. „Der Geist ist untrennbar von der Gottheit und eigen dem Sohne.[1]) Der Geist hat dieselbe Naturangehörigkeit zum Sohne, wie dieser zum Vater.[2]) Man darf ihn nicht trennen von der Usie Christi.[3]) Wie dem Wesen des Logos, so ist er auch Gott dem Vater natureigen und in ihm.“[4])

3. Gemäß dem besteht auch eine Wesenseinheit und Homousie zwischen Logos und Geist. „Der Geist hat dieselbe Einheit dem Sohne, wie dieser dem Vater gegenüber.[5]) Der Sohn ist natureigene Geburt aus dem Wesen und der Natur des Vaters, ebenso ist der Geist in ihm und nicht fremd der Natur des Vaters, noch der Gottheit des Vaters. Darum ist in der Trias, im Vater und Sohn und Geist Eine Gottheit und in dieser Trias ist Ein Glaube und Eine Taufe.[6]) Der Geist hat dieselbe Gottheit und dieselbe Macht und dasselbe Wesen wie Gott.[7]) Es haben deßhalb die Väter von Nicäa ihn nicht von Vater und Sohn entfernt, sondern ihn vielmehr mit dem Vater und Sohn verherrlicht, in dem Einen Glauben an die hl. Trias, weil auch Eine Gottheit ist in derselben.[8]) Er ist dem Einen Logos und dem Einen Gott wesensgleich.[9]) Wie der Sohn dem Vater gegenüber für wesensgleich und für eine vollendete Person in einer vollendeten gehalten wird, so auch der hl. Geist; denn wesensgleich ist die Trias.“[10])

4. Weitere Bestimmungen gehen dahin, daß der Sohn im Geiste ist, „wie in einem ihm natureigenen Bilde, ebenso wie der Vater im Sohne ist.[11]) Der Geist heißt und ist Bild des Sohnes und kann

---

1) Ad Ser. I, 11.

2) Ad Ser. III, 1.

3) Tom. ad Ant. 3.

4) Ad Ser IV, 4.

5) Ad Ser. I, 2. p. 649 B: *Τὸ ἅγιον πνεῦμα τὴν αὐτὴν ἔχει ἑνότητα πρὸς τὸν υἱόν, ἣν αὐτὸς ἔχει πρὸς τὸν πατέρα.*

6) Ad Ser. IV, 3.

7) De inc. c. Ar. 9.

8) Ep. ad Jov. 4.

9) Ad Ser. I, 27.

10) c. Ap. I, 9. p. 929 D: *Ὥσπερ ὁ υἱὸς ὁμοούσιος πρὸς τὸν πατέρα ὁμολογούμενος, τέλειος πρὸς τέλειον ὁμολογεῖται, καθὰ καὶ τὸ ἅγιον πνεῦμα· ὁμοούσιος γὰρ ἡ τριάς.*

11) Ad Ser. I, 20.

deßhalb wie der Sohn als Bild des Vaters kein Geschöpf sein.[1]) Er ist Bild des Logos und dem Vater von Natur aus eigen".[2]) Damit hängt zusammen, daß er dem Sohne gegenüber „dieselbe Rangordnung und dieselbe Natur besitzt, wie dieser dem Vater gegenüber." [3])

5. Athanasius vertheidigt aber nicht bloß die Wesensgleichheit des Geistes mit dem Logos und Vater, sondern auch sein wirkliches Fürsichsein. „Wie der Vater, heißt es,[4]) der Seiende ist, so ist auch sein Logos, der Gott über Alles, der Seiende, und der hl. Geist ist nicht ohne (für sich seiende) Existenz, sondern er existirt und hypostasirt in Wahrheit." Damit hängt zusammen, daß Athanasius immer den Geist die Thätigkeit des Vaters und Sohnes theilen läßt, daß er ausdrücklich sagt, der Vater und Sohn könne Nichts wirken ohne den Geist und dieser sei darum zu verehren.[5])

6. Fragen wir nun, durch welchen Begriff Athanasius sich die Wesenseinheit des Geistes mit Vater und Logos und seine persönliche Verschiedenheit von beiden vermittelt denkt, so finden wir hierüber keine genauen Bestimmungen, die Homousie des Sohnes ist vermittelt durch den Begriff der Zeugung, welche als Erkenntnißakt des Vaters zu fassen ist, vom Geiste aber heißt es nur, daß er ausgehe vom Vater, durch den Sohn. „Vom Vater geht er aus insoferne, als er vom Logos, der aus dem Vater nach dem Glauben ist, gesendet und gespendet wird.[6]) Wenn der Vater den Geist sendet, so verleiht ihn der Sohn durch seinen Hauch." [7]) Es wäre nun zu untersuchen gewesen, wodurch sich dieses Ausgehen des Geistes vom Gezeugtwerden des Sohnes unterscheide und worin es denn eigentlich bestehe. In dieser Beziehung findet sich bei Athanasius Nichts. Er bleibt ganz stehen auf dem Boden

---

[1]) Ad Ser. I, 24.

[2]) Ad Ser. I, 26.

[3]) Ad. Ser. I, 21. p. 669 E: *Τοιαύτην τάξιν καὶ φύσιν ἔχει τὸ πνεῦμα πρὸς τὸν υἱόν, οἵαν ὁ υἱὸς ἔχει πρὸς τὸν πατέρα.*

[4]) Ad Ser. I, 28.

[5]) De trin. et spir. s. 14.

[6]) Ad Ser. I, 20.

[7]) Ad Ser. IV, 3. p. 698 E: *Τοῦ πατρὸς πέμποντος τὸ πνεῦμα, ὁ υἱὸς ἐμφυσῶν δίδωσιν αὐτό.* Aus derartigen Stellen wird der Standpunkt klar, den Athanasius eingenommen hat in der Lehre vom Ausgang des hl. Geistes. Kurz ausgedrückt dürfte seine Anschauung sein in der Formel: Ex Patre per filium. Cf. Vasquez, de trin. disp. 146 c. 5. Petav. de trin. l. VII, c. 4–7. Greg. a Valentia quaest. X. punct. 2.

der hl. Schrift und des positiven Glaubens, und wenn seine Gegner ihm einwendeten, der Geist müsse ebenfalls Sohn sein, wenn er aus Gott sei, erwiederte er nur, „das gehöre zu den unerforschlichen Dingen der Gottheit, er heiße einmal so in der Schrift und damit habe man sich zu begnügen.“[1])

7. Einiges Licht auf die Beziehungen des Geistes zum Logos und Vater fällt aber, wenn wir deren Thätigkeit nach außen noch näher betrachten. Hier nämlich gilt nach Athanasius der Satz, daß die Trinität das für sich und unabhängig von der Welt ist, als was sie sich in der Welt offenbart. Zwar ist die Trias „untrennbar ihrer Natur nach, und Eine ihre Wirksamkeit,“[2]) aber sofort heißt es, „daß der Vater durch den Sohn im Geiste Alles wirkt; daß Gott über Allem sei als Vater, als Princip und Quelle, durch Alles hindurch vermöge des Logos, in Allem aber im hl. Geiste.“ „Alles, was der Geist den Einzelnen zutheilt, das wird vom Vater durch den Logos ausgetheilt.[3]) Was durch den Logos geschaffen wird, das hat aus dem Geiste vom Logos die Kraft des Seins.“[4]) Es erscheint hier der Geist als Vollendungsprincip dessen, was der Vater angefangen, und der Sohn fortgeführt hat. In diesem Sinne heißt der Geist auch „Hauch des Sohnes, durch welchen wir zu einem Wohlgeruch Christi werden;[5]) er ist das Siegel und die Salbung, womit der Logos Alles besiegelt und salbt, und wodurch wir den Geschmack und Geruch des Salbenden und die Gestalt des besiegelnden erlangen.“[6])

Im Zusammenhange mit diesen Anschauungen wird dem Geiste auch die Vollendung der Gläubigen direkt zugeschrieben. „In ihm vollendet der Vater Alles durch den Logos.“[7]) Weiter sagt Athanasius vom hl. Geiste, er sei „die Energie und die leuchtende Gnade des Abglanzes des göttlichen Lichtes.[8]) Er setzt das in die Wirklichkeit, was der Vater durch den Sohn thut. Nichts gibt es, was nicht durch den

---

[1]) Ad Ser. I, 15; IV, 4.

[2]) Ad Ser. I, 28.

[3]) Ad Ser. I, 30.

[4]) Ad Ser. III, 5.

[5]) Ad Ser. III, 3.

[6]) Ad. Ser. I, 23; III, 3.

[7]) Ad Ser. I, 9. p. 658 A: Ἐν τῷ πνεύματι τὰ πάντα ὁ πατὴρ διὰ τοῦ λόγου τελειοῖ.

[8]) Ad Ser. I, 30 p. 679 B: Ἐνέργεια καὶ αὐγοειδὴς χάρις.

Logos im Geiste geschieht und bewirkt wird.[1]) Der Vater wirkt Alles aus und gibt Alles durch den Logos im heiligen Geiste."[2]) Darum ist der Geist[3]) „Eine in sich vollendete und vollkommene, heiligende und erleuchtende, lebendige Energie des Sohnes und sein Geschenk, und von dieser Energie heißt es, daß sie vom Vater ausgehe, indem sie von dem Logos, der nach dem Glauben aus dem Vater ist, hervorstrahlt und gesendet und gespendet wird."

Nach diesen Stellen ist es der Begriff der Energie, welchen Athanasius auf das Verhältniß des Geistes zum Sohne anwendet. Zunächst ist allerdings nur ausgesprochen, daß der Geist in seiner Offenbarung nach Außen Energie der Dinge ist. Allein gleichwie der Logos, was er als Inbegriff und Träger der Idealwelt in der Offenbarung ist, auch unabhängig von der wirklichen Welt in seinem Verhältniß zum Vater sein muß, ebenso muß auch der Geist, was er als Energie der wirklichen Dinge ist, auch sein vor und unabhängig von den Dingen selbst. So wäre der Geist die Energie des Sohnes, d. h. das Princip, wodurch dieser gewissermaßen zur Selbstvollendung gelangt und das Ziel seines Daseins erreicht. Weiter könnte man daraus schließen, daß der Hervorgang des Geistes auf einem göttlichen Willensakt beruhe. Wenn nämlich die wirkliche Welt nur durch das absolute Ineinandersein des göttlichen Denkens und Wollens in die Wirklichkeit treten kann, so kann der Geist Energie der wirklichen Dinge nur sein in Folge eines göttlichen Willensaktes, gleichwie der Logos Idee der Dinge nur sein kann in Folge eines göttlichen Denkaktes. Weil aber der Geist nach innen so beschaffen sein muß, wie er sich nach außen offenbart, so kann auch seine Existenz nur beruhen auf einem Akte des göttlichen Willens oder der göttlichen Liebe. Somit hätten wir von der Welt aus einen Begriff gewonnen, der uns die Beziehung des Geistes zum Sohne klar machen würde und zugleich die Art und Weise seines Ursprungs aus der Gottheit.

---

[1]) Ad. Ser. I, 31. p. 679 D: *Οὐδέν ἐστιν ὃ μὴ διὰ τοῦ λόγου ἐν τῷ πνεύματι γίνεται καὶ ἐνεργεῖται.*

[2]) Ad Ser. III, 5. cf. c. Ar. III, 15.

[3]) Ad. Ser. I, 20. p. 669 C: *Μίαν εἶναι δεῖ τελείαν καὶ πλήρη τὴν ἁγιαστικὴν καὶ φωτιστικὴν ζῶσαν ἐνέργειαν τοῦ υἱοῦ καὶ δωρέαν, ἥτις ἐκ πατρὸς λέγεται ἐκπορεύεσθαι, ἐπειδὴ παρὰ τοῦ λόγου τοῦ ἐκ πατρὸς ὁμολογουμένου ἐκλάμπει καὶ ἀποστέλλεται καὶ δίδοται.*

Allein abgesehen davon, daß mit einer solchen Erklärung die Persönlichkeit des Geistes nicht bewiesen ist, scheint es auch nicht anzugehen, den Geist als Energie des Sohnes zu fassen. Aristoteles hätte sich entschieden dagegen gesträubt, wenn ihm einmal die Gottheit des Logos klar gewesen wäre, weil dieser dann in sich selbst vollendet, also absolute Energie sein müßte. Wohl aber läßt sich in der neuplatonischen Emanationslehre reden von Energie einer andern Energie, und aus dieser Philosophie müssen wir demnach die Anschauung des Athanasius zunächst ableiten, wenn er auch keinerlei Emanation des Geistes aus Vater und Sohn lehrt.

Fassen wir Alles zusammen, so tritt uns auch hier wieder vor Augen, was uns bei der Zeugung des Sohnes begegnete, daß das Ausgehen des Geistes ein in der Natur Gottes gelegenes ist. Vater und Sohn sind nicht, was sie sein sollen, wenn sie nicht den Geist produciren. Erst jetzt kommt Gott so zu sagen zu seiner Selbstvollendung, erst hierin ist auch die Zeugung des Sohnes eine vollendete, weil dieser seine Energie im hl. Geiste hat. Vater, Sohn und Geist sind somit nothwendige Beziehungen in Gott.

Weiter reicht die Lehre des hl. Athanasius nicht mehr, er übergab die weitere Fortbildung seinen Nachkommen und diese haben, wie in der Lehre vom Sohne, so auch in der Lehre vom hl. Geiste auf seinen Grundlagen aufgebaut, ohne aber bis jetzt die Eigenthümlichkeiten des Geistes der Sache nach mehr begreiflich gemacht zu haben als es Athanasius that.

II. Theil.

Verhältniß des Logos zur Creatur auf Grund der Schöpfung.

(Der Logos in der Schöpfung.)

Vom Logos in Gott gehen wir über zum Logos in der Schöpfung. Wie schon bemerkt, gilt der Logos hier in der Philosophie als Inbegriff der göttlichen Ideen und als thätiger Vermittler des Idealen an das Reale, er steht also gleichsam in der Mitte zwischen der (absoluten) Gottheit und der Welt. Wie er sich zu ersterer verhalte nach der Lehre des hl. Athanasius, haben wir im Bisherigen gesehen, nun soll sein Verhältniß zur Welt dargestellt werden. Wie aber für die Bestimmung des ersten Verhältnisses das zweite schon theilweise maßgebend war, so steht es auch umgekehrt. Die Begriffe (absolute) Gottheit, Idee und reale Welt können nicht einzeln für sich bestimmt werden, ohne daß von der Auffassung des einen auch die beiden andern wesentlich modifizirt würden.

Bei der Bestimmung des Zusammenhanges zwischen Logos und Welt kann ein dreifacher Weg eingeschlagen werden. Entweder kann man Logos und Welt und den damit nothwendig verbundenen Begriff der absoluten Gottheit völlig identifiziren, oder man kann die drei Begriffe völlig auseinanderhalten und trennen, oder man kann zwei Begriffe (und zwar dann nothwendig absolute Gottheit und Logos) identifiziren und den dritten davon trennen.

In der ersten Form haben wir den Pantheismus. Dieser betrachtet das absolute und ideale Sein als gegeben in der Totalität der realen Welt. Diese ist eben nur die zeitliche Erscheinung des absoluten Seins, also dieses selbst, nur in der Kategorie des Werdens gedacht. Im Einzelnen sind wieder verschiedene Variationen dieses Grundgedankens möglich und sind auch geschichtlich hervorgetreten.

In der zweiten Form haben wir den Grundzug eines jeglichen Dualismus. Dieser findet den Gegensatz der absoluten Gottheit und der realen Welt als einen unendlichen und darum unaufheblichen. Um aber doch die wirklich bestehende Welt erklären zu können, nimmt er seine Zuflucht zu einer unbefugten Trennung der Idee vom absoluten Gott und stellt in ganz unphilosophischer Weise die Idee (und mit ihr auch den Logos als deren Träger) in die Mitte zwischen Gott und Welt. In dieser Mittelstellung soll sie weder die Welt schlechthin, noch Gott schlechthin, wohl aber Beides zugleich sein. Im Einzelnen sind auch hier wieder mannigfaltige Abstufungen möglich, indem insbesondere die Abschwächung des absoluten Seins bis zur wirklichen Welt in den hieher gehörigen Emanationssystemen[1]) mancherlei Unterschiede zuläßt.

In der dritten Form haben wir den Schöpfungstheismus. Dieser hält fest an der Identität der Idee mit der absoluten Gottheit, sowie daran, daß die Welt für sich selbst ein Sein habe, und nicht blos das Sein der Gottheit. Gott ist ihm in sich unwandelbar, die Welt trägt nur eingesenkte Spuren dieser Unwandelbarkeit in sich in den sie zusammenhaltenden Ideen. Diese Ideen sind als Abbilder der absoluten Idee in die einzelnen Dinge hineingeschaffen und zwar aus Nichts. Durch diesen Akt der Schöpfung aus Nichts, der als ein freier Akt der absoluten Causalität erscheint, sucht der Theismus zunächst dem Vernunftbewußtsein Rechnung zu tragen, welches uns ebenso sehr die eigene (eines Endlichen) Existenz als auch die Existenz des Unendlichen verbürgt.

Welcher von diesen drei Weltentstehungstheorien die hl. Schrift das Wort spricht, kann nicht zweifelhaft sein. Sie lehrt so entschieden die Unwandelbarkeit Gottes und so entschieden das eigene Sein der Geschöpfe und ihren realen Unterschied von Gott, daß man in ihrer Schöpfung nach dem Bilde Gottes nur die dritte der aufgestellten möglichen Theorien finden kann, nemlich die Mitte zwischen Pantheismus und Dualismus oder Deismus, d. i. den Theismus.

---

[1]) Insoferne als die Emanationssysteme einen absoluten Monismus lehren, in welchem eine immanente Vernunftnothwendigkeit vom Absoluten bis zum letzten Punkte des Daseins herrscht, können sie auch zur pantheistischen Reihe gerechnet werden. Dorner z. B. bezeichnet deßhalb (I, 836) den heidnischen Gottesbegriff als substanziellen Pantheismus. Es berühren sich eben hier, wie überall, die Extreme, so daß es, strenge genommen, nur einen Gegensatz gibt gegenüber dem Theismus.

Auf Grundlage der biblischen Aussagen wurde auch in der christlichen Spekulation die Lehre von der Entstehung der Welt ausgebildet. Aber in dem Maße, als man der hellenischen Philosophie entlehnte Begriffe anwandte auf den theologischen Satz einer Schöpfung aus Nichts, näherte man sich auch der Gefahr, diesen Satz selbst zu gefährden. Allerdings hat kein Kirchenvater pantheistisch oder dualistisch gelehrt, aber die Möglichkeit beider Doctrinen war so lange nicht ausgeschlossen, als man immer die Weltentstehung in Verbindung brachte mit der Zeugung des Sohnes als selbstständiger Person. Faßte man nämlich den Logos als Gott, so lag die Gefahr nahe, auch die Welt, durch deren Schöpfung ja der Logos erst vollendet werden sollte, in das Leben Gottes als nothwendiges Complement hineinzuziehen. Drückte man aber den Logos selbst herab unter die absolute Gottheit, wozu man allerdings viel geneigter war, so lag hierin konsequent der Anfang zum Dualismus in seiner emanatistischen Form. Man mußte daher den Unterschied zwischen der Zeugung des Logos und der Schöpfung der Welt zu fixiren suchen, sollte die letztere als das gehalten werden können, was sie sein soll, nämlich als frei mittheilende That der Gottheit selbst. Die Aufgabe der patristischen Zeit war demgemäß nicht so fast unmittelbar auf die Bestimmungen des Schöpfungsbegriffes selbst gerichtet, als auf die Bestimmung des Unterschiedes zwischen Zeugung und Schöpfung.

Gehen wir nun auf den hl. Athanasius über, so folgt aus den bisher dargestellten Momenten seiner Logoslehre von selbst sein Standpunkt in der Weltentstehungslehre. Die Welt kann nur entstehen durch die Gottheit selbst, ihr Entstehen ist aber verschieden von dem Akte der Gottheit, welcher die Existenz des Logos bedingt, insofern sie auf Freiheit beruht, der Logos aber auf Nothwendigkeit. In diesem von der (absoluten) Gottheit selbst gewirkten, von der Zeugung des Logos verschiedenen freien Produciren der Welt liegt der volle Theismus ausgesprochen. Es ist hier für's Erste ausgeschlossen jeglicher Dualismus, indem die Gottheit selbst als Schöpfer erscheint, aber eben so sehr jeder Pantheismus, indem die Schöpfung als eine durchaus freie Hervorbringung aus Nichts erscheint. Somit kann Athanasius nur auf einem klaren theistischen Boden stehen und alle unklaren philosophischen Vorstellungen, besonders alle an Emanation anstreifenden, sind bei ihm im Vorhinein abgewiesen.

Wir müssen nun im Einzelnen darstellen, wie nach Athanasius die Gottheit und der mit ihr wesentlich identische Logos in und nach der

Schöpfung wirkt, sowohl in der Welt im Allgemeinen, als auch im Menschen insbesondere. Es gehört dieses insoferne zu seiner Logoslehre, als eben die Schöpfung eine That des Logos und zugleich das Medium ist, wodurch er überhaupt von Jemand außer ihm erkannt werden kann. Ferner bildet die Schöpfung das Gegenstück zur Zeugung, weßhalb mit der klaren Bestimmung des Einen Begriffes der andere ebenfalls ein helleres Licht gewinnen muß.

I. Verhältniß des Logos zur Welt im Allgemeinen.[1])

1. Die Idee der Welt im Logos.

Daß nach Athanasius die wirkliche Welt schon vor ihrer realen Existenz ein ideales Sein hatte, folgt schon aus den bisher berührten Momenten seiner Logoslehre. Ist nemlich der Logos Urbild der Dinge, und sind die einzelnen Dinge nur Abbilder seines Wesens, so folgt daraus, daß diese Abbilder im Urbilde der Potenz nach existirten, bevor sie real wurden. Er spricht sich aber über diese ideale Präexistenz der Welt vor ihrer Wirklichkeit sehr deutlich aus in mehreren Stellen.

Um gegen die Arianer zu zeigen, daß die Schrift vom Sohne keine zeitlichen Bestimmungen aussage, sondern nur von den Geschöpfen, beruft sich Athanasius auf die Stelle:[2]) „Bevor ich dich im Mutterleibe bildete, kannte ich dich," und: „Ewiger Gott, der du Alles weißt, bevor es geschieht."

Weiter begegnen wir bei Athanasius der Anschauung, daß die Prädestination der Gläubigen schon von Ewigkeit her auf Christus gegründet ist. „Schon bevor wir waren, da waren wir schon vorgebildet in ihm. Bevor wir Menschen waren, hat der Herr uns zur Sohnschaft vorausbestimmt: von Ewigkeit her schon haben wir die Gnade. Es konnte aber unser zweites Leben nur in Christus gegründet sein, weil in ihm auch Alles geworden ist und er alles Leben von Anfang an in sich hat, so daß wir, wenn wir einmal gesündigt, durch ihn wieder von der Sünde befreit werden können."[3]) „Es gibt überhaupt Nichts, was nicht durch den Sohn geworden und in ihm bestimmt ist, und darum weiß er als Schöpfer von Allem, wie beschaffen und wie groß und wie lange an-

---

[1]) Vgl. Voigt S. 101 ff.

[2]) c. Ar. I, 13.

[3]) c. Ar. II, 76–77.

dauernd Alles sein soll nach dem Willen des Vaters."[1]) „Er kennt Alles schon vor seiner Entstehung."[2])

Ist nun dem Gesagten zufolge im göttlichen Logos Alles zum Voraus bestimmt, und ist er selbst derjenige, welcher diese Ideen ins Werk setzt nach dem Willen des Vaters, und welcher auch selbst Alles zum Vorhinein schaut und erkennt, so entsteht die Frage, wie denn die wirklichen Dinge entstehen und wie sie sich zu ihren Ideen verhalten. Wir sind nemlich auf dem Standpunkt des hl. Athanasius gezwungen, zu denken, daß die Ideen der Dinge im Logos auf unendliche Weise vorhanden sind, denn außerdem könnte an der Unendlichkeit des Logos nicht mehr festgehalten werden. Wir müssen ferner denken, daß die Ideen der Dinge auch existiren könnten ohne die wirklichen Dinge, sowie, daß außer den Ideen der wirklichen Dinge auch noch unzählige andere Ideen im Logos vorhanden sind, denn außerdem könnte die Wahlfreiheit des Schöpfungsactes und der factischen Beschaffenheit der Schöpfung nicht mehr festgehalten werden.

2. Das Motiv der Schöpfung.

Handelt es sich um den Grund der wirklichen Schöpfung, so ist vor Allem festzuhalten, daß die geschaffenen Dinge etwas „dem Schöpfer Aeußeres sind".[3]) „Das aber, was einmal nicht war, sondern von außen hinzukommt, das will Gott (mit freiem Willen) schaffen, es geht ihm die Berathung vorher."[4]) Das wirkende Motiv nun, warum Gott die Welt hat schaffen wollen, stellt uns Athanasius folgendermaßen dar:[5]) „Weil Gott gut und überaus liebenswürdig ist, hat er durch seinen Logos das Menschengeschlecht geschaffen." „Die Ursache, aus welcher der Logos Gottes sich zu den geschaffenen Dingen herabgelassen hat, ist wahrhaft bewundernswerth und läßt erkennen, daß es sich nicht geziemt, daß sie anders wurden, als sie sind. Der Gott aller Dinge ist gut, deßhalb ist er auch liebevoll, und wegen seiner Güte kennt er durchaus keinen Neid. Deßhalb mißgönnt er auch keinem Dinge das Sein, sondern will, daß Alle sind, damit er so auch seine Liebe gegen sie bethätigen kann."[6])

---

[1]) c. Ar. III, 44.
[2]) c. Ar. III, 38. p. 588 A: *Πάντα πρὶν γενέσεως γινώσκει.*
[3]) c. Ar. II, 56.
[4]) c. Ar. III, 61.
[5]) c. Gent. 2.
[6]) c. Gent. 41; Cf. de inc. 3.

Sehr genau schließt sich hier Athanasius an den Timäus des Plato an. Wie dieser, so faßt auch er als wirkenden Grund der Welt die von allem Neide ferne Güte und Menschenfreundlichkeit Gottes auf. Trotzdem bekämpft er den Plato auch wieder, wenn er seine Lehre von der Art und Weise der Hervorbringung der Dinge vorträgt.

3. Verhältniß des Logos zur Materie.

Plato trug die Ewigkeit der Materie vor, hatte also nicht den Schöpfungsbegriff im vollen Sinne, eben so wenig, wie sein Schüler Aristoteles oder irgend einer der griechischen Philosophen. Es ist eben der Begriff einer voraussetzungslosen Schöpfung ungemein schwer zu fassen, weil er dem Axiom: Aus Nichts wird Nichts, geradezu zu widersprechen scheint. Und doch lehrt uns die Offenbarung ganz entschieden eine Schöpfung aus Nichts, und die Philosophie muß eine solche ansetzen, soll sie nicht mit unserem Bewußtsein in Widerspruch gerathen.

Athanasius lehrt im Anschlusse an die positive Offenbarung eine Schöpfung auch der Materie aus Nichts. „Diejenigen, welche sagen, Gott habe Alles nur aus einer präexistirenden Materie gemacht, merken nicht, daß sie damit Gott eine Schwäche zuschreiben. Denn ist er nicht selbst Ursache der Materie, sondern macht er Alles nur aus einer präexistirenden Materie, so wird er als schwach befunden, da er ohne Materie Nichts wirken kann, gleichwie es eine Schwäche des Zimmermannes ist, daß er ohne Holz Nichts hervorbringen kann. Es würde nach dieser Annahme Gott Nichts zu Stande bringen, wenn keine Materie wäre. Wie könnte er aber dann noch Schöpfer und Werkführer heißen, da er erst von einem Zweiten die Möglichkeit des Schaffens erlangt hat? Wenn es sich so verhält, so wird Gott blos als Künstler[1]) und nicht mehr als der erscheinen, welcher die Dinge ins Dasein ruft, falls er nur die vorhandene Materie bearbeitet, aber nicht ihre Ursache ist. Kurz, er heißt dann nicht mehr Schöpfer, wenn er nicht die Materie schafft, aus der die geschaffenen Dinge entstanden sind. Die göttliche Lehre nun verkündet, daß Gott durch den Logos alle Dinge aus dem Nichts, ohne daß sie zuvor bereits bestanden, ins Dasein gerufen hat, wie es Moses, der Pastor (des Hermas) und der hl. Paulus aussprechen.“ [2])

---

[1]) Das Wesen der Kunst besteht eben darin, daß sie die Materie ausgestaltet. c. Gent. 13.

[2]) De inc. 2, 3.

In ähnlicher Weise sagt Athanasius an einer andern Stelle,[1]) die Vorstellung, daß Gott „nur eine vorhandene Materie bearbeite, sei heidnisch, und man müßte dann Gott einen Künstler, keinen Schöpfer nennen. Wohl aber bearbeite der Logos im Auftrage und im Dienste Gottes die Materie.“ [2])

Ganz richtig betrachtet es Athanasius als unvereinbar mit der Idee der absoluten Causalität, daß diese beschränkt sei durch Etwas außer ihr, und er erblickt gerade in dieser Unbeschränktheit derselben ihren wesentlichen Unterschied von der relativen Causalität. „Gott schafft und die Menschen schaffen. Gott aber schafft, indem er das Nichtseiende zum Sein ruft, ohne daß er Etwas bedarf. Die Menschen aber bearbeiten die präexistirende Materie, nachdem sie zuvor zu Gott gefleht und die Kunst ihres Schaffens gelernt haben von dem, welcher Alles durch seinen eigenen Logos geschaffen hat.“ [3]) Davon, daß das Geschöpf seinem ganzen Sein nach aus Nichts ist, leitet Athanasius auch noch eine andere Folgerung ab. Er sagt:[4]) „Das Geschöpf muß nicht immer sein. Wenn es Gott auch möglich ist, immer zu schaffen, so können doch die geschaffenen Dinge nicht immer sein.“

Das nothwendig zu denkende Substrat alles Endlichen und Wandelbaren, die Materie, ist also vom Logos aus Nichts geschaffen. Daß nach Athanasius auch von Gott selbst nichts Substrat des Werdens sein könne, folgt aus seiner schon wiederholt hervorgehobenen Unterscheidung zwischen Gott und Welt.[5]) Es entsteht nun die Frage, wie dieses Schaffen aus Nichts näher zu fassen sei. Darüber jedoch erfahren wir bei Athanasius nichts Näheres. Er begnügte sich damit, den reinen Schöpfungsbegriff hervorzuheben im Gegensatz gegen alle pantheistischen und deistischen Anschauungen. Darin bestand auch die Aufgabe

---

[1]) c. Ar. II, 22.

[2]) Der letztere Satz scheint uns eingeschoben zu sein. Der Codex Seguerianus hat ihn auch wirklich gestrichen.

[3]) De decr. 11; cf. c. Ar. II, 21.

[4]) c. Ar. I, 29. Der Grund dessen liegt nach Athanasius darin, daß die Geschöpfe ἐξ οὐκ ὄντων sind. Es steht somit die Zeitlichkeit der Welt in einem nothwendigen Zusammenhange mit ihrer Schöpfung aus Nichts. Es war die Anschauung einer zeitlich anfangslosen und doch geschaffenen Welt der patristischen Zeit überhaupt fremd (Vgl. Schwane S. 117 und 278). In der That können wir, wenn wir analytisch von den Geschöpfen ausgehen, uns eine anfangslose Schöpfung gar nicht denken, wenn auch zugestanden werden muß, daß wir, in synthetischer Weise ausgehend von Gott, die Zeitlichkeit der Schöpfung sehr schwer begreifen.

[5]) c. Gent. 27—29.

der christlichen Philosophie in damaliger Zeit, die Lehre von der Schöpfung zu reinigen von allen Vorstellungen, welche die Welt als Theile Gottes betrachteten oder sie vom höchsten Gott unendlich trennten.

Die nähere Bestimmung der Schöpfung der Materie aus Nichts unterliegt überhaupt den größten Schwierigkeiten und ist im Wesentlichen noch nicht weiter gediehen als zur Zeit des hl. Athanasius. So nothwendig als die Vernunft, um den Widersprüchen des Pantheismus und Dualismus zu entgehen, auf die Schöpfung hingetrieben wird, ebenso schwer vermag sie den Inhalt dieses Begriffes zu fassen. Die Schöpfung ist eben eine absolute That, die auf absoluter Freiheit beruht und darum in ihrem letzten Grunde unbegreiflich.

Es braucht wohl kaum mehr darauf hingewiesen zu werden, daß durch die Lehre von der Schöpfung der Materie aus Nichts auch die Lehre von der Zeugung des Logos aus dem Wesen des Vaters wieder ein helleres Licht bekommt. Es liegt in der kirchlichen Lehre über die Zeugung und Schöpfung eine Ueberwindung jeglichen Pantheismus und Emanatianismus. Sie überwand diese beiden Doctrinen in der Weise, daß sie ebenfalls eine Wesensmittheilung Gottes lehrte, aber eine vollständige, wobei das Gezeugte dasselbe Wesen hat wie das Zeugende, aber außer jener Wesensmittheilung keine andere mehr zuließ, weil die erstere ja schon eine erschöpfende war.

4. Verhältniß des Logos zur Form.

Gleichwie der Logos zu fassen ist als absolute Causalität des Substrates alles Werdens, in gleicher Weise muß er auch bestimmt werden als absolute Causalität der Wesensformen aller einzelnen Dinge. Auch in dieser Beziehung enthält die geoffenbarte Lehre einen wesentlichen Vorzug vor der heidnischen Philosophie. Plato ließ die einzelnen Dinge entstehen durch Theilnahme an den Ideen, erklärte aber diese Theilnahme nicht näher. Aristoteles band die Formen an die Materie und ließ die einzelnen Dinge entstehen durch Bewegung der Materie zu dem ihr immanenten Zwecke, konnte aber das Verhältniß des Bewegten zum ersten Bewegenden nicht bestimmen. Die Stoiker konnten bei ihrer immanenten Zweckthätigkeit nicht erklären, wie der Zweck in das Universum gekommen. Die Neuplatoniker fanden keinen Grund für ihre verschiedenen Emanationen des Absoluten. Die Bibel aber behauptet nicht bloß eine

Schöpfung der Materie aus Nichts, sondern auch eine Schöpfung der einzelnen Dinge nach dem Bilde Gottes, also auch eine Schöpfung der Formen oder Wesenheiten der Dinge. Denn jenes Bild, das in den Geschöpfen sein soll, muß gefaßt werden als das, was das Ding zu dem macht, was es ist, mithin als Wesensform desselben. Auf dem Standpunkte der hl. Schrift steht auch der hl. Athanasius. Die Hauptstelle hiefür ist folgende:[1]) „Damit die gewordenen Dinge nicht blos beständen, sondern auch schön beständen, gefiel es Gott, daß seine Weisheit zu den Geschöpfen herabsteige, um einen Abdruck und Abglanz des (göttlichen) Bildes selbst allen Dingen insgesammt und jedem einzelnen insbesondere einzuprägen, damit die entstandenen Dinge als weise und Gottes würdige Werke sich zeigen. Die in uns befindliche Weisheit ist Bild des Sohnes, insofern er die Weisheit ist. Sie ist aber uns eingeschaffen, uns und allen Werken, und darum sagt die wahre und schöpferische Weisheit, indem sie das, was ihres Abdruckes ist, für sich beansprucht, der Herr schuf mich. Wegen seines in den Werken geschaffenen Bildes sagt also der Herr diese Worte." Eine Schwierigkeit könnte nur der Anfang dieser Stelle machen, indem man sehr leicht meinen könnte, das Einschaffen jenes Bildes vermöge einer Herablassung des Logos sei nicht nothwendig zur Existenz der Dinge überhaupt, sondern nur zu ihrer guten und schönen Existenz. Allein an einer andern Stelle[2]) sagt Athanasius auch wieder, daß „der Logos zu den gewordenen Dingen sich herablassen mußte, damit diese auch nur werden konnten. Denn sie hätten seine Natur, welche da der unvermischte väterliche Glanz ist, nicht ertragen können, wenn er nicht mit väterlichem Wohlwollen sich herabgelassen und der Geschöpfe angenommen und mit seiner Macht sie ins Dasein gerufen hätte." Wie dort die Erschaffung des Abbildes der göttlichen Weisheit in den Dingen, so wird hier die Erschaffung der Dinge selbst abhängig gemacht von einer Herablassung des Logos zu den Dingen. Die Anschauung des hl. Athanasius muß daher wohl folgende sein. Damit ein Ding wirklich existiren kann, braucht es in sich ein Abbild des Logos. Dieses wird ihm eingeschaffen durch einen Akt des Wohlwollens von Seiten des Logos, und das nemliche Abbild ist zugleich das Prinzip, welches das Ding zu dem macht, was es ist, also seine Idee oder Wesensform.

---

[1]) c. Ar. II, 78.
[2]) c. Ar. II, 64.

Weitere Andeutungen über das Verhältniß des Logos zur Materie und Form finden sich bei Athanasius nicht. Wohl aber finden sich bei ihm noch viele Bestimmungen des Verhältnisses des Logos zu den wirklichen Dingen.

5. Verhältniß des Logos zu den einzelnen Dingen.

1. In dieser Hinsicht ist vor Allem hervorzuheben, daß jedes einzelne Ding geschaffen ist nach dem Bilde Gottes und des Logos.[1]) In diesem Geschaffensein nach dem Bilde liegt eingeschlossen, daß die Dinge göttlichen Ideen entsprechen, aber nicht die göttliche Idee selbst nur in ihrer Verwirklichung sind. Denn sonst könnte Athanasius keineswegs sagen, „nur der Logos als göttliches Bild oder göttliche Idee konnte die Gnade jenes Geschaffenseins nach dem Bilde wieder gewinnen, aber kein Geschöpf, nicht einmal die Engel, weil diese keine Abbilder sind,"[2]) er hätte nicht sagen können, daß „niemand Anderer den Menschen mit dem Geiste hätte verbinden können, als das wahre Bild des Vaters, nach welchem wir im Anfange geworden sind."[3])

2. Auf das Dogma von der Schöpfung der einzelnen Dinge aus Nichts wendet ferner Athanasius den Begriff der Herablassung und auch der Parusie des Logos an. „Wie der Herr Logos und Weisheit des Vaters ist, so wird er auch, indem er zu den geschaffenen Dingen sich herabläßt behufs der Kenntniß und Begreifbarkeit des Vaters, absolute Heiligung und absolutes Leben.[4]) Durch die Parusie und das Wohlwollen des Logos wurden die Menschen, die ihrer Natur nach einst das Sein nicht hatten, ins Dasein gerufen.[5]) Es ist damit die Schöpfung vorgestellt als ein Erscheinen des Idealen im Realen und zwar in Folge einer Depotenzirung der Idee. Wie wir uns aber dieses zu denken haben, folgt aus der Anschauung des Athanasius von der Freiheit der Schöpfung und der blos abbildlichen Existenz des Göttlichen in der Welt. Es erscheint demgemäß in der Schöpfung eigentlich nicht die absolute Idee selbst, sondern nur ihr geschaffenes Bild

---

[1]) cf. c. Gent. 2, 8.

[2]) De inc. 13.

[3]) c. Ar. I, 49.

[4]) c. Gent. 47.

[5]) De inc. 4. p. 50 F: *Τῇ τοῦ λόγου παρουσίᾳ καὶ φιλανθρωπίᾳ εἰς τὸ εἶναι ἐκλήθησαν (οἱ ἄνθρωποι).*

und die Depotenzirung der Idee ist keine ihr Wesen afficirende physische, sondern nur eine ethische, auf freier Selbstbestimmung beruhende. Gerade das ist aber wieder eine der schwierigsten Fragen in der ganzen Schöpfungslehre, wie das Wesen Gottes trotz der an sich rein zufälligen Schöpfung keine Veränderung erfährt, oder mit anderen Worten, wie in Gott das zufällige Erkennen und Wollen der wirklichen Dinge mit dem nothwendigen Erkennen und Wollen der möglichen Dinge vereinbar sei, ohne daß er durch die wirkliche Welt in seiner innern Unveränderlichkeit erschüttert wird oder selbst an Vollkommenheit gewinnt, was auf dasselbe hinausgeht. Diese Frage wurde erst in der späteren Zeit viel verhandelt, allein man kommt wohl zu keinem andern Resultate, als daß das Wollen des für Gott Nothwendigen und des für ihn Zufälligen in ganz eigenthümlicher Weise verschieden seien, nemlich wie eine Kraft und die lebendige Bethätigung dieser Kraft nach einer bestimmten Richtung. Da aber für diese Bethätigung selbst kein Grund mehr gefunden werden kann, sondern sie in der lebendigen Einfachheit Gottes wurzelt, so wird sich auch die ganze Frage nie mit voller Klarheit lösen lassen.

3. Athanasius redet ferner sehr oft von einer Ausschmückung sowie einer Durchdringung der Welt durch den Logos. „Gott hat die Schöpfung in seiner Güte so ausgeschmückt durch seinen eigenen Logos, daß er, seiner Natur nach unsichtbar, wenigstens aus seinen Werken von den Menschen erkannt werden könnte.[1]) Aus der gleichen und ähnlichen Ordnung in den unähnlichen und entgegengesetzten Dingen kann man ferner erkennen, daß es Eine Kraft ist, welche das so ordnet und leitet, wie sie will,[2]) und welche die Menschen als Ordner und Leiter hätten erkennen können.[3]) Es erscheint Gott im Sohne, indem er hier das All durchdringt.“[4]) In Folge dieser Ausschmückung und Durchdringung des Universums kommen dem Logos auch verschiedene Namen zu. Gleichwie er wegen der Hervorbringung der Welt aus Nichts „Schöpfer und Demiurg“

---

[1]) c. Gent. 35.

[2]) c. Gent. 36.

[3]) De inc. 43.

[4]) c. Ar. III, 15. p. 565 A: *Φαίνεται ὁ θεὸς ἐν τῷ υἱῷ κατὰ τὸ διὰ πάντων διήκειν.*

heißt, so heißt er in letzterer Beziehung „Leiter des Universums,[1]) Beherrscher und Ordner und König,[2]) auch Anführer und Ordner".[3])

Wir haben hier sehr viele Anklänge an den stoischen Logos.[4]) Auch die Stoiker reden viel von einer Ordnung und Ausschmückung der Welt durch den samenartigen Logos.[5]) Durch ihn entsteht die Welt, er macht die Formen der Dinge aus und gibt ihnen ihren Halt. Philo nahm fast die ganze Lehre der Stoiker von der Bildung und Erhaltung der Welt durch den Logos in sein System auf. Abgesehen von der Transscendenz des obersten Gottes finden wir bei ihm ganz den stoischen Logos wieder. Der Logos erscheint als unzerreißbares Band, das Alles zusammenhält, er dringt ein in die Dinge und erfüllt sie und wirkt Alles in ihnen. Daß aber trotz dieser Aehnlichkeit der athanasianische Logos dennoch von dem stoischen und philonischen wesentlich verschieden sei, ist auf den ersten Blick erkennbar. Selbst wenn Athanasius nicht ausdrücklich den samenartigen Logos der Stoiker, weil er unbelebt sei, ohne Denkkraft und Einsicht,[6]) verworfen hätte, so wäre doch ersichtlich, wie weit sich seine Kosmologie von der pantheistischen der Stoiker unterscheidet. Bei Athanasius ist nemlich der Logos seinem Wesen nach transscendent, bei den Stoikern geht er in der Welt selbst auf.

Athanasius griff auch hier die vorliegenden Begriffe auf und übertrug sie auf die Wahrheiten des Glaubens. Er untersuchte aber die Grenzen ihrer Anwendbarkeit nicht näher und bekämpft auch in der Kosmologie kein philosophisches System. Daraus wird klar, warum wir bei ihm keine scharf abgegrenzten Begriffe angewendet finden auf das Wirken des Logos in der Welt.

4. Ein weiterer Begriff, durch welchen man sich das Verhältniß des Logos zur Welt klar zu machen suchte, war der Begriff der Vorsehung. Der Stoicismus redete viel von der Vorsehung des Logos, allein seinem pantheistischen Grundcharacter gemäß war seine Vorsehung nichts Anderes, als das dunkle Verhängniß, das absolute Fatum, das über Allem uner-

---

[1]) c. Gent. 29, p. 29 A: Ἡγεμὼν καὶ δημιουργὸς τοῦ παντός.

[2]) c. Gent. 38. p. 36 E: Ἄρχων καὶ κοσμήτωρ καὶ βασιλεύς.

[3]) De inc. 54. p. 94 D: Χορηγὸς καὶ δημιουργός.

[4]) Vgl. Ritter II, 49 ff. Cf. Heinze's Darstellung der stoischen Logoslehre (a. a. O. S. 79—172).

[5]) λόγος σπερματικός.

[6]) c. Gent. 40.

faßbar steht, Alles in sich verschlingt und wieder aus sich entläßt nach einem planvollen oder besser planlosen Zwecke.[1]) Der Begriff einer **eigentlichen Vorsehung** ist ein spezifisch christlicher und wurde im Heidenthume nicht gekannt.

Athanasius redet sehr viel von der **Vorsehung**, indem er die christliche Idee der Vorsehung für Alles und für jedes Einzelnding ausmalt durch die verschiedenen Begriffe der stoischen Fatumslehre. „Da Gott gut ist, so beherrscht und erhält er durch seinen Logos, der gleichfalls Gott ist, die ganze Schöpfung, damit sie, durch Führung, **Vorsehung** und Ordnung des Logos erleuchtet, unerschütterlich zu beharren im Stande sei.“[2]) „Durch sie wird Alles erleuchtet und belebt und hat sein Sein und wird beherrscht.“[3]) „Der Vater sorgt durch seinen Sohn und in ihm für die Schöpfung,“[4]) „er wirkt in ihm die Vorsehung und das Heil für das ganze Universum,[5]) er sorgt für Alles, auch für das Kleinste, wie das Haar des Hauptes und den Sperling und das Gras des Feldes.[6]) Aus dieser Vorsehung und Leitung hätten die Menschen Gott erkennen sollen,[7]) und es wäre die Schöpfung hinreichend gewesen zu der Kenntniß, daß es einen Gott und eine Vorsehung gibt.“[8]) Diese Vorsehung des Logos durch Alles und für Alles läßt Athanasius auch von der ganzen hl. Schrift bestätigt werden.[9])

5. Auf Grund der bisherigen Bestimmungen kann nun Athanasius sich folgendermaßen aussprechen.[10]) „Wie der Tonkünstler eine Leier stimmt und die tiefen Töne mit den hohen und die mittleren mit den übrigen kunstvoll verbindet und dadurch Eine Melodie zum Vortrage bringt, so bringt auch die Weisheit Gottes Eine Welt und in dieser eine wohlgefügte Ordnung zu Stande. Alles wird gemäß seiner Natur durch den Logos zum Leben und zum Bestande gebracht und eine wundervolle und wahrhaft

---

[1]) Es ist diese Vorsehung das „ewig verschlingende, ewig wiederkäuende Ungeheuer“ Göthe's (im Werther).

[2]) c. Gent. 41.

[3]) De inc. 41.

[4]) In illud 1.

[5]) c. Ar. II, 24.

[6]) c. Ar. II, 25.

[7]) De inc. 14.

[8]) c. Ar. II, 32.

[9]) c. Gent. 46. Er beruft sich auf Ps. 118, 91; 146, 7; 32, 6 u. 9; Gen. 1, 26; Prov. 8, 27; Joh. 5, 19; Rom. 11, 36.

[10]) c. Gent. 42—43.

göttliche Harmonie bringt er zuwege. Wie der Dirigent den Gesangchor und alle einzelnen Stimmen leitet, so daß alle auf sein Zeichen hin ihre Stimme erschallen lassen, oder wie unsere Seele alle Sinne nach dem Vermögen eines Jeden in Thätigkeit setzt, so daß bei Einer Sache alle zugleich in Bewegung kommen, oder wie ein Fürst durch seine Anwesenheit in einer großen Stadt alle Einwohner derselben zu einem organischen Gemeinschaftsleben lenkt und zusammenhält, in gleicher Weise wird durch Einen Wink des göttlichen Logos Alles geordnet und vollbringt Jedes, was ihm zukömmt."

In einer wahrhaft rhetorischen, fast überschwenglichen Weise schildert uns Athanasius an diesen Stellen die wunderbare Wirksamkeit des Logos in der Welt. Alles wirkt er, und da die einzelnen Dinge nach seinem Bilde geschaffen sind und Kraft und Macht von ihm bekommen,[1]) so ist die Schönheit der Weltharmonie ein Bild der innern Schönheit des Logos und eine Ausstrahlung seines innern Glanzes.

Der Logos ist, wenn wir das Ganze kurz fassen, der Welt gegenüber „(absolute) Heiligung und absolutes Leben, Thüre, Hirte, Weg, König, Führer, in Allem Heiland, Lebendigmacher, Licht und Vorsehung für alle Dinge." [2])

6. Stellen wir jetzt zum Behufe einer Kritik alle Seiten der Weltentstehungslehre des hl. Athanasius zusammen, so hat nach ihm Gott durch den Logos die Welt ihrem ganzen Sein nach, d. h. mit dem Substrate alles Werdens, aus Nichts geschaffen und zwar aus freier, mittheilender Liebe und Herablassung. Die einzelnen Dinge sind geschaffen nach dem Bilde des Logos und haben für sich selbst als ihre Wesensform ein Abbild, so zu sagen ein Bruchstück des Bildes Gottes, des Logos. Dieser Logos wirkt auch nach der Schöpfung fortwährend ordnend und leitend und versorgend in der Welt, welch letztere Thätigkeit des Logos in ganz begeisterter, hoch rhetorischer Weise geschildert wird.

Bevor man an eine Kritik dieser Seite der athanasianischen Logoslehre geht, muß man vor Allem bedenken, daß Athanasius niemals eine

---

1) c. Gent. 46. p. 45 F: *Δύναμις ὢν τοῦ πατρὸς τὰ ὅλα εἰς τὸ εἶναι ἰσχυροποίει.*

2) c. Gent. 47. p. 46 C: *Γίνεται αὐτοαγιασμὸς καὶ αὐτοζωὴ καὶ θύρα καὶ ποιμὴν καὶ ὁδὸς καὶ βασιλεὺς καί ἡγεμὼν καὶ ἐπὶ πᾶσι σωτὴρ καὶ ζωοποιὸς καὶ φῶς καὶ πρόνοια τῶν πάντων.*

eigentliche Kosmologie schreiben wollte. In der Schrift gegen die Heiden und über die Menschwerdung des Sohnes Gottes wollte er zunächst nur eine Apologie des Christenthums und des Christenglaubens geben [1]) und kam daher nur secundär auf die Schöpfung zu sprechen, [2]) in seinen Streitschriften gegen die Arianer war es ihm gleichfalls nur um Christus zu thun, [3]) und nur secundär kam er auch hier auf die Schöpfung und die Welt zu sprechen, um ihren Unterschied von der Zeugung und dem Sohne herauszustellen. Es gingen überhaupt alle Untersuchungen seiner Zeit unter in der Einen großen Frage über die Trinität und die Person des Erlösers.

Diese secundäre Bedeutung, welche in der Zeit des hl. Athanasius der Lehre von der Weltschöpfung zugemessen wurde, brachte es auch mit sich, daß man sie wenig entwickelte, sondern nur die Lehre der hl. Schrift und der Kirche einfach aussprach.

Im Einzelnen vermissen wir bei Athanasius ganz besonders eine nähere Bestimmung des Begriffes der Materie. Er sagt zwar, sie sei geschaffen, allein dadurch enthält der mit der Materie verbunden gedachte Begriff des Räumlichen und Zeitlichen, der Vielheit und des Naturgesetzes im Gegensatz gegen das Unräumliche und Unzeitliche, durch Zahl und Maaß nicht Bestimmbare des Formprincips keinerlei Aufklärung. Es entsteht vor Allem die Frage, wie die Materie beschaffen sein muß, um mit der Form sich auch nur verbinden zu können, und wie diese Verbindung selbst vor sich geht. Darüber erfahren wir bei Athanasius Nichts.

In gleicher Weise läßt uns Athanasius im Unklaren über das Wesen der Form. Er sagt zwar, ein Bild des Logos sei in die Dinge hineingeschaffen, und deutet damit eine sehr tiefe speculative Anschauung an, aber er sagt uns Nichts über das Wesen dieses Bildes, Nichts über seine Vereinigung mit der Materie, ja er drückt sich hierüber an der Hauptstelle [4]) so unbestimmt aus, daß wir nicht einmal nothwendig unter jenem Bilde die Wesensform der Dinge denken müssen, sondern ebenso gut nur eine accidentelle Form denken könnten, die nur zum schon seienden Dinge hinzukommt, um es gut und schön zu machen.

---

1) Vgl. c. Gent. 1.

2) De inc. 4.

3) c. Ar. I, 1.

4) c. Ar. II, 78.

Sehen wir ferner auf die Erhaltung und Regierung der Welt durch den Logos, so drückt sich Athanasius allerdings folgendermaßen aus:[1]) „Da Gott sah, daß die ganze geschaffene Natur nach ihrer eigenen Anlage hinfällig und auflösbar sei, so ließ er, damit ihr das nicht widerfahre und das Ganze nicht wieder in das Nichtsein aufgelöst werde, nachdem er Alles durch seinen eigenen Logos geschaffen und der Schöpfung ihr Wesen verliehen hatte, nicht zu, daß sie, ihrer eigenen Natur und den Stürmen ausgesetzt, Gefahr liefe, wieder in Nichts zu versinken, sondern in seiner Güte beherrscht und regiert er Alles durch seinen Logos." Es ist hier wohl die Nothwendigkeit einer Welterhaltung ausgesprochen, allein weiter finden wir auch hierüber Nichts.

Diese Lücken, welche Athanasius unausgefüllt ließ, mußte die spätere Wissenschaft zu ergänzen suchen. Allein befriedigende Resultate über Materie und Form und ihre Vereinigung zu einem Individuum hat das ganze Mittelalter nicht herausgebracht. Auch die neuere Philosophie hat das Geheimniß der Materie noch nicht widerspruchsfrei enthüllt. Wir haben eben in der Materie ein in absoluter Freiheit Gesetztes, das außer seinem Gesetztsein noch gar nichts bestimmtes Wirkliches ist und darin liegt ihre Unerfaßlichkeit.

Kurz ausgedrückt ist es das Verhältniß der absoluten Causalität, in welchem der Logos zur Welt steht. Darin liegt eingeschlossen, daß der Logos Grund der Welt ist ihrem ganzen Sein nach, ferner liegt eingeschlossen, daß die Welt auch nach ihrer Schöpfung für sich Nichts vermag, denn es hieße den Logos in die Veränderlichkeit herabziehen, wenn er nur Einmal Causalität war und nicht es in jedem Augenblicke bleibt. Es hieße die Causalität selbst aufheben, wenn nicht der fortgehende Bestand der Welt durchaus und in jedem Augenblick von ihr abhängt. Es wäre also eine Verkleinerung der Allvollkommenheit des Logos, wenn die Welt auch nur einen Augenblick aus sich forteristiren könnte. Diese Sätze müssen aus der Logoslehre des hl. Athanasius gefolgert werden, wenn er auch selbst nicht in allweg diese Schlüsse zog.

II. Das Verhältniß des Logos zum Menschen.[2])

Die Schöpfung und Einrichtung der Welt durch den Logos hat nach Athanasius den Zweck, daß durch sie „der Mensch zur Kenntniß des

[1]) c. Gent. 41.

[2]) Vgl. Voigt S. 104 ff.

Logos und des Vaters gelangen soll." [1]) Sie hat also ihren nächsten und unmittelbaren Zweck im Menschen, wenn sie auch ihrem Hauptzwecke nach nicht um des Menschen willen allein da ist. Wir müssen daher auf den Menschen selbst näher eingehen, und auf das Verhältniß des Logos zu ihm.

1. Der Mensch als Geschöpf des Logos.

Der Mensch ist seinem ganzen Sein nach von Gott durch den Logos geschaffen. [2]) In dieser Hinsicht steht der Logos auch zu ihm im Verhältniß der absoluten Causalität. In diesem Geschaffensein liegen auch alle jene Merkmale, welche das Geschöpf überhaupt von Gott und vom Logos so wesentlich unterscheiden.

Im Einzelnen finden sich bei Athanasius alle Sätze der Anthropologie, wie sie zum großen Theile erst durch das Christenthum Gewißheit erlangt haben.

Vor Allem sucht Athanasius den reellen Unterschied der Seele vom Leibe zu beweisen gegenüber jenen, welche den Menschen für nichts Höheres halten, als seine sichtbare Gestalt. [3]) Er beruft sich hiebei ganz besonders auf die vernünftigen Thätigkeiten der Seele, auf ihr Erkennen des außer ihr Seienden, auf ihr Erkennen alles Seienden, auf ihr Erkennen des Ewigen und Unsterblichen. [4])

Außer dieser Seele und dem von ihr wesensverschiedenen Körper gibt es keinen dritten Wesensbestandtheil des Menschen. Zwar unterscheidet Athanasius von der Seele den Verstand, [5]) allein daß letzterer nur als eine Kraft der Seele aufzufassen ist, ergibt sich ganz deutlich aus seiner Bekämpfung des Trichotomismus gegenüber Apollinaris. Er sagt: [6]) „Es ist zu unterscheiden zwischen dem äußeren und innern Menschen, der innere Mensch aber ist die Seele, das beweist die erste Bildung des Menschen und die kommende Auflösung desselben. Auch im Tode Christi zeigt sich dieses, indem sein Leib bis zum Grabe, seine Seele aber in die Unterwelt hinabkam, also beide an verschiedene Orte, um auf Erden die Menschen,

---

[1]) Cf. c. Gent. 40; c. Ar. I, 12; II, 78.

[2]) c. Gent. 2, 8; de inc. 2 etc.

[3]) c. Gent. 30 p. 29 E: *Οἴονται μηδὲν πλέον εἶναι τὸν ἄνθρωπον ἢ τὸ φαινόμενον εἶδος τοῦ σώματος.*

[4]) c. Gent. 31—32; vgl. hierüber Ritter (l. c.) II, 37. Stöckl (Geschichte d. Philosophie d. patristischen Zeit) S. 270 ff.

[5]) *Νοῦς* c. Gent. 26, 30. Cf. Stöckl, a. a. O S. 273.

[6]) c. Ap. I, 13—14.

dort aber die Seelen der Verstorbenen zu erlösen. Einen dritten Strafort gibt es nicht, also kann man auch die Menschheit nicht in drei Theile zerlegen." „Es besteht demnach der ganze Mensch aus einer vernünftigen Seele und aus dem Leibe."[1])

Die vernünftige Seele ist weiterhin unsterblich,[2]) was Athanasius ganz platonisch, aber nicht stichhaltig beweist; sie ist frei in ihrem Wollen, was daraus hervorgeht, daß die Existenz des Bösen vom Menschen abhängt;[3]) daß er durch eigene Schuld allmählig in die Sinnlichkeit versank,[4]) daß er auch nach dem Falle sich noch zum Guten und Schlechten hinneigen kann[5]) u. s. w.

2. Das höhere geistige Leben des Menschen.

1. Außerdem, daß der Mensch ein Geschöpf des Logos ist, wie alle übrigen Dinge, hat er vor diesen noch sehr Vieles voraus. Denn „unter allen Geschöpfen auf Erden erbarmte sich Gott insbesondere des Menschengeschlechtes und da er sah, daß es seiner eigenen Anlage nach nicht immer beharren könnte, so verlieh er ihm aus Gnade ein Höheres und schuf nicht, wie alle unvernünftigen Thiere auf Erden, auch die Menschen, sondern nach seinem Bilde erschuf er sie, indem er ihnen von der Kraft seines eigenen Logos mittheilte, damit sie so eine Art Schatten des Logos hätten und logisch geworden in seligem Zustande verbleiben und ein wahres und heiliges Leben im Paradiese führen könnten."[6]) „Gott hat uns nicht bloß aus Nichts erschaffen, sondern auch ein göttliches Leben uns durch die Gnade des Logos verliehen."[7]) „Gott hat den Menschen nach seinem Bilde erschaffen, und durch die Aehnlichkeit mit ihm ihn fähig gemacht, das Seiende zu schauen und zu erfassen, indem er ihm den Gedanken und die Kenntniß seiner eigenen Ewigkeit verlieh, auf daß er seine Identität[8]) bewahrend, weder von der Vorstellung

---

[1]) c. Ap. I, 15: *Λογικὴ ψυχὴ καὶ σῶμα.*

[2]) c. Gent. 33. Vgl. Ritter II, 42.

[3]) c. Gent. 2.

[4]) c. Gent. 3.

[5]) c. Gent. 4.

[6]) De inc. 3.

[7]) De inc. 5. p. 51 C: *Ὁ θεὸς οὐ μόνον ἐξ οὐκ ὄντων ἡμᾶς πεποίηκην, ἀλλὰ καὶ τὸ κατὰ θεὸν ζῆν ἡμῖν ἐχαρίσατο τῇ τοῦ λόγου χάριτι.*

[8]) Wie schon oben bemerkt, ist *ταυτότης* hier nichts Anderes, als das Bild des Logos im Menschen.

des wahren Gottes abirre, noch aus der Lebensgemeinschaft mit den Heiligen scheide, sondern im Besitze der Gnade des Gebers und der vom väterlichen Logos ihm verliehenen Kraft sich freue und mit Gott verkehre in einem unversehrten, wahrhaft glücklichen und unsterblichen Leben. Da ihn Nichts hindert an der Kenntniß Gottes, so schaut er fortwährend in seiner eigenen Reinheit das Bild des Vaters, den göttlichen Logos, nach dessen Bilde er geworden, und wird mit großem Staunen erfüllt, wenn er die durch ihn über Alles sich erstreckende Vorsehung erblickt."[1]) Dieser geistige Verkehr mit Gott und den Heiligen, diese Betrachtung des Geistigen ist nach Athanasius jener Zustand, den Moses bildlich das Paradies nennt.[2])

Den Grund der Mittheilung jenes höheren Lebens gibt uns Athanasius in folgender Weise an:[3]) „Da Gott das Menschengeschlecht durch seinen Logos machte und wieder die Schwäche ihrer Natur sah, daß sie nicht im Stande wäre, aus sich den Baumeister zu erkennen, noch überhaupt eine Erkenntniß Gottes zu erlangen, da hatte er wieder Erbarmen mit dem Menschengeschlechte, da er gut war, und wollte ihnen seine Erkenntniß nicht vorenthalten, damit nicht auch ihr Dasein ohne Sinn wäre. Denn welchen Gewinn haben die Geschöpfe, wenn sie ihren Schöpfer nicht erkennen? Oder wie wären sie vernünftig (logisch), wenn sie den Logos des Vaters nicht erkennen würden, in dem sie geworden sind? Wozu schuf Gott solche, von denen er nicht erkannt werden wollte? Damit also dieses nicht geschehe, ließ er in seiner Güte sie theilnehmen an seinem eigenen Bilde, an unserem Herrn Jesus Christus, und gestaltete sie nach seinem Bild und Gleichniß, damit sie durch diese Gnade das Bild erkennen, nämlich den Logos des Vaters und durch dasselbe die Kenntniß des Vaters erlangen können und in der Erkenntniß ihres Schöpfers ein glückliches und wahrhaft seliges Leben führen."

2. Es entsteht nun aber die Frage, was denn dieses Geschaffensein nach dem Bilde des Logos bedeuten soll, namentlich ob darunter eine natürliche oder übernatürliche Gabe zu verstehen sei.[4]) Zu

---

[1]) c. Gent. 2.

[2]) c. Gent. 2.

[3]) De inc. 11.

[4]) Voigt (S. 107) sagt, das Bild des Logos war nicht ein donum superadditum der menschlichen Natur, sondern die menschliche Natur in ihrer Centralität selbst. Möhler (I, 137) erklärt es als „die vernünftige, geistige Natur". Nach dem S. 142 Gesagten kann es aber Möhler nur von den natürlichen und übernatürlichen

diesem Zwecke müssen wir vor Allem sehen, ob und wie jene Gnadengabe auch nach der Sünde des Menschen noch fortbestand. „Denn die Uebertretung des Gebotes brachte die Menschen auf den Zustand ihrer Natur zurück.“ [1]) Was demgemäß der Mensch auch nach dem Falle noch besaß, das war für ihn natürlich, was er verlor, das war ihm zur Natur hinzu verliehen.

Nun aber behauptet Athanasius, auch die Heiden seien als Menschen beseelt und vernünftig (logisch) ihrer Natur nach, [2]) er redet oft von dem Vernünftigen (Logischen) der Seele und hält im Gegensatze zu diesem den Götzendienst und die verschiedenen Götzen für unvernünftig (unlogisch). [3]) Er behauptet, auch nach der Sünde vermöge die Seele und ihr Nus aus sich Gott zu schauen und zu erkennen, [4]) sie habe nicht von außen, sondern aus sich selbst die Kenntniß und das Erfassen des göttlichen Logos, [5]) der Mensch sei eben immer vernünftig und unsterblich. [6])

Könnte es nach diesen Stellen scheinen, das Geschaffensein nach dem Bilde des Logos sei etwas Natürliches, so drückt sich Athanasius auch wieder ganz anders aus, wenn er z. B. sagt: [7]) „Durch die Sünde verdarb das Menschengeschlecht und es ging der vernünftige, nach dem Ebenbilde geschaffene Mensch zu Grunde, als der Tod immer mehr an Macht zunahm und das Verderben unter den Menschen fortdauerte. So hätten die einmal entstandenen vernünftigen und am Logos selbst theilnehmenden Wesen zu Grunde gehen müssen.“ „Durch die Uebertretung geriethen die Menschen in das Verderben, und verloren die Gnade des Ebenbildes.“ [8]) Damit dieses Ebenbild wieder erneuert werden konnte,

---

Gaben verstehen. Vgl. Möhler II, 283. — Stöckl (S. 274) versteht das Geschaffensein nach dem Bilde Gottes von dem höhern Leben der Gnade, dem Leben aus Gott und in Gott. -- Schwane (S. 565) bezeichnet es als etwas Uebernatürliches, das sich bei dem Urmenschen im Paradiese an die Natur anschloß, um dieselbe zu vollenden.

[1]) De inc. 4. p. 50 E: *Ἡ παράβασις τῆς ἐντολῆς εἰς τὸ κατὰ φύσιν αὐτοὺς ἐπέστρεφεν.*

[2]) c. Gent. 13: *ἔμψυχοι καὶ λογικοὶ κατὰ φύσιν.*

[3]) c. Gent. 19, 20.

[4]) c. Gent. 30. cf. c. Gent. 26, 34.

[5]) c. Gent. 33.

[6]) c. Gent. 31--34.

[7]) De inc. 6.

[8]) De inc. 7.

mußte das eigene Bild Gottes, unser Erlöser Jesus Christus, zu uns kommen, denn durch den Menschen konnte dieses nicht geschehen.[1])

3. Diese letzteren Stellen scheinen mit den zuerst angeführten ganz und gar im Widerspruch zu stehen. Allein wenn wir die Lehre des Athanasius genauer betrachten, so finden wir doch auch Anhaltspunkte zu einer Vermittlung. Die ganze Seligkeit und den ganzen Werth des Menschen sieht Athanasius in der Kenntniß Gottes, diese geht durch die Sünde verloren, aber nicht mit Einem Male, sondern nur allmählig. Wie Einer, sagt Athanasius,[2]) der in eine Tiefe getaucht ist, und deßhalb das Licht ober ihm und das, was durch das Licht erleuchtet wird, nicht mehr sieht, darum glauben würde, daß Nichts als dieses vorhanden, so bildeten sich auch die thörichten Menschen, indem sie sich in die fleischlichen Lüste und Vorstellungen versenkten, und ihre Einsicht und Erkenntniß Gottes vergassen, die sinnlichen Erscheinungen als Götter ein. Wie oben nach dem angeführten Gleichnisse diejenigen, welche in eine Tiefe tauchen, je weiter sie abwärts dringen, in desto dunklere und tiefere Stellen gerathen, so begegnete Aehnliches auch dem Menschengeschlechte.

Wie die Seele, je mehr sie sich in die Sinnlichkeit verliert, desto mehr von der Kenntniß Gottes und damit von ihrer wahren Seligkeit abkömmt, so kann sie auch wieder zurückkehren zu Gott, wenn sie jeden Schmutz der Begierlichkeit, mit dem sie sich bedeckt, ablegt, und solange abwäscht, bis sie alles Fremdartigen, das ihr anklebt, sich entledigt hat und in ihrer ursprünglichen Gestalt ohne Beimischung hergestellt ist. Hat sie alles angehäuften Sündenschmutzes sich entledigt, und bewahrt sie die Reinheit des Bildes, so schaut sie den Logos des Vaters und erfaßt in ihm den Vater.[3])

Demgemäß muß die Anschauung des hl. Athanasius wohl dahin gehen, daß der Mensch die Kenntniß Gottes und die in ihr eingeschlossenen Gaben gewissermaßen noch der Potenz nach besaß. Den endgiltigen Besitz dieser Gaben bringt Athanasius in Zusammenhang mit dem ethischen Verhalten des Menschen. Darum konnte er sagen:[4])

---

1) De inc. 13.

2) c. Gent. 8.

3) c. Gent. 34.

4) c. Ar. II, 68. p. 536 C: *Ὁ Ἀδὰμ πρὸ τῆς παραβάσεως ἔξωθεν ἦν λαβὼν τὴν χάριν καὶ μὴ συνηρμοσμένην ἔχων αὐτὴν τῷ σώματι.*

„Adam empfing vor der Uebertretung die Gnade von außen und hatte sie nicht als eine mit dem Körper verbundene."

4. Damit sind wir aber über die Schwierigkeiten der athanasianischen Urzustandslehre noch nicht hinaus. Es frägt sich, inwieweit das ethische Verhalten des Menschen Einfluß hat auf den Besitz und die Zerstörung der Gaben, welche die Theilnahme am Logos gewährt. Hier nun scheint uns die Anschauung des hl. Athanasius folgende zu sein: Die ursprünglich dem Menschen gewährte Kraft des göttlichen Logos enthielt in sich alle seine Vorzüge vor den unvernünftigen Wesen, sowohl die übernatürlichen als auch die natürlichen. Sie gewährte ihm reines Gottesbewußtsein, Seligkeit, moralische Güte, richtige Anschauung von der sinnlichen Welt, Zuversicht der Unsterblichkeit, Alles, wie wir es auf natürliche und übernatürliche Weise besitzen können. Diese Vorzüge sollte der Mensch durch rechten Gebrauch seiner Freiheit zu seinem bleibenden und unentreißbaren Eigenthum machen. Da er aber sündigte, so verlor er an jenen Vorzügen allmälig, was übernatürlich war und behielt nur mehr zurück, was von ihnen natürlich war. Uebernatürlich war davon die moralische Güte einerseits, das richtige Bewußtsein und der richtige Gebrauch der Vernünftigkeit und Unsterblichkeit[1]) andrerseits, natürlich Vernünftigkeit und Unsterblichkeit[2]) überhaupt. Auf diese Weise erklären wir es uns, daß Athanasius einerseits auch dem gefallenen Menschen noch Vernünftigkeit und Unsterblichkeit zuschreibt, während er andrerseits den Tod und das Verschwinden des Vernünftigen im Menschen als Folge der Sünde bezeichnet.

Was die Unsterblichkeit insbesondere betrifft, so dachte sich Athanasius auch die leibliche Unsterblichkeit als ursprünglich dem Menschen gegeben. Darauf deutet hin, daß er als Strafe der Sünde gewöhnlich die Verwesung[3]) bezeichnet. Dasselbe ist angedeutet, wenn Athanasius die Unverweslichkeit erklärt als „das Frohlocken und die Freude, welche

---

[1]) Athanasius findet darum gerade darin eine Strafe des Wahnsinns der Heiden, daß sie sich zu den unvernünftigen Wesen rechnen. c. Gent. 34.

[2]) Ueber die Frage, ob nach den Vätern die Unsterblichkeit eine natürliche oder übernatürliche Gabe gewesen, vgl. Berlage, Dogmatik Bd. IV. S. 260—63. Die gleiche Frage gilt auch hinsichtlich der Engel; nämlich ob ihre Unsterblichkeit natürlich ist oder nicht. Diese Frage wird z. B. behandelt von Vasquez, de angelis disp. 182, Suarez, de angelis, lib. I, c. 9—10.

[3]) φθορά, z. B. de inc. 4, 5 etc.

die Heiligen nach ihrer Auferstehung in Christo genießen werden.“ [1])

Die Sünde zog darum einen dreifachen Tod des Menschen nach sich, nemlich den metaphorischen Tod seiner Seele, den physischen Tod seines Leibes und den moralischen Tod seiner Erkenntnißkraft, indem diese sich nicht mehr in der rechten Weise bethätigte, sie konnte aber nicht mehr das unsterbliche Leben und die Vernünftigkeit der Seele überhaupt ertödten.

Kann in dieser Weise schon aus den Jugendschriften des Athanasius ein Unterschied zwischen natürlichen und übernatürlichen Gaben des Menschen gefunden werden, so wurde er zu dieser Unterscheidung noch mehr genöthigt in seiner Polemik gegen die Arianer. Er mußte nemlich hier zeigen, daß Vieles uns nur aus Gnade zukomme, was dem Sohne von Natur aus eigen sei. Einen solchen Unterschied findet Athanasius in Deut. 32, wo es heißt, daß Gott den Menschen geschaffen und dann gezeugt habe (während dieses beim Logos nicht der Fall ist). „Mit »Schaffen« nun, fährt er weiter, bezeichnet Moses den natürlichen Zustand der Menschen, denn sie sind Werke und gemachte Wesen, mit »Zeugen« gibt er die Liebe Gottes gegen die Menschen nach ihrer Erschaffung zu erkennen. Gott schuf sie nicht bloß als Menschen, sondern nannte sie als Erzeuger auch Söhne.“ Mit Rücksicht auf Joh. 1, 12—13 sagt dann Athanasius weiter: „Das Wort »Werden« gebraucht Johannes, weil die Menschen nicht von Natur, sondern durch Annahme Söhne werden, daß Wort »Zeugen« aber, weil sie überhaupt den Namen Sohn empfangen haben. Darin besteht die Güte Gottes, daß er denjenigen, deren Schöpfer er ist, durch seine Gnade später auch Vater wird. Er wird es aber, wenn die geschaffenen Menschen den Geist seines Sohnes in ihre Herzen aufnehmen, der da ruft: Abba, Vater. Sie, die von Natur aus Geschöpfe sind, können auf keine andere Weise Söhne werden, als wenn sie den Geist des natürlichen und wahren Sohnes aufnehmen.“ [2]) Weiter sagt Athanasius: [3]) „Nur wegen

---

[1]) Exp. in ps. 15. v. 10. p. 1026 B: *Τὴν τέρψιν καὶ τὴν εὐφροσύνην, ἥτις ἐστιν ἡ ἀφθαρσία λήψονται οἱ ἅγιοι μετὰ τὸ ἀναβιῶναι κατὰ τὸν τῆς ἀναστάσεως καιρόν.* Demgemäß bestünde dann ein Unterschied zwischen *ἀθανασία*, der Unsterblichkeit der Seele, und *ἀφθαρσία*, der körperlichen Unverweslichkeit.

[2]) c. Ar. II, 58—59.

[3]) c. Ar. III, 10.

des uns innewohnenden Bildes und der uns innewohnenden Herrlichkeit Gottes, welche da sein Logos ist, haben wir die Gnade der Berufung, daß wir Bild und Herrlichkeit Gottes heißen." „Nur durch seinen in den Menschen wohnenden Logos wird Gott, der Schöpfer der Menschen, später auch ihr Vater."[1]) „Wegen des uns einwohnenden Sohnes heißt Gott unser Vater. Der Sohn in uns ruft seinen Vater an und macht, daß er unser Vater genannt wird. Gewiß, in deren Herzen der Sohn nicht ist, deren Vater kann Gott nicht genannt werden."[2])

Man könnte nun meinen, eine Sohnschaft in diesem Sinne werde erst mit der Menschwerdung möglich, allein Athanasius beweist gerade damit die Ewigkeit des Sohnes, daß auch schon im alten Bunde die Rede sei von Söhnen Gottes. Es muß diese Sohnschaft dem Wesen nach geradezu zusammenfallen mit der ursprünglich dem Menschen gewährten Theilnahme am göttlichen Logos. Denn wenn der Logos erschien, um die ursprüngliche Gestaltung des Menschen wieder herzustellen, wie später ausführlicher gezeigt werden soll, so muß das, was er für uns gewonnen, mit dem zusammenfallen, was wir verloren.[3])

5. Handelt es sich um eine Kritik der vorgetragenen athanasianischen Lehre, so müssen wir vor Allem beherzigen, daß man zur Zeit des hl. Athanasius in der orientalischen Kirche noch keine speziellen Untersuchungen über anthropologische Fragen angestellt hatte. Man hatte sich nur den Gnostikern und Manichäern gegenüber gezwungen gesehen, die Freiheit des Menschen zu betonen, aber gerade dieses konnte sehr leicht in eine pelagianisirende Richtung treiben.

Aber auch ein entgegengesetzter Einfluß konnte auf die Entwicklung der christlichen Lehre ausgehen von der heidnischen Philosophie. Sowohl der Pantheismus als insbesondere der damals herrschende Dualismus betrachtete den Menschen als etwas Unvollkommenes, das in sich den Grund der Wandelbarkeit und Vergänglichkeit nothwendig

---

[1]) c. Ar. II, 61.

[2]) c. Ar. IV, 22.

[3]) Ein Unterschied liegt nur darin, daß nach unserer Auffassung die ursprüngliche Theilnahme am Logos sowohl die übernatürlichen als auch die natürlichen Gaben des Menschen in sich schloß, während die spätere Sohnschaft bloß die übernatürlichen in sich begreift. Ob die Sohnschaft ihrerseits an übernatürlichen Gaben etwas voraus hat, hängt von der Frage ab, inwieweit die Menschwerdung nicht bloß welterlösenden, sondern auch weltvollendenden Charakter hat.

trage und höchstens durch ein verzweiflungsvolles Sichselbstaufgeben in die Gottheit Ruhe finden könne. Dieses Gefühl der menschlichen Unvollkommenheit konnte auch in der Theologie Platz greifen, während man andererseits auch wieder die dem Menschen im Christenthum gewordene Auszeichnung möglichst hoch anschlagen zu müssen glaubte. In dieser Weise konnte unter dem Einfluß des heidnischen Pessimismus gerade im Interesse des Christenthums die natürliche Vollkommenheit des Menschen zu tief herabgedrückt werden.

Athanasius scheint unter dem Einflusse solch' pessimistischer Anschauungen seine Sätze von dem gänzlichen Unvermögen des Menschen als bloßem Geschöpf niedergeschrieben zu haben.

Auf den gleichen Einfluß müssen wir es zurückführen, wenn Athanasius auch den Besitz der geistigen Gaben fortwährend unsicher erscheinen läßt und deßhalb die Menschwerdung fordert,[1]) wie wir später noch sehen werden.

Andererseits ist aber auch seine Darstellung des höhern Lebens des Menschen zu platonisch gefärbt. Sein Schauen des Göttlichen und Erfassen des Geistigen und Himmlischen erinnert zu sehr an das platonische Schauen der Ideen.[2]) Es hat diese Anwendung platonischer Begriffe auf die christliche Lehre einen doppelten Mangel zur Folge. Fürs Erste begegnet uns bei ihm ein fühlbarer Mangel an Ausscheidung zwischen natürlichen und übernatürlichen Gaben des Menschen. Auf seinem intuitiv-mystischen Standpunkte verbindet nämlich Athanasius, wie anderwärts, so auch hier, das Natürliche und Uebernatürliche gleich von vornherein und faßt beides zusammen auf unter der (platonischen) Idee des Guten. Da er aber doch bald mehr das Natürliche, bald mehr das Uebernatürliche im Menschen hervorheben mußte, so lief er beständig Gefahr, das Eine auf Kosten des Andern zu betonen, weil er eben für keines von beiden einen abgegrenzten Begriff und einen bestimmten Ausdruck hatte.

Der zweite Mangel liegt darin, daß Athanasius mit der Strafe der Sünde nicht recht Ernst zu machen scheint. Er lehrt zwar, daß

---

[1]) c. Ar. II, 68.

[2]) Athanasius gebraucht hier Ausdrücke wie *γνῶσις* (c. Gent. 29), *κατανόησις* (c. Gent. 23), *κατάληψις* (c. Gent. 33), *φαντασία περὶ θεὸν* (c Gent. 9), *θεωρία τῶν θείων* (c. Gent. 3), *θεωρία τῶν νοητῶν*, *θεωρία περὶ τοῦ θεοῦ* (c. Gent. 33), *ἔννοια τοῦ θεοῦ* (de inc. 11), *ἔννοια τῆς εἰς τὸν πατέρα γνώσεως* (de inc. 19) u. dergl.

durch die Sünde die geistigen Gaben des Menschen zu Grunde gehen, faßt aber dieses Zugrundegehen als ein allmähliges und stufenweises, das davon abhängt, in welchem Grade sich die Menschen von der Betrachtung des Geistigen ab- und dem Sinnlichen zuwenden. In Bezug auf die natürlichen Gaben ist eine allmählige Verdunkelung und Schwächung durch die Sünde allerdings wahr, aber die übernatürlichen sind durch die Sünde in einem Augenblicke dahin. Da Athanasius zwischen beiden nicht ausscheidet, so erscheint seine Darstellung wenigstens mißverständlich.

Trotz dieser Unzulänglichkeiten hat Athanasius doch prinzipiell die richtige Anschauung von Natur und Gnade. Insbesondere in seinen späteren Schriften finden wir das Verhältniß beider ganz richtig aufgefaßt, wenn auch nicht vollkommen dargestellt. Es verhält sich mit der Gnadenlehre des hl. Athanasius wie mit der Trinitätslehre der vornizänischen Väter. Wie diese weder Heterusie noch Monousie[1]) des Sohnes mit dem Vater lehren und nur den Begriff der Homousie nicht klar besitzen, so läßt auch Athanasius weder die Natur von der Gnade, noch die Gnade von der Natur absorbirt werden, hat aber auch keinen klaren Begriff vom Verhältniß beider.

Es ist aus dem Gesagten ersichtlich, daß Athanasius auch hier trotz treuer Bewahrung der Hinterlage des Glaubens der späteren wissenschaftlichen Theologie noch ein gutes Stück Arbeit übrig gelassen hat.

---

[1]) Dieses Wort gebrauchen wir mit Rücksicht auf Exp. fid. 2.

III. Theil.

Verhältniß des Logos zur Creatur auf Grund der Incarnation.

(Der Logos in der Erlösung)

Das christliche Bewußtsein erkennt sich vom Logos nicht bloß geschaffen, sondern, was noch ungleich höher steht, auch erlöst. In der Erlösung steigert sich die aus Liebe hervorgehende Thätigkeit des Logos nach Außen zur höchsten Potenz, zur innigen Verbindung mit dem zuvor aus Nichts hervorgebrachten Geschöpfe. Gott und die Creatur sind hier verbunden zur Lebenseinheit einer Person. Wie schon bemerkt, gab gerade diese Verbindung den Impuls zu den tiefsinnigsten Untersuchungen über den Gottesbegriff in seiner trinitarischen Vollendung, indem der orientalische Geist gemäß seinem Zuge nach dem Ewigen und Unendlichen zuerst das Göttliche in Christo untersuchte. Auf solche Weise wurde nach Einer Seite hin eine Grundlage gewonnen für die Construction und Ausbildung der Christologie.

Was Athanasius gethan hat zur Ausbildung des specifisch christlichen Gottesbegriffes, nämlich der Lehre von der Trinität in ihrem realen Unterschiede von der geschaffenen Welt, haben wir bisher zu zeigen versucht.

Von selbst aber drängen genauere Bestimmungen des Momentes der Gottheit in Christo weiter zu Untersuchungen über den andern Theil seiner Person, die Menschheit und die Verbindung beider zu Einer Person. Schon der Umstand, daß die Arianer viele nur von der Menschheit des Herrn geltende Schriftstellen auf den Logos überhaupt bezogen, machte eine genauere Unterscheidung des Göttlichen und Menschlichen in Christo nöthig, abgesehen von der inneren Triebkraft, mit welcher die der Entwicklung der Dogmen immanente Dialektik zu weiteren Bestimmungen über das Subjekt der christlichen Theologie hindrängte.

Während dem Arianismus und Sabellianismus gegenüber das christologische Problem sehr im Hintergrunde verblieb, wurde die Thätigkeit der Kirche durch das Auftreten des Apollinarismus zur christologischen Aufgabe mit Macht hinübergezogen.

Im Nachfolgenden nun soll gezeigt werden, wie Athanasius im Kampfe mit dem Apollinarismus an der christologischen Aufgabe arbeitete und welche Resultate er erzielte. Hierin kommt seine Logoslehre in sich selbst zum Abschlusse, indem der Ausgangspunkt derselben, der historische Christus, zugleich als ihr Schlußpunkt erscheint in einer durch die Aufhebung seiner Gegensätze und die dialektische Ausbildung seiner einzelnen Momente vollendeten Form.

I. Hauptstück.

Die christologische Häresie.

I. Bis zum Hervortreten des Apollinarismus.

1. Die kirchliche Lehre hält Christum für einen vollkommenen Gott und für einen vollkommenen Menschen.

Jene Systeme nun, die diese beiden Momente in der Einheit des Begriffes nicht festhalten können, bilden die christologische Häresie. Gleichwie aber in der Lehre von der Trinität Modalismus und Subordinatianismus, in der Lehre von der Weltentstehung Pantheismus und Dualismus die zwei Extreme sind, auf welche man sich verirren kann, so sind auch in der Christologie Abweichungen nach zwei Seiten hin möglich, die allerdings durch innere Unklarheit wieder gegenseitig sehr verwandt werden können. Weil aber Trinitätslehre und Christologie in der Darstellung stets mit einander verwachsen waren, indem beide denselben Ausgangspunkt hatten, nämlich den historischen Christus, so mußte nothwendig die falsche Auffassung der einen zu falschen Anschauungen in Betreff der andern führen.

Consequent laufen falsche Bestimmungen des Momentes der Gottheit in Christo immer in Ebionismus oder Doketismus aus, als den zwei Extremen in der Christologie.[1]) Ist nämlich der historische

[1]) Nimmt man Ebionismus und Doketismus im weiteren Sinne, so daß unter ersterem alle Richtungen bezeichnet sind, welche das Moment der Menschheit in Christo zu sehr betonen, unter letzterem jene, welche das Moment der Gottheit übermäßig hervorheben, so sind hiemit allgemein die Extreme bezeichnet, zwischen denen die Kirche die Mitte eingehalten hat.

Christus nicht wahrer Gott, so ist seine Erscheinung nur die Erscheinung von etwas Göttlichem, aber nicht von Gott selbst, und hier hat man den Ebionismus.

Betont man aber in Christus ausschließlich das Göttliche, so ist er nicht mehr wahrer Mensch, und wir kommen zum Doketismus.

Der Ebionismus und Doketismus sind es denn nun auch, die uns in der Zeit vor Apollinaris immer wieder begegnen, sei es unabhängig von einer falschen Trinitätslehre oder als Consequenz einer solchen.[1])

2. Gehen wir auf die zur Zeit des Athanasius herrschenden christologischen Anschauungen über, so begegnet uns vor Allem der Arianismus.[2]) Insofern als nach Einer Seite hin die Auffassung der Trinität auch für die Christologie den Ausschlag gibt, haben wir den Arianismus bereits gezeichnet. Es soll nur noch seine Auffassung der menschlichen Seele und ihrer Vereinigung mit dem Logos dargelegt werden, denn hierin gerade zeigt sich noch so recht die Trostlosigkeit seines Systems.

Der Arianismus betrachtet die zweite Hypostase der Trinität als ein Geschöpf. Von diesem Standpunkte aus war es ihm nicht mehr möglich, eine wahre Menschwerdung zu lehren.

Ist nämlich der Logos vollkommen in sich und soll er auch noch eine vollkommene menschliche Natur annehmen, so hätten wir den Widersinn, daß in ihm zwei in sich vollkommene geschaffene Wesen in Eins vereinigt würden. Darum lehrt Arius,[1]) „daß der Leib in Christo bloß zur Umhüllung der Gottheit gedient habe, für den inneren Menschen aber oder die Seele sei der Logos in das Fleisch gekommen", indem er es wagt, wie Athanasius beifügt, die Leidensfähigkeit und Auferstehung der Gottheit zuzuschreiben.

Damit hängt es zusammen, wenn die Arianer alle Stellen der heiligen Schrift, in denen Christus als ein menschlichen Affectionen unterworfenes Wesen erscheint, als Beweise dafür ansahen, daß der Logos nicht absoluter Gott sei. Sie hätten nämlich einerseits jene Stellen

[1]) Cf. Petav. de incarn. l. I. c. 1—4.

[2]) Cf. Petav. de inc. l. I. c. 5; Schwane S. 334 ff.; Dorner I, 963 ff. Bauer I, 566 ff.; Meier I, 143 ff.

[3]) c. Ap. II, p. 3. In einem Fragmente, das uns Angelo Mai t. II. p. 583 aufbewahrt hat (bei Migne II, p. 1292) heißt es: ψυχῆς νοερᾶς ἐστερημένην αὐτῷ σάρκα διδοὺς φύσει παθητὸν αὐτὸν δείκνυσιν (Ἄρειος).

nicht auf den Logos beziehen können, wenn sie ihn für das absolute Wesen angesehen hätten, und anderseits konnten sie bei einer solchen Anwendung nicht mehr eine eigene menschliche Seele annehmen. Wie Dorner[1]) bemerkt, ist gerade in dieser Christologie der Punkt, wo die arianische Nüchternheit in pure Phantasterei umschlägt und eine dem Gnostizismus zugekehrte Seite hat, den wir gleichfalls den Ebionismus und Doketismus in sonderbarer Weise verbinden sehen. In dieser Stellung kann der arianische Christus sich nicht mehr entwickeln, da er ja doch schon vor der Menschwerdung eine gewisse Reife haben mußte. Damit war seine Entwicklung nur Schein.

Nach einer andern Seite hin aber machte es keinen großen Unterschied mehr aus zwischen ihm und einem andern gotterleuchteten Menschen, so daß wir zugleich ein Zurücksinken auf den Standpunkt des Paulus von Samosata haben.

3. Nicht viel besser steht es mit der Christologie des Sabellianismus.[2])

Athanasius wirft ihnen vor, daß sie die Ansicht des Samosateners und seiner Anhänger hegen.[3]) Zwar scheint Sabellius von dieser Art des Ebionismus sehr entfernt sein zu müssen, aber die Behauptung,[4]) nicht der Logos sei der Sohn, sondern das Fleisch, das er getragen, oder der Mensch, den er getragen, verlegt doch wieder die Persönlichkeit auf Seite des Menschlichen. Somit haben wir auch bei Sabellius eine eigenthümliche Verquickung von doketischen und ebionitischen Anschauungen.

4. Daß die Kirche gegen solche Irrthümer, wie die des Arius und Sabellius waren, nicht mit mehr Kraft aufgetreten ist, erklärt man sich damit,[5]) daß die Kirchenlehrer vor allem ihre falsche Trinitätslehre bekämpfen zu müssen glaubten, und daß zu diesem Kampfe die ganze Kraft der Kirche gefordert wurde. Indessen trat schon bald nach dem Nicänum der antiochenische Bischof Eustathius gegen die Christologie

---

[1]) I. 964.

[2]) Pet de inc. l. 1. c. 3. Dorner I, 721 ff.

[3]) c. Ap. II, 3.

[4]) c. Ar. IV, 20.

[5]) Cf. Pet. l. c. l. I. c. 3 und 5. Indessen liegt in dem Zusammenhang, in welchen Athanasius Trinitätslehre und Soteriologie brachte, und in der Art und Weise seiner Polemik aus dem Herzen des Christenthums heraus immerhin auch mittelbar eine Bekämpfung der christologischen Irrthümer.

des Arianismus auf und betonte strenge auch die menschliche Seele Christi.[1])

II. Der Apollinarismus.

1. Wir haben im Bisherigen christologische Häresien betrachtet, deren Wurzel in einer falschen Trinitätslehre gelegen ist. Allein auch nach dem Nicänum traten falsche Richtungen hervor oder vielmehr erst jetzt wurden die christologischen Kämpfe drei Jahrhunderte hindurch mit der größten Heftigkeit geführt und zwar von Lehrern, die in der Trinitätslehre auf dem Boden des Nicänums standen. Es sollen hier nur jene Irrlehren dargelegt werden, mit denen Athanasius den Kampf aufnahm.

In dieser Hinsicht haben wir alle mit Apollinaris in näherer oder entfernterer Beziehung stehenden Irrlehren ins Auge zu fassen, sei es, daß sie unabhängig von Apollinaris oder auf ihn sich stützend hervorgetreten sind.

2. Nach dem Berichte des hl. Athanasius[2]) befanden sich in Corinth Irrlehrer, die folgende Sätze vortrugen:

„Der Leib aus Maria sei wesensgleich der Gottheit des Logos; der Logos sei in Fleisch, in Beine und Haare verwandelt worden und habe seine eigene Natur aufgegeben, er habe nur dem Scheine nach, nicht aber in Wirklichkeit einen Leib getragen; die dem Vater wesensgleiche Gottheit sei verkürzt worden und unvollkommen aus dem Vollkommenen; nicht der Leib, sondern die schöpferische Weisheit selbst sei ans Kreuz geheftet worden; nicht aus Maria, sondern aus seinem eigenen Wesen habe sich der Logos einen leidensfähigen Körper gebildet, denn sonst müßte man in der Gottheit eine Vierheit statt einer Dreiheit ansetzen, der Leib des Herrn sei gleich ewig mit ihm, Christus, der gelitten hat, sei nicht der Herr und Erlöser, Gott und Sohn des Vaters. Der Logos sei auf einen heiligen Menschen, wie auf einen Propheten herabgekommen, er sei nicht selbst Mensch geworden, sondern ein Anderer sei Christus und ein anderer der Logos Gottes, ebenso sei der Sohn ein anderer als der Logos."

Wir haben in diesen Sätzen ein eigenthümliches Schwanken zwischen ebionitischen und doketischen Anschauungen;[3]) bald finden wir darin den patripassianischen Gedanken, nur daß das Leiden auf den Sohn allein beschränkt wird, bald den samosatenischen, bald

---

[1]) Vgl. Dorner I, 965 ff.

[2]) Ep. ad Epictetum 2.

[3]) Vgl. Dorner I, 979 ff.

einen gnostischen, z. B. in der Annahme einer himmlischen Menschheit, einer Scheingeburt. Es ist darum sehr schwer, diese Sätze auf einen einheitlichen Grundgedanken zurückzuführen. Ist dieses überhaupt möglich, so mag etwa folgendes der Gedankengang sein:

Vor allem suchten die Irrlehrer die Einheit der Person Christi zu retten, zugleich aber hielten sie daran fest, daß Christus nur Erlöser sein könne, wenn er Gott sei. Um aber doch zur Menschheit Christi zu gelangen, nahmen sie eine Selbstentäußerung seiner Gottheit an und ließen den Logos selbst von Ewigkeit darauf hingeordnet sein. Die wirkliche Menschwerdung ist daher nur die Aktualisirung des schon von Ewigkeit her im Logos potentiell Angelegten. Hier nun schlägt der Doketismus plötzlich in Ebionismus um. Während vor der Menschwerdung der Logos nur der Potenz nach Mensch war, ist jetzt der Mensch nur mehr der Potenz nach Gott.

Eine im Denken geahnte und gesuchte, aber im Begriff nicht erfaßte Einheit des Göttlichen und Menschlichen ist es, was uns aus dieser Irrlehre entgegentritt.

Ob diese Sätze unabhängig von Apollinaris ausgesprochen wurden oder nicht, kann mit voller Sicherheit nicht nachgewiesen werden. Die ganze Lehre erreichte aber eine Wichtigkeit und Bedeutung nur durch ihren inneren Zusammenhang mit der Irrlehre des Apollinaris, zu der wir nun übergehen.[1])

3. Nach allen Nachrichten, die wir über die Lehre des Apollinaris besitzen[2]), war es sein Hauptsatz, daß Christus nur einen menschlichen Leib und eine animalische Seele, aber keinen menschlichen Geist gehabt habe. Es frägt sich nun darum, wie Apollinaris zu diesem Satze kam und wie er denselben zu beweisen suchte.

Die Dogmengeschichtschreiber verweilen mit Vorliebe bei Apollinaris, weil seine Lehre ausgehe von dem wesentlichsten Inhalte des christlichen Bewußtseins, der Einheit Gottes und des Menschen[3]), weil von ihm der Wendepunkt datire, wo die Kirche zur christologischen Aufgabe zurücklenkte.[4])

---

[1]) Vgl. über den Appollinarismus Schwane (S. 358), Voigt (S. 306 ff.) Möhler (II, 263), Baur (I, 585), Dorner (I. 985), Petav. l. c. l. I, c. 6 etc.

[2]) Cf. Greg. Nyss. Antirrheticus adv. Apollinarem; Gr. Naz. Ep. l. II. ad Cledon. (101, 102), ep. ad Nectarium 202; Athan. l. I. II. c. Ap.; Epiph. haer. 77. Theodoret. haer. fab. 4, 8; dial. 3.

[3]) Baur I, 586.

[4]) Dorner I, 975.

In der That ist er auch insoferne merkwürdig, als er zuerst die Lehre von der Person Christi und von dem Verhältniß der beiden Naturen in ihm in wissenschaftlicher Weise untersuchte.

Soll seine ganze Lehre in sich möglich sein, so muß sie ausgehen vom Trichotomismus, wie ihn (nach der wahrscheinlicheren Ansicht) Plato gelehrt hat. Der Grund aber, der ihn vor Allem zur Aufstellung seiner Theorie veranlaßt, ist die Sicherstellung des Erlösungswerkes. Apollinaris steht insoferne ganz auf dem Standpunkte des hl. Athanasius, als auch nach ihm nur Gott unmittelbar erlösen kann.

Er betrachtet es als einen wesentlichen Zug des wahren Glaubens, „daß Gott selbst Mensch werden kann“.[1]) In der Lehre des Arianismus von der Veränderlichkeit des Logos sieht er darum eine Unsicherheit im ganzen Erlösungswerke.

Ist nun nach Apollinaris vor Allem festzuhalten, daß wir in Christo eine göttliche Person haben, so kann auf der anderen Seite die Menschheit Christi nur insoweit in Betracht kommen, als sie der göttlichen Persönlichkeit keinerlei Eintrag thut. Nun aber glaubten die Apollinaristen, wenn man in Christo einen menschlichen Geist ansetze, so könne man die Einheit der Person nicht mehr festhalten. Denn „zwei in sich vollkommene Wesen könnten nicht in Eines zusammentreten“,[2]) also müsse in Christus unseren inneren Menschen der Logos als himmlischer Nus ersetzen.

Wie wir sehen, betrachteten die Apollinaristen den menschlichen Nus sofort als menschliche Person. Diese Verwechslung der Begriffe veranlaßte sie weiter zu einer Menge von Einwürfen gegen die kirchliche Lehre, womit sie ihre Anschauungen negativ auf dem Wege der Dialektik zu begründen suchten. Die Orthodoxen lehren, sagen sie, „Christus sei ein Mensch, der Gott geworden, sie lehren, er sei ein Mensch, der mit Gott verbunden worden, ein Mensch, der für die Welt gestorben und ein Theil der Welt, ein Mensch, der von der Sünde nicht frei war, der den Engeln befahl, der von der Schöpfung angebetet wird, der Herr ist, der gekreuzigt worden ist u. s. w.“[3])

Außer diesen rein philosophischen Beweisen beriefen sich die

---

[1]) Antirrh. c. 4.

[2]) c. Ap. I, 2. p. 923 B: *Δύο τέλεια ἐνγενέσθαι οὐ δύναται.*

[3]) c. Ap. II, 4; cf. Antirrh. c. 35, 39, 42, 43, 44, 50, 51; c. Ap. I, 21

Apollinaristen nicht minder auf Aussprüche der hl. Schrift, so besonders auf den Ausdruck „das Wort ist Fleisch geworden“.[1])

Mehr Wichtigkeit aber legten sie noch auf einen ethischen Grund ihrer Lehre, indem sie wiederholt den Satz aufstellten: „Wenn Christus einen menschlichen Nus angenommen, so könne er nicht sündelos gewesen sein; denn wo ein vollkommener Mensch sei, da sei auch die Sünde.“ [2]) „Diese habe ihre Wurzel nicht in dem Leibe und in der (animalischen) Seele, die da willenlos sich leiten lasse, sondern im Geiste.“

Die nächste Consequenz dieser Anschauungen ist, daß der Logos selbst in seiner göttlichen Natur das Leiden und Sterben erduldet habe,[3]) daß die göttliche Natur sich in eine leidensfähige verwandelt habe,[4]) daß also der Logos selbst sich einer Aenderung unterwarf.[5])

Es drängt sich aber nunmehr die Frage auf, wie Apollinaris sich das Verhältniß des Nus oder Logos zu den beiden anderen Bestandtheilen, Seele und Leib, dachte. In dieser Beziehung finden wir bei den Kirchenvätern die Angabe, das Fleisch sei nach den Apollinaristen ungeschaffen und vom Himmel herabgekommen, ja der Gottheit wesensgleich.[6])

Zweifelhaft ist nur, ob Apollinaris selbst diese Sätze ausgesprochen, oder ob sie nur von seinen Schülern aus seiner Lehre gezogen wurden.

Denn nach anderweitigen Nachrichten lehrte Apollinaris auch, daß Christus bei seiner Herabkunft Fleisch und Seele annahm;[7]) er behauptet selbst, daß er immer gelehrt, das Fleisch des Erlösers sei weder vom Himmel, noch desselben Wesens wie Gott, insofern es Fleisch ist und nicht Gott, Gott aber sei es, insofern es mit der Gottheit zu einer Person vereinigt ist.[8])

Es führt uns eine nähere Prüfung dieses Theiles der Lehre des Apollinarismus auf seine speculative Auffassung der Incarnation. Schon die Trichotomie verräth in Apollinaris den Platoniker.

---

1) Gr. Naz. ep. 101. p. 91.

2) c. Ap. I, 2; II, 6.

3) Antirrh. 51.

4) Antirrh. 5.

5) c. Ap. I, 2.

6) c. Ap. I, 2.

7) Epiph. haer. 77, 14. Es heißt hier, der Logos habe ein (dem unsrigen nicht ähnliches) Fleisch angenommen (ἔλαβεν).

8) So in einem Briefe bei Leontius von Byzanz (in den Thes. Monum. eccl. Vol. I. p. 601).

In gleicher Weise scheint er in Betreff der Menschwerdung ausgegangen zu sein von der platonischen Ideenlehre, indem er eine ideelle Präexistenz des menschlichen Leibes Christi annahm in der Weise, daß das, was vor der Menschwerdung der Idee nach und latent in Gott war, bei der Menschwerdung offenbar wurde. In diesem Sinne konnte er allerdings eine himmlische Menschheit Christi behaupten. Aber hiemit ist die Frage noch nicht gelöst, denn es handelt sich um die zeitliche Menschheit des Herrn. Will er auch diese aus dem Wesen des Logos ableiten, so kann er keine Geburt aus Maria mehr annehmen; bleibt er aber stehen bei einer Annahme der Menschheit aus Maria, so muß wieder abgesehen werden von der allseitigen Einheit der Person Christi, die nichts von Außen empfangenes an sich hätte. Hierher concentrirt sich also die ganze Frage über die seelisch-leibliche Natur des Herrn. Hier nun scheint uns das Richtige zu sein, daß nach Apollinaris die zeitliche Menschheit des Herrn erst durch die Geburt aus Maria entstand.[1]) Zwar ist der Logos schon von Ewigkeit hingeordnet zur wirklichen Menschheit, er ist auch ewiges Urbild der Menschheit, aber sein wirkliches Erscheinen als Mensch ist eine That seiner Liebe, durch die er aus Maria Fleisch annahm. In wie weit diese wirkliche Menschheit selbst wieder in Christo zur Gottheit wurde, d. h. mit der Einheit seiner Person physisch geeinigt wurde, darüber haben wir gleichfalls keine bestimmten Nachrichten. Es ist möglich, daß schon Apollinaris den Satz aufstellte, durch die Einigung des Logos sei das Fleisch ungeschaffen geworden,[2]) d. h. es sei übergegangen zu einem Moment des Logos selbst. Jedenfalls aber lehrten seine Schüler also.

Diese Anschauungen über die Person des Erlösers mußten von selbst auch auf die Lehre von seinem Werke und dessen Aneignung durch die Gläubigen einen Einfluß ausüben.

Es frägt sich nämlich, wie Christus, wenn er nur einen verstümmelten Menschen angenommen hat, dennoch den Menschen erlösen konnte und wie der einzelne Mensch sich die Früchte der Erlösung aneignen kann.

---

[1]) Dieses ist auch das Urtheil Dorners (I, 1011), Voigts (321), Ullmanns (Gregor von Nazianz S. 403), während Baur es für die Spitze der Speculation des Apollinaris ausgibt, daß Gott Fleisch sei, nicht bloß äußerlich und zeitlich Fleisch geworden, sondern seinem Wesen nach Fleisch (I, 598). Einen solchen Pantheismus hat Apollinaris nicht gelehrt. Nicht Pantheismus, sondern die Sicherstellung der Erlösung ist Ausgangspunkt des Apollinarismus.

[2]) c. Ap. I, 4.

In dieser Hinsicht geht der Bericht des hl. Athanasius dahin, nach Apollinaris habe Christus „die Erneuerung des Fleisches gezeigt in Verähnlichung (mit uns); die Erneuerung des in uns denkenden Prinzipes zeige jeder in sich durch Nachahmung und Verähnlichung (mit Christus) und durch Enthaltung von der Sünde.“[1]) „Durch Verähnlichung und Nachahmung werden die Gläubigen gerettet und nicht durch die Erneuerung.“[2]) „Der Herr hat uns schon dadurch von der Sünde befreit, daß er nicht sündigte.“[3]) Diese Stellen hat Möhler[4]) dahin erklärt, Apollinaris lehre ein mechanisches Nachäffen Christi durch den Menschen, während Dorner[5]), sich stützend auf eine Stelle aus Apollinaris in einer Katena zum Johannesevangelium oen durch den Glauben in den Christen wirkenden Geist Christi als Prinzip ihrer Rechtfertigung erklärt. Im Grunde genommen würden sich aber diese beiden Auffassungsweisen der apollinaristischen Nachahmung (*μίμησις*) nur dann dem Wesen nach unterscheiden, wenn bewiesen werden könnte, daß nach Apollinaris der Mensch vor der Rechtfertigung gar keinen Nus oder kein Pneuma besitze; da aber dieses keineswegs feststeht, so geht es auf dasselbe hinaus, ob er den Nus des Menschen Christo bloß nachahmen läßt, oder ob er zu ihm hinzu bloß eine Zugabe fügt, die den Menschen Christo ähnlich machen soll. In beiden Fällen bleibt der Nus als solcher seinem Wesen nach sündhaft, da mit seiner Natur die Sünde gegeben ist und er in keiner Weise seinem Wesen nach erneuert wird. Ueber eine pelagianische oder lutherische Rechtfertigungslehre kommt darum Apollinaris in keiner Weise hinaus.

Fassen wir das System des Apollinaris kurz zusammen, so ist sein Ausgangspunkt das Dogma von der Erlösung, sein ontologischer Beweis ist der Satz, daß eine vollkommene Gottheit und eine vollkommene Menschheit sich nicht zu einer Person vereinigen können; sein ethischer Beweis liegt darin, daß mit der Freiheit des Geistes von selbst seine Sündhaftigkeit gegeben sei.

Es liegt also dem System ein falscher Persönlichkeitsbegriff

---

[1]) c. Ap. I, 2. p. 923 C: *Σαρκὸς καινότητα Χριστὸς ἐπιδέδεικται καθ' ὁμοίωσιν· τοῦ δὲ φρονοῦντος ἐν ἡμῖν τὴν καινότητα διὰ μιμήσεως καὶ ὁμοιώσεως καὶ ἀποχῆς τῆς ἁμαρτίας ἕκαστος ἐν ἑαυτῷ ἐπιδείκνυται.*

[2]) c. Ap. II, 11.

[3]) c. Ap. II, 6.

[4]) Athanasius II, 269. Vgl. Baur I, 635.

[5]) I, 1023.

zu Grunde und ein falscher Begriff von der menschlichen Wahlfreiheit, indem Apollinaris eine solche Wahlfreiheit, die ohne Sünde bliebe, für unmöglich hielt.

Die Beweisführung selbst aber ging Apollinaris auf anthitetischem Wege an, indem er, wie es allen Irrlehrern eigenthümlich ist, in der gewöhnlichen Vorstellung von der Person Christi Widersprüche über Widersprüche zu entdecken glaubte, denen gegenüber seine eigene Lehre mit mathematischer Evidenz bewiesen werden könne.[1])

An diese Lehre des Apollinaris konnten alle Ueberreste der alten Ebioniten und Doketen sich anschließen und dieß ist zum Theil der Grund, warum seine Lehre von seinen Schülern so verschiedenartig ausgebildet wurde, indem nach Epiphanius[2]) Einige sagten, Christus habe von oben herab seinen Leib mitgebracht, andere, er habe auch keine Seele angenommen, wieder andere, der Leib Christi sei wesensgleich mit seiner Gottheit.

Die Aufgabe der Kirchenväter wurde damit von dem trinitarischen auf das christologische Problem hinübergelenkt, und hier mußte vor allem dem Apollinarismus gegenüber gezeigt werden, daß Christus eine vollständige Menschheit angenommen, daß aber dieses mit der Einheit seiner Person in keinem Widerspruche stehe.

Wir haben hier nur darzustellen, wie Athanasius den Apollinarismus bekämpfte und was er selbst an dessen Stelle setzte.

II. Hauptstück.

Athanasius im Kampfe gegen die christologische Häresie.

Es läßt sich schon von vorneherein bestimmen, welchen Standpunkt der Vater der Orthodoxie im Kampfe mit der christologischen Häresie einnahm.

Ist nämlich der Logos wesensgleich mit dem Vater, unendlich und absolut und von der Creatur wesentlich verschieden, so kann er mit derselben nie in eine solche physische Einheit zusammengehen, daß sie nur ein Moment seines Einen göttlichen Wesens bilden würde.

---

[1]) Gr. Naz. ad Cled. 1. (Ep. 101. p. 90). Gr. Nyss. l. c. 36, 39.

[2]) haer. 77, 1, 2.

Soll aber die Creatur in ihrer Totalität wirklich erneuert sein, worauf Athanasius so großes Gewicht legt, so muß der Logos sie in Wirklichkeit und ganz angenommen haben.

Das sind die beiden Hauptsätze, um welche sich die ganze Polemik des hl. Athanasius bewegt und die ihm unverrückbar feststehen. Hier sehen wir zugleich den innigen Zusammenhang, in dem bei ihm die Christologie steht mit der Lehre von dem Wesen des Logos im Gegensatze zur Creatur. Der Logos muß Gott sein, wenn er die Erlösung soll bewirken können; er kann aber, insoferne er Gott ist, nicht auch zugleich in einer Einheit der Natur Mensch sein.

Somit erhält die Lehre von der Gottheit des Logos ihren kräftigsten Beweis aus der Thatsache der Erlösung, während umgekehrt die Person des Erlösers hauptsächlich bestimmt wird durch die Trinitätslehre.

Christologie und Trinitätslehre tragen sich also bei Athanasius gegenseitig und beide haben ihre gemeinsame Basis in dem festen Glauben an die Erlösung.

Sehen wir nun auf das Einzelne der Bekämpfung der christologischen Häresie, so hat Athanasius in diesem Punkte den Arianismus wenigstens nicht direkt bekämpft.[1]) Sein Streit erstreckte sich hier nur so weit, als die Gottheit Christi, des Erlösers, zu erkämpfen wär.

Zwar bekämpft Athanasius auch die Anschauung, daß der Logos nicht Mensch geworden, sondern nur auf einen Menschen herabgekommen sei[2]), allein er sagt nicht bestimmt, ob die Arianer dieses auch wirklich lehrten.

Das Gleiche findet statt bezüglich der Bekämpfung der sabellianischen Christologie.

Wir gehen deshalb gleich über zum Kampfe mit dem Apollinarismus. Wir können hier unterscheiden die Bekämpfung der apollinaristischen Ansicht über den Logos als Nus im Menschen Jesus, ferner die Bekämpfung der verschiedenen falschen Ansichten über die leibliche Natur Christi, der Ansichten über die Einigung des Göttlichen und Menschlichen in Christo und über die Zuwendung der Erlösung an die einzelnen Menschen.[3])

---

[1]) Vgl. hierüber Schwane S. 335 ff.

[2]) c. Ar. III, 30.

[3]) Vgl. über die Polemik des Athanasius mit Apollinaris Voigt 327 ff., Möhler II, 271 ff., Schwane S. 366 ff.

I. Der Logos ist nicht als Nus im Menschen Jesus.

1. Athanasius griff seinen Gegner Apollinaris, ohne seinen Namen zu nennen, gerade da am heftigsten an, wo dieser am stärksten zu sein vermeinte, nämlich vom Standpunkte des Erlösungsbewußtseins aus. Nach der Lehre des Apollinaris nahm Christus nur einen Bruchtheil unserer Natur an. Dem gegenüber betont Athanasius, daß wir dann auch nicht ganz erlöst sein könnten. „Nicht konnte das Eine als Lösegeld für das Andere daran gegeben werden, sondern den Leib hat Christus hingegeben für den Leib und die Seele für die Seele und seine vollkommene Subsistenz für den ganzen Menschen.“ [1])

„Wie hätte die Herrschaft des Todes gänzlich vernichtet werden können, wenn Christus den mit Ueberlegung sündigenden Theil, die Seele, nicht in sich sündelos dargestellt hätte? Es herrschte sonst auch jetzt noch der Tod über den inneren Menschen, denn worüber anders herrschte er denn einst, als über die mit Ueberlegung sündigende Seele?“ [2])

Soll also die Erlösung einen Sinn haben, so muß Christus eine vollkommene menschliche Natur, wie wir sie besitzen, angenommen haben.

2. Die im Gebiete der Anthropologie gelegene Lebenswurzel des Apollinarismus schnitt Athanasius dadurch ab, daß er mit Verwerfung der Trichotomie das Wesen des Menschen in der oben besprochenen Weise dichotomisch bestimmte.

3. Weiterhin beweist Athanasius seinen Gegnern gegenüber aus der Schrift, daß Christus einen menschlichen Geist gehabt habe. „Derjenige, sagt er, welcher gesagt hat: das Wort ist Fleisch geworden, hat auch gesagt, daß der Herr seine Seele für uns hingegeben hat. Daß aber der Logos nicht bloß eine Veränderung erfahren, oder eine Verähnlichung mit der Seele, oder daß er nicht bloß den äußeren Schein einer menschlichen Gestalt sich gab, bezeugt uns Paulus (Phil. 2, 6 — 7), indem er angibt, was der Herr sei und was er angenommen. Wie nämlich unter der Gestalt Gottes die Fülle der Gottheit des Logos zu verstehen ist, so versteht man auch unter der Gestalt des Knechtes die vernünftige Natur des Menschen sammt seiner organischen Zusammensetzung, weßhalb der Todte gestaltlos genannt wird, Paulus bezeugt somit die

---

[1]) c. Ap. I, 17.
[2]) c. Ap. I, 19

vernünftige Natur des Herrn, Johannes aber seine organische Gestaltung, so daß beide zusammen das ganze Geheimniß der Menschwerdung verkünden.“ [1])

4. Auch aus jenen Stellen der hl. Schrift, in welchen dem Herrn Angst, Schmerz u. s. w. zugeschrieben wird, beweist Athanasius, daß Christus eine vernünftige menschliche Seele gehabt habe. „Wie hätte er sonst Schmerz und Betrübniß empfinden und beten können? Es steht nämlich geschrieben: Und Christus wurde betrübt im Geiste. Das aber ist weder Sache eines unvernünftigen Fleisches, noch der unveränderlichen Gottheit, sondern der mit Vernunft begabten Seele, die Schmerz empfindet, und sich ängstiget und betrübt, und ihre Affectionen in vernünftiger Weise fühlt.“ [2])

5. In Folge ihrer Leugnung der vernünftigen Seele Jesu mußten die Apollinaristen alle Affectionen und das ganze Leiden und Sterben Christi dem Logos selbst unmittelbar zuschreiben. Athanasius erwidert darauf: [3]) „Ihr macht damit, gleichwie Valentin, die ganze Trinität zu einer leidensfähigen, da der Logos seiner göttlichen Natur nach vom Vater untrennbar ist. Entweder müßt ihr darum die ganze Oekonomie des Leidens und Sterbens und der Auferstehung für leeren Schein erklären, wie Marcion, oder, wie Arius, die Gottheit leidensfähig nennen.“ „Wenn Gott es ist, der gelitten hat durch das Fleisch und auferstanden ist, so ist auch der hl. Geist und der Vater leidensfähig, da Einer ist ihr Name und Eine ihre Gottheit.“ [4])

Gleichwie so die ganze Gotteslehre gefährdet ist, so hat auch die Lehre von dem Erlösungswerke Christi für uns keinen Werth und keine Bedeutung mehr, wenn der Logos seiner Gottheit nach gelitten hat. „In der Seele Christi, sagt Athanasius, [5]) wurde der Tod besiegt und den Seelen (in der Unterwelt) die frohe Botschaft gebracht, in seinem Leibe aber wurde die Verwesung vernichtet und die Unverweslichkeit zeigte sich im Grabe. Es trennte sich nur die menschliche Seele Jesu von seinem Leibe. Wenn aber Gott sich vom Leibe trennte, und in dieser Weise der Tod eintrat, wie konnte der Leib, getrennt vom unverweslichen Gott, die Unverweslichkeit darstellen? Wie bewerkstelligte

---

[1]) c. Ap, II, 1.
[2]) c. Ap. I, 15. cf. c. Ap. II, 17.
[3]) c. Ap. II, 12.
[4]) c. Ap. II, 13.
[5]) c. Ap. II, 15.

der Logos sein Hinabsteigen in die Unterwelt? Oder wie stellte er die Auferstehung aus der Unterwelt dar? Ist er etwa selbst für unsere Seele auferstanden, um uns ein Bild unserer Auferstehung zu geben?"

„Wenn kein Tod eingetreten wäre, so gäbe es auch keine Auferstehung. Wenn aber beim Tode der Logos selbst vom Körper schied, so haben die Juden Gott bewältigt, indem sie die unlösbare Verbindung trennten. Es ist dann auch nicht unser Tod eingetreten, wenn der Tod geschah durch die Trennung Gottes vom Leibe, und der Herr bedurfte selbst Jemandes, der ihn von den Todten auferweckte. Dann aber hat nicht er gesiegt, sondern der, welcher ihn auferweckt hat. Indem ihr nur im Fleisch bekennet, vermögt ihr weder die Vernichtung der Sünde zu zeigen, noch die Auflösung des Todes, noch die Vollendung der Auferstehung." [1])

6. Der Lehre des Apollinaris gegenüber in Betreff des Todes und der Auferstehung des Herrn spricht sich Athanasius in positiver Weise also aus: [2]) „In der hl. Schrift wird der Herr immer zuerst Mensch genannt und dann sein Leiden beschrieben, auf daß man nicht gegen die Gottheit lästere. Sie berichtet, daß er als Sohn Davids aus Maria stamme dem Fleische nach, auf daß man glaube, seine Menschheit stamme von dem Menschen und er habe in einer von den Menschen empfangenen leidentlichen Gestalt die Befreiung vom Leiden dargestellt, im Tode die Unsterblichkeit und im Grabe die Unverweslichkeit, in der Versuchung den Sieg und in der Veraltung die Verjüngung. Darin, daß unser alter Mensch in ihm gekreuzigt worden ist, besteht die Gnade. Die Gottheit aber läßt ohne leidensfähigen Körper keine Leiden zu, und keine Betrübniß und keinen Schmerz ohne Seele, die den Schmerz und die Betrübniß empfindet, noch ängstiget sie sich und betet ohne Vernunft, welche sich ängstigt und betet."

„Die heiligen Schriften verkünden, daß der Logos in unaussprechlicher Weise aus dem Vater sei und daß er in den letzten Zeiten aus einer Jungfrau Mensch geworden ist, auf daß man nicht ungläubig sei gegen seine Gottheit, noch die Geburt des Fleisches leugne. Wo aber das Fleisch genannt wird, dort ist der ganze Mensch zu verstehen mit Ausnahme der Sünde. Auf den Menschen bezieht die Schrift das Leiden, und darüber geht sie nicht hinaus. Von der Gottheit des Logos bekennt sie seine Unveränderlichkeit und Unaussprechlichkeit, sie redet darum von

[1]) c. Ap. II, 16—17.

[2]) c. Ap. II, 13.

ihm wie von Gott und erzählt von seiner Geburt wie von der eines Menschen, damit er beiderlei Beziehungen in sich vereinige in Natur und Wahrheit, als Gott wegen der Ewigkeit der Gottheit und der Schöpfung der Welt und als Mensch wegen der Geburt aus dem Weibe und wegen der Zunahme an Alter. Gott ist der Logos, insoferne er die Unsterblichkeit, Unverweslichkeit und Unveränderlichkeit darstellt, Mensch aber, insoferne er ans Kreuz geheftet wurde, Blut vergoß, begraben wurde, in die Unterwelt hinabstieg und von den Todten auferstand." [1])

7. In solcher Weise machte Athanasius den Apollinaristen gegenüber die Lehre der hl. Schrift und das christliche Glaubensbewußtsein geltend. Wenn nun diese die Schwierigkeit erhoben: „Hat Christus eine menschliche Seele angenommen, so muß er auch die Sünde angenommen haben und die Erlösung ist dann vereitelt", so erwiedert Athanasius: [2]) „Ihr sagt damit gleich dem gottlosen Manichäus, daß die Sünde mit der Natur gegeben sei. Damit aber tretet ihr auf als Ankläger des Schöpfers der Natur. Hat Gott, als er den Adam schuf, ihm auch die Sünde eingeschaffen? Wozu bedurfte es dann noch des Gebotes? Warum verurtheilte er dann die Sünde? Warum erkannte Adam vor der Uebertretung nicht das Gute und das Böse? Im Gegentheile ist die Sünde in die Welt gekommen durch den Neid des Teufels und die freiwillige Gesetzesübertretung." Darum konnte Christus gar wohl eine vernünftige Seele annehmen. „In der vernünftigen Natur des Menschen hat der Teufel die Sünde vollbracht. Daher konnte diese nicht mehr selbst zur Sündelosigkeit zurückkehren. Deshalb kam der Logos, um mit seiner Natur die Menschen zu erneuern. Hätte sich nicht in einer sündigen Natur die Sündelosigkeit gezeigt, wie wäre die Sünde im Fleische gerichtet worden, da weder im Fleische das handelnde Subject liegt, noch die Gottheit die Sünde kennt? Durch dieselbe Natur also, durch welche die Sünde hervortrat, geschah auch der Erweis der Gerechtigkeit, auf daß so die Werke des Teufels vernichtet, die menschliche Natur von der Sünde befreit und in Gott verherrlichet werde." [3])

---

1) c. Ap. II, 18. p. 955 B: *Θεολογεῖται μὲν ὁ λόγος, γενεαλογεῖται δὲ ἄνθρωπος, ἵνα πρὸς ἑκάτερα ᾖ ὁ αὐτός, φυσικῶς καὶ ἀληθινῶς. Θεὸς μὲν πρὸς τῇ ἀϊδιότητι τῆς θεότητος καὶ τῇ δημιουργίᾳ τῆς κτίσεως, ἄνθρωπος δὲ πρὸς τῇ ἐκ γυναικὸς γεννήσει καὶ τῇ αὐξήσει τῆς ἡλικίας.*

2) c. Ap. I, 15. Cf. c. Ap. II, 6.

3) c. Ap. II, 6.

Weil also die vernünftige Seele nicht von Natur aus sündhaft ist, konnte Christus eine solche annehmen, und weil das zu vernichtende Verderben in der geistigen Natur des Menschen wurzelte, mußte er sogar eine solche annehmen.

8. Gegen eine solche Auffassung wendeten aber die Apollinaristen ein: „Wenn die sündige Natur in Gott existirte, ohne zu sündigen, so wurde sie mit Zwang darniedergehalten, was aber mit Zwang darniedergehalten wird, ist unnatürlich." Es liegt diesem Einwande der Gedanke zu Grunde, daß die Heiligkeit Jesu nur dann einen verdienstlichen Werth habe, wenn sie auf einer selbstständigen Entscheidung seiner menschlichen Freiheit beruhe.

Athanasius erwiedert: „Wenn das Nichtsündigen mit Zwang geschieht, so ist das Sündigen naturgemäß und der Schöpfer der Natur ein Schöpfer der Sünde. Wenn aber das gotteslästerisch und das Sündigen nothwendig etwas Accidentelles ist, so ist offenbar das Nichtsündigen naturgemäß. Darum unterlag die an der Gottheit erscheinende Knechtsgestalt keinem Zwange, sondern gemäß ihrer Natur und ihrer Kraft stellte sie die Sündelosigkeit dar, indem sie die Schranke des Zwanges durchbrach und das Gesetz der Sünde und den Gewalthaber ihrer Gefangenschaft gefangen nahm nach dem Worte des Propheten. Denn indem der Logos dem Feinde die Knechtsgestalt entgegenwarf, gewann er den Sieg mittels des einst Besiegten (d. h. der Knechtsgestalt). Darum hat Christus auch jegliche Versuchung durchgekämpft, weil er Alles annahm, was versucht werden konnte, und mittels dessen er für die Menschen den Sieg gewinnen und sagen konnte: Seid getrost, ich habe die Welt überwunden. Denn nicht gegen die Gottheit unternahm der Teufel den Kampf, diese kannte er nicht und das wagte er nicht, sondern gegen die Menschheit, die er einst zu verführen im Stande war. Wegen dieser Verführung und ihrer Folgen wurde der Schöpfer des ersten Menschen selbst Mensch, um den Menschen zu beleben und den ungerechten Feind zu vernichten. Er stellte die ursprüngliche Gestalt des ersten Menschen wieder her, indem er seinen Leib darstellte ohne fleischliche Begierden und menschliche Gedanken in einem neuen Bilde. Sein Wille war nämlich der der Gottheit allein, da auch die ganze Natur des Logos vorhanden war in der Erscheinung der menschlichen Gestalt und des sichtbaren Fleisches des zweiten Adam." [1])

---

[1]) c. Ap. II, 9—10.

9. Halten wir jetzt inne in der Polemik des Athanasius, so müssen wir ihm darin vollkommen Recht geben, daß er auf Grund der Lehre der Schrift zum Zwecke der Erlösung für Christo eine volle menschliche Natur fordert, ebenso ist er darin vollkommen im Rechte, wenn er dem Apollinarismus vorwirft, daß er die Homousie und den ganzen Gottesbegriff verletze mit seiner Lehre vom Leiden des Logos seiner Gottheit nach. Wie wir aber gesehen haben, spitzt sich die Irrlehre des Apollinaris auf der einen Seite zu auf einen falschen Begriff von der menschlichen Wahlfreiheit. Weil er sich eine solche ohne Sünde nicht denken konnte, verwirft er sofort auch das Subject derselben, den freien Geist; Athanasius behält dieses Subject bei, ordnet aber die Wahlfreiheit dem göttlichen Willen des Logos als dem hegemonischen Princip in der Weise unter, daß der menschliche Wille in Christo das Gute wählen muß. Wohl hat nach Athanasius Christus auch einen menschlichen Willen; dieses folgt schon aus der Vollkommenheit der von ihm angenommenen menschlichen Natur und wird von Athanasius ausdrücklich bezeugt.[1]) Allein dessen Wahlfreiheit ist in dem Maaße eingeschränkt, daß Christus der Möglichkeit der Sünde überhoben ist. Diese Bestimmung des Athanasius ist im Principe richtig, denn sie liegt in der Natur der hypostatischen Union, wie die Scholastiker gezeigt haben, und hebt auch keineswegs die Möglichkeit eines verdienstlichen Wirkens auf.

10. Wie wir gesehen haben, bestand der zweite Hauptfehler des Apollinaris in einem falschen Persönlichkeitsbegriff.

Es läßt sich schon von vorneherein erwarten, daß wir bei Athanasius keine präcise Widerlegung des apollinaristischen Persönlichkeitsbegriffes finden werden. Er vertheidigt sich in dieser Beziehung nur gegen die Schlüsse, welche von den Apollinaristen aus der kirchlichen Lehre unrich=

---

[1]) De inc. c Ar. 21. p. 887 D: *Τὸ μὲν πνεῦμα πρόθυμον ἡ δὲ σὰρξ ἀσθενὴς* (Marc. 14, 38) *δύο θελήματα δείκνυσι· τὸ μὲν ἀνθρώπινον, ὅπερ ἐστὶ τῆς σαρκός, τὸ δὲ θεικόν, ὅπερ θεοῦ.* Dasselbe sagt Athanasius in einer Erklärung zu Marc. 14, 36. (bei Montfaucon t. I. p. 1270). Ebenso sagt er zu Joh. 6, 38 (bei Montfaucon t. I, p. 1285): *Ἴδιον λέγει θέλημα αὐτοῦ τὸ τῆς σαρκός. Οὐ γάρ ἐστι θέλημα υἱοῦ θεικὸν θελήματος θεοῦ κεχωρισμένον. ἔδει δὲ τὸ τῆς σαρκὸς θέλημα κινηθῆναι, ὑποταγῆναι δὲ τῷ τῆς σαρκὸς θελήματι.* Dorner (I, 1071) behauptet trotzdem, Athanasius verlange keine Wahlfreiheit und keine Zweiheit von Willen für den Gottmenschen. Aber Athanasius schließt nur die Wahlfreiheit zwischen Gut und Böse vom Gottmenschen ans, keineswegs die Wahlfreiheit überhaupt, und eine Zweiheit vom Willen lehrt er ausdrücklich.

tiger Weise gezogen worden. Die Widerlegung selbst aber des Irrthums des Apollinarismus liegt in des Athanasius ganzer Darstellung der hypostatischen Union, welche später zur Sprache kommen soll.

II. Die leibliche Natur Christi ist nicht ungeschaffen, himmlisch oder der Gottheit wesensgleich.

1. Wenn wir nun auf die athanasianische Bekämpfung der apollinaristischen Vorstellungen über die leibliche Natur Christi übergehen, so ist vor Allem zu bemerken, daß Athanasius den Apollinaris immer so auffaßt, als lehre er eine himmlische Leiblichkeit des Gottmenschen. Von diesem Standpunkte aus sagt er:[1]) „Ungeschaffen ist nur die göttliche Trias, nicht das Fleisch des Erlösers. Wenn ihr das ungeschaffene Wesen des Logos leidensfähig nennt, so lästert ihr gegen die Gottheit, wenn ihr aber das leidensfähige Fleisch, das ganz unserem Wesen entsprach, ungeschaffen nennt, so gerathet ihr in einen doppelten Irrthum, indem ihr mit den Manichäern das Leiden für bloßen Schein erklären oder das Wesen der ungeschaffenen Gottheit leiden lassen müßt. Was tadelt ihr aber dann noch jene, die sich Gott in menschlicher und fleischlicher Gestalt vorstellen?"

„Ihr sagt, ungeschaffen sei das Fleisch geworden durch die Vereinigung mit dem Ungeschaffenen. Hier widerlegt sich euer Irrthum selbst. Denn die Vereinigung geschah im Mutterleibe und das Fleisch war nicht vor dem Erscheinen des Logos oder vor der Gottesgebärerin Maria. Christus wird zu Bethlehem geboren und nimmt zu an Alter und Wachsthum. Wenn er nun durch Vereinigung mit dem Logos ungeschaffen wurde, warum erschien er nicht gleich vollkommen, sondern nahm nach dem Willen des Logos am Leibe zu? Dem Ungeschaffenen ein Wachsthum zuschreiben, ist gottlos. Denn das Ungeschaffene heißt seinem Wesen nach ungeschaffen und erleidet keine Vermehrung und keine Verminderung. Was aber mit dem Ungeschaffenen etwas gemeinsam hat oder mit ihm geeinigt ist, das heißt zwar dem Ungeschaffenen eigen, ist aber nicht selbst ungeschaffen, auf daß man nicht der Wohlthat der Einigung vergesse und die noch in der Schwachheit befindliche Menschheit nicht in Hoffnungslosigkeit falle, indem sie nach euch keine Verwandtschaft mit Gott erfahren, auf daß endlich nicht wieder die Gnade vereitelt werde. Hätte nemlich

[1]) c. Ap. I, 3.

der Ungeschaffene einen ungeschaffenen Leib angenommen, so wäre die erste Bildung vernichtet und aufgehoben das Urbild des Adam, dessen Nachkommen wir bis heute sind gemäß der fleischlichen Abstammung. Wie hätte uns Christus dann seiner selbst theilhaftig gemacht? Wie sagt der Apostel: „Der, welcher heiligt, und jene, welche geheiligt werden, sind Alle aus Einem?“ [1])

„Man darf aber vom Logos selbst nicht falsch denken. Bei den Geschöpfen heißt das ungeschaffen, was nie existirt hat. [2]) Daraus dürfet ihr aber (nach eueren Begriffen) nicht schließen, daß an dem Ungeschaffenen Nichts existirt hat, d. h. daß der Logos nicht Mensch geworden ist. Nur die Gottheit wird nemlich ungeschaffen gedacht, die menschliche Natur aber kann dem Logos wohl eigen, aber nicht der Gottheit gleich ewig und gleichwesentlich werden. Sie wurde dem Logos eigen, als er in menschlicher Weise geboren wurde, um uns zu suchen und ein Vorbild zur Nachahmung zu geben?

„Wenn eine Natur durch Verwandlung ungeschaffen wird, warum nicht auch unsichtbar und unsterblich? Und zwar nicht nach dem Tode, sondern weil sie unempfänglich ist für den Tod. Wie starb aber dann der Herr, wenn der Ungeschaffene ungeschaffen auf Erden weilt? Wie war er sichtbar und tastbar?“

Wenn aber die Apollinaristen darauf sich etwas zu Gute thaten, daß sie kein Geschöpf anbeten, so erwidert Athanasius: [3]) „Der Leib des Herrn ist des ungeschaffenen Logos Leib geworden, und dessen Leib er geworden, dem bringt man die Anbetung dar. In schuldiger Weise wird er also göttlich angebetet, denn Gott ist der Logos, dem der Leib gehört. So berührten die Weiber seine Füße und beteten ihn an. Die Füße berührten sie, Gott aber beteten sie an.“

In seinem Briefe an Adelphius vertheidiget sich Athanasius ausführlich gegen den Vorwurf, daß die Katholiken Anbeter eines Geschöpfes, also Götzendiener seien. „Wir beten kein Geschöpf an, heißt es da, [4]) das sei ferne. Denn heidnisch und arianisch ist eine solche Verirrung,

[1]) c. Ap. I, 4.

[2]) c. Ap. I, 5. p. 925 C: *῞Ολως ἐν τοῖς ποιήμασι τὸ λεγόμενον ἄκτιστον τὸ μηδέπω ὑπάρξαν λέγεται, ὅτι μὴ γέγονεν. Μή τι οὖν ἄρα μήϑ' ὅλως γεγονέναι ἐν τῷ λόγῳ σάρκα ὑπολαμβάνοντες εὐφήμῳ λέξει ποιεῖσϑαι καὶ τὴν ἄρνησιν εὐϑὺς ἐννοεῖτε, ἵνα μηδὲν ἐν τῷ ἀκτίστῳ ὁμολογήσητε.*

[3]) c. Ap. I, 6.

[4]) Ep. ad Adelph. 3.

sondern den Herrn der Schöpfung, den fleischgewordenen Gott Logos beten wir an. Wenn auch das Fleisch für sich ein Geschöpf ist, so ist es doch der Leib Gottes geworden. Wir beten nun weder diesen Leib für sich an getrennt vom Logos, noch auch sondern wir den Logos, wenn wir ihn anbeten wollen, von seinem Fleische, sondern wohl wissend, was geschrieben steht, nämlich: das Wort ist Fleisch geworden, erkennen wir ihn auch im Fleische als Gott an. Wer möchte denn so thöricht sein, daß er zum Herrn sagte: Trenne dich vom Körper, auf daß ich dich anbeten kann?"

2. Im Bisherigen ist auch schon der Satz widerlegt, daß der Leib Christi aus dem Himmel sei. Speziell macht Athanasius hiegegen noch Folgendes geltend:[1]) „Der schöpferische Logos ist als Menschensohn erschienen, nicht als ein anderer, sondern als zweiter Adam, auf daß wir schon aus dem Namen die Wahrheit erkennen. Den zuerst gebildeten bezeichnet der Apostel als den früheren, indem er zuerst den psychischen, dann den pneumatischen Leib nennt. Damit meint der Apostel aber nicht zwei verschiedene Leiber, sondern einen und denselben, das erstemal in der Macht und Natur der Seele, das zweitemal in der Macht und Natur des Geistes; denn der Geist (Pneuma) ist der göttliche Logos. Wenn es nun so sich verhält, wie ihr sagt, warum heißt Christus nicht bloß Mensch, so daß er dann als neuer Mensch vom Himmel gekommen wäre, sondern Sohn des Menschen? Wenn er nun auf Erden Menschensohn wurde, wiewohl nicht aus dem Saamen eines Mannes, sondern aus dem hl. Geiste geboren, so muß er auch als Sohn des Einen Stammvaters Adam aufgefaßt werden. Denn außer Adam redet die Schrift nicht von einem anderen Menschen, der im Himmel seinen Anfang genommen hätte, so daß er seinen Leib vom Himmel hätte und Menschensohn wäre ohne Adam. Darum nennt ihn auch Matthäus Sohn Abrahams und Davids nach dem Fleische, Lukas aber läßt ihn abstammen von Adam und von Gott. Wollt ihr also Jünger der Evangelien sein, so redet nicht unrecht von Gott, sondern richtet euch nach dem Geschriebenen und Geschehenen!"

3. Weiter richtet sich Athanasius gegen die Behauptung, daß der Leib wesensgleich sei mit dem Logos.

„Ihr seht nicht ein, sagt er,[2]) daß ihr damit in einen doppelten gottlosen Irrthum gerathet. Ihr sagt so, um entweder das Fleisch zu

---

[1]) c. Ap. I, 8.
[2]) c. Ap. I, 9.

leugnen, oder um die Gottheit zu lästern. Die Schriften aber verkünden, daß Christus dem Fleische nach aus dem Samen Davids entstand. Wie erröthet ihr nun nicht, dieses Fleisch wesensgleich mit dem Logos zu nennen. Es ist das widersinnig, denn „wesensgleich" bezeichnet die Identität der Natur und die eigene Vollkommenheit in sich selbst. Gleichwie nämlich der Sohn, wenn er für wesensgleich mit dem Vater gehalten wird, als ein in sich vollendeter einem vollendeten gegenüber erscheint, so auch der hl. Geist. Ihr gebt nun auch dem Fleische, wenn es dem Logos wesensgleich ist, eine eigene Vollkommenheit der Vollkommenheit des Logos gegenüber, und so wird nach euch eine Tetras statt der Trias verkündet."

Wenn die Apollinaristen sagten, das Fleisch des Logos sei ihm wesensgleich geworden, so replicirt Athanasius also:[1]) „Wie ist das geschehen? Wenn das, was von Natur aus nicht Gottheit ist, durch Verwandlung zur Gottheit wird, was tadelt ihr noch die Arianer, die eine solche Ansicht über den Logos aussprechen? Die Schrift sagt, das Wort ist Fleisch geworden, nicht umgekehrt, das Fleisch ist Wort geworden. Wenn euch also die ohne Vermischung sich vollziehende, natürliche Einheit des Logos mit dem ihm eigen gewordenen Fleische nicht genügt, wenn ihr den Ausspruch, daß Gott Mensch geworden, weder hören noch glauben wollt, und es euch nicht genug ist, vom Leibe Gottes zu hören, vom Sohn Gottes, der Mensch geworden u. s. w., wenn ihr das Wort „Leib" und die Benennung „Mensch" gänzlich aufheben wollt, wie könnet ihr da noch die heiligen Schriften lesen?"

„Wenn die Apollinaristen, fährt Athanasius weiter,[2]) wegen des Wortes „wesensgleich" das Wort „Fleisch" und die Benennung „Mensch" aufheben, so dürfen sie nicht mehr den Tod des Herrn verkünden, oder sie müssen den Tod auch vom Vater und vom hl. Geist verkünden. Wenn sie nicht bekennen, daß Christus im Fleische gelitten, so müssen sie auch die Gottheit des Vaters und des hl. Geistes für des Todes fähig halten. Das aber ist die größte Häresie. Denn der Tod des Fleisches ist Tod des Logos, weil weder der Vater, noch der hl. Geist Mensch geworden, sondern der Logos. Darum, wenn wir Christum als Gott und als Menschen bekennen, so sagen wir dieses, um das Leiden und den Tod von dem

[1]) c. Ap. I, 10.
[2]) c. Ap. I, 11.

Fleische des Logos zu bekennen, den Logos selbst aber für unveränderlich und unwandelbar zu halten. Es ist also derselbe leidend und nicht leidend, der göttlichen Natur nach leidenlos, unveränderlich und unwandelbar, im Fleische aber leidend."

4. Es widerspricht also nach dem hl. Athanasius die Annahme, daß die Menschheit, speciell die leibliche Natur in Christo zur Gottheit werde, geradezu der hl. Schrift und dem christlichen Glaubensbewußtsein. Dasselbe gilt aber auch von der Vorstellung, daß Gott und der Mensch zwei verschiedene concrete Subjecte seien.

III. Logos, Sohn und Christus sind dieselbe Person.

1. „Es irren auch Jene, so fährt Athanasius im Anschlusse an die obigen Worte fort, welche da sagen, ein anderer sei der Sohn, welcher gelitten, und ein anderer der, welcher nicht gelitten." Diese Ansicht ist wohl nicht von Apollinaris selbst ausgesprochen worden, weil er ja gerade die Einheit der Person Christi und seine völlige Identität mit sich selbst festhalten wollte.[1]) Wohl aber konnten seine Schüler auf einen solchen Satz hinauskommen, indem der strenge Monophysitismus sehr leicht in sein Gegentheil umschlagen kann. In dieser Form konnte der Apollinarismus sich auch leichter amalgamiren mit den noch vorhandenen Ueberresten ebionitischer und samosatenischer Anschauungen. Wie die Apollinaristen gerade zum Gegentheile ihres Ausgangspunktes gelangen konnten, können wir aus einer Stelle bei Athanasius sehen, der sagt,[2]) „wenn sie den Logos als Gott und als Sohn Davids getrennt betrachten wollen, so müssen sie nach ihrer Ansicht zwei (Personen) annehmen." Vollzog nun auch Apollinaris nicht selbst diese Trennung, so konnte sie doch von seinen Anhängern vollzogen werden, um doch einen Unterschied herauszubringen zwischen dem Sohn Gottes und dem Sohne des Menschen, und dadurch den sonst zu augenscheinlichen Doketismus zu vermeiden.

Athanasius erwidert auf diese Irrthümer der Apollinaristen:[3]) „Wenn ihr glauben würdet, belehrt von den göttlichen Schriften, daß dr Logos

---

[1]) Dies zeigt uns die von Apollinaris gebrauchte Formel *ὁ αὐτὸς καὶ ὁ αὐτός* (c. Ap. II, 4) an, aus welcher Athanasius mit Recht den Doketismus ableitet.

[2]) c. Ap. I, 10 p. 930: *Λόγον καὶ θεὸν καὶ υἱὸν Δαβὶδ εἰ κατὰ διαίρεσιν βούλεσθε θεωρεῖν, δύο καθ' ὑμᾶς ἂν λέγοιντο.*

[3]) c. Ap. I, 10.

als Gott Sohn des Menschen geworden ist, dann würdet ihr erkennen, daß Christus Einer ist, Gott und Mensch zugleich." „Es ist der nicht ein anderer als der Logos, welcher den Tod und das Leiden auf sich genommen hat, sondern der leidenlose und körperlose Logos selbst hat, indem er einer menschlich-fleischlichen Geburt sich unterzog, Alles erfüllt. Es heißt von ihm, er sei vorzüglicher geworden als die Engel, nicht als ob der Schöpfer der Engel selbst vorzüglicher geworden wäre als die Engel, nachdem er einst weniger war, sondern die Gestalt des Knechtes, die er durch eine natürliche Geburt sich zu eigen machte, wurde vorzüglicher."[1])

In seinem Briefe an Epictet bekämpft Athanasius[2]) gleichfalls solche, welche den aus Maria geborenen Menschen für einen Anderen hielten, als den Herrn und Gott. „Wenn nicht Gott im Leibe war, warum wurde sogleich der aus Maria Hervorgegangene Emmanuel genannt? Warum schrieb Paulus, Christus sei Gott, gepriesen in Ewigkeit? Warum rief Thomas aus: Mein Herr und mein Gott! Als Gott und als König der Ehre war der Sohn in dem schmählich angenagelten und verachteten Leibe. Es litt der Leib, als er am Holze durchbohrt wurde und es floß von seiner Seite Blut und Wasser, weil er aber Tempel Gottes war, so war er erfüllt von der Gottheit. Darum zog die Sonne ihre Strahlen zurück und bedeckte die Erde mit Finsterniß. Der Leib selbst aber, von Natur aus sterblich, stand auf über seine Natur hinaus wegen des Logos in ihm."

2. Waren einmal die Apollinaristen da angelangt, daß sie den Menschen Jesus dem Logos als eine selbstständige Person gegenüberstellten, so war nur mehr ein leiser Schritt zum vollen Ebionismus, daß nämlich der Logos im Menschen Jesus nur als Kraft wohne, oder, wie man sich ausdrückte, daß der Logos auf Jesus herabgekommen wie auf einen Propheten.[3])

Schon in seinen Schriften gegen die Arianer spricht sich Athanasius also aus gegen derartige Auffassungen:[4]) „Wenn es sich so verhielte und der Logos im Menschen bloß erschienen wäre, so wäre das nichts Auffallendes, und es hätten Jene, welche es sahen, nicht ihre Bewunderung

---

[1]) c. Ap. I, 12.

[2]) Ep. ad Epict. 10.

[3]) Ein Beispiel, wie die Lehre von einer Verwandlung des Logos in den pursten Ebionismus umschlagen kann, bietet uns Hilarius de trin. 10, 15 etc. (Vgl. Dorner I, 978)

[4]) c. Ar. III, 30—31.

ausgedrückt mit den Worten: Woher stammt dieser? oder: Warum machst du dich, der du ein Mensch bist, zu Gott? Sie waren ja gewohnt, das zu hören. Einst kam der Logos zu jedem Heiligen und heiligte die, welche ihn würdig aufnahmen, aber es ist nicht gesagt worden, als jene geboren wurden, Er sei Mensch geworden, noch wie jene litten, Er habe gelitten. Als er aber einmal aus Maria erschienen war in der Fülle der Zeiten, um die Sünde zu tilgen, da ist gesagt worden, daß er Fleisch angenommen habe und Mensch geworden sei und im Fleische für uns gelitten habe, auf daß bewiesen werde und wir Alle glauben, daß er, da er Gott war, und Alle heiligte, zu denen er kam, und Alles ordnete nach dem Willen des Vaters, später auch unsertwegen Mensch geworden ist."

Aehnlich argumentirt Athanasius gegen die Apollinaristen.[1]) „Eine solche Raserei, sagt er, trägt ihre Widerlegung offen zur Schau. Wenn nämlich der Logos auf Jesus, wie auf einen Propheten herabkam, warum ist er aus einer Jungfrau, und nicht ebenfalls aus Mann und Weib? Denn so wurde Jeder der Heiligen geboren. Oder warum sagt man nicht von Jedem, daß er für uns gestorben sei, sondern nur vom Logos? Warum heißt es bloß von ihm, daß er am Ende der Zeiten erschienen ist? Oder warum sind nicht auch die andern auferstanden, sondern nur der aus Maria Geborne? Warum heißt er allein Emmanuel, insoferne als sein Leib von der Gottheit erfüllt war? Oder warum heißt es bloß bei ihm, daß der Logos selbst aß und trank, und müde ward und starb und nicht auch bei den andern? Was nämlich sein Leib litt, das ist so gesagt, als ob er selbst es gelitten. Von allen andern heißt es bloß, daß sie gezeugt und geboren wurden, von dem aus Maria Gebornen aber, daß der Logos Fleisch geworden."

„Aus all dem, so schließt Athanasius,[2]) geht hervor, daß der Logos auf die andern bloß kam, damit sie weissagen könnten, aus Maria aber selbst Fleisch angenommen und als Mensch hervorgegangen ist, der Natur und dem Wesen nach Logos Gottes, dem Fleische nach aber aus dem Samen Davids und aus dem Fleisch der Maria Mensch geworden."

„Welcher Prophet ist, heißt es anderswo,[3]) da er Gott war, Mensch geworden? Warum hat das Gesetz Nichts zur Vollendung gebracht, warum herrschte der Tod auch über die, welche nicht gesündigt haben gleich dem

---

[1]) Ep. ad Epict. 11.

[2]) ad Epict. 11. cf. ad Maximum 2.

[3]) c. Ap. I, 21.

Stammvater Adam?[1]) Warum hat Gott gesagt: Wenn der Sohn euch befreit, so werdet ihr wahrhaft frei sein? Werden wir nicht nach der in ihm befindlichen Neuheit und Vollkommenheit, durch welche die Gläubigen erneuert werden, durch Nachahmung und Theilnahme an der vollkommenen Neuheit Christi frei sein?"

3. Wie wir schon gesehen haben, ist die richtige Verbindung und Unterscheidung der Begriffe Logos, Sohn und Christus für die damalige Theologie von großer Bedeutung. In letzter Instanz spitzte sich, wie aus dem oben Gesagten erhellen dürfte, der ganze Streit mit dem Arianismus und Sabellianismus auf die richtige Unterscheidung und Verbindung jener Begriffe zu. Christus ist dem hl. Athanasius die Vollendung des Begriffes Logos sowohl in seinem philosophischen als auch in seinem alttestamentlich theologischen Inhalte. Von dieser Anschauung aus, die Athanasius allerdings mehr voraussetzt als streng methodisch darlegt, zeigt er gegenüber dem Arianismus, daß der Logos in der Gottheit selbst und nicht außerhalb derselben seine Existenz habe, gegenüber dem Sabellianismus, daß er vom Vater persönlich verschieden sei. Trat hier der Gegensatz der Anschauungen in der Trinitätslehre hervor, so konnte derselbe Gegensatz eben so leicht auftauchen in der Christologie, wovon wir in den angeführten apollinaristischen Lehren ein Beispiel haben. Hier aber trat noch ein Moment, das im Arianismus und Sabellianismus mehr im Hintergrunde verblieben war, in bedeutenderem Maßstabe hervor, nemlich die alttestamentliche Lehre vom Worte Gottes, das auf die Propheten herabgekommen.

Der Glaube hielt Christum selbst in seiner eigenen Persönlichkeit als dieses Wort Gottes, das jetzt im Leibe erschienen, die Häresie trennte beide in unrichtiger Weise. Christus stellt sich überhaupt dem Glauben dar als ein Totalbild, das gewissermaßen Himmel und Erde, alles Unendliche und Endliche in einer Einheit umschließt und zusammenfaßt, aber in der Weise, daß in der begrifflichen Bestimmung dieses Bildes das Positive den Ausschlag gibt. Die Häresie zerreißt die Einheit der Vorstellung von Christus und läßt nicht so fast die unwan-

[1]) Diese Stelle bildet keine Instanz gegen die katholische Erbsündelehre, sondern gerade umgekehrt. Dem Zusammenhang gemäß ist hier nur die Rede von der persönlichen Sünde, und wenn nun auch über Jene, welche persönlich nicht sündigten, der Tod herrschte, so muß die Ursache dessen die Erbsünde sein.

delbare göttliche Offenbarung, als vielmehr den wandelbaren menschlichen Begriff zur Geltung gelangen.

Athanasius hält allen Häresien gegenüber entschieden fest daran, daß die positiv gegebene Idee von Christus Vollendung und Ziel aller Wahrheit ist. Darum legt er auch in seinen Beweisen gegen die verschiedenen apollinaristischen Irrthümer das Hauptgewicht immer auf die Aussagen der hl. Schrift und der positiven Offenbarung über Christus. Wie ihm diese Aussagen im Arianismus illusorisch zu werden scheinen, so glaubt er, könne auch der Apollinarismus sie nicht ohne Widerspruch erklären, und trage darum das Urtheil der Verwerfung in sich selbst.

IV. Der Mensch wird nicht erlöst durch bloße Nachahmung Christi.

Besondere Wichtigkeit in der antiapollinaristischen Polemik des hl. Athanasius hat noch seine Widerlegung der subjectiven Erlösungstheorie der Apollinaristen. Athanasius erklärt sich also gegen sie:[1] „In einer uns ähnlichen Gestalt suchte uns der Herr zu beleben und zur Verähnlichung und Nachahmung eines vollkommenen Bildes einzuladen. Wie könnte eine Nachahmung der Vollkommenheit geschehen, wenn nicht eine absolute Vollkommenheit zuerst vorhanden wäre? So sagt auch der Apostel, wir sollen den alten Meuschen aus- und einen neuen anziehen, der nach Gott geschaffen ist.“

„Umsonst bildet ihr euch ein, heißt es weiter,[2]) ihr könntet die Erneuerung des in euch denkenden und das Fleisch bewegenden Princips in euch selbst wirken, nämlich durch Nachahmung, indem ihr nicht merkt, daß die Nachahmung Nachahmung einer vorausgehenden That ist, sonst hieße sie ja nicht Nachahmung. Wenn ihr in Christo bloß eine Erneuerung des Fleisches bekennt, so ist das ein gotteslästerlicher Irrthum. Wenn nämlich die Menschen die Erneuerung des das Fleisch bewegenden Princips für sich ohne Christus wirken könnten, und wenn dem Bewegenden das Bewegte selbst folgte, was bedürfte es da noch der Ankunft Christi?“ Nicht auf bloß äußerliche Weise, sondern durch eine wesentliche Umgestaltung, durch eine neue Schöpfung erreichen die Gläubigen ihr Heil. In diesem Sinne heißt Christus der Erstgeborne unter vielen Brüdern und der Erstling der Entschlafenen. Wie könnte er dieses bei den Apollinaristen sein?[3])

---

[1]) c. Ap. I, 5.

[2]) c. Ap. I, 20.

[3]) c. Ap. II, 11.

Der bloß äußerlichen Rechtfertigungslehre des Apollinarismus stellt also Athanasius die Theorie einer inneren Umwandlung und völligen Neuschaffung des Menschen entgegen. Er erkannte, wie tief verdorben der Mensch durch die Sünde sei und wie er mit seiner Kraft auch auf ethischem Gebiete nicht über sich selbst hinauskomme.

V. Resultat des Kampfes gegen den Apollinarismus.

Stellen wir jetzt den Apollinarismus (im weitern Sinne) und die Bekämpfung desselben durch Athanasius einander gegenüber, so geht ersterer von den Schwierigkeiten der hypostatischen Union sofort über zur gänzlichen Leugnung derselben. Sein Charakter ist also rein negativ und destruktiv. Trefflich wirft Athanasius ihm daher vor:[1]) „Alles habt ihr ausgedacht, um euren Einen verneinenden Fundamentalsatz zu stützen. Ihr verleumdet uns, daß wir zwei Söhne annehmen und nennt uns Menschenanbeter, oder ihr kommt mit dem Einwande von der Sünde, nicht aus Gottesfurcht, sondern um eurem Irrthum durch ruchlose Erfindungen leichter Eingang zu verschaffen, und um die Schwachen durch eure gottlosen Reden abwendig zu machen."

Athanasius dagegen hält trotz der größten Schwierigkeiten fest an der Annahme einer vollständigen Menschennatur durch Christus. „Mag es auch ein schwereres Problem werden, zwei vollständige Größen, den Logos und den Menschen, zur Einheit zu bringen, als zwei unvollständige, temperirte, der Glaube verlangt die vollständige Menschheit Christi als unerläßlich, weil sonst auch sein Werk unvollständig wäre, das der Glaube als vollständig weiß und weil Christus ohne Wesensgleichheit mit uns auch nicht auf uns wirken könnte."[4])

Darum hält Athanasius fest am Glauben der Kirche und bewahrt so treu die Grundlage zu einer wissenschaftlichen Construktion der Lehre von der hypostatischen Union und von der Erlösung der Welt durch Jesus Christus.

---

[1]) c. Ap. I, 21.

[2]) So Dorner über Athanasius (I, 1036).

III. Hauptstück.

Die Ausbildung der Christologie und Soteriologie durch Athanasius.

In unzweideutiger Weise postulirt Athanasius für Christus eine vollkommene Gottheit und eine vollkommene Menschheit. Seinen Begriff von der göttlichen Natur im Allgemeinen haben wir im ersten Theile gesehen, seinen Begriff von der menschlichen im zweiten Theile, die nähere Begründung seiner Forderung in seinem Kampfe mit dem Apollinarismus. Es erhebt sich nun die Frage, durch welche Begriffe er speziell die beiden Naturen und ihre Vereinigung in Christo zu erfassen strebte, wie er also das Verhältniß des Logos zu der von ihm angenommenen menschlichen Natur bestimmt. Daran schließt sich die weitere Frage, wie der Logos in der menschlichen Natur die Erlösung ausführte und wie er den einzelnen Menschen die Verdienste seines Werkes zuwendet. Die doppelte Wirksamkeit des Logos bei Annahme der menschlichen Natur überhaupt und bei Ausführung des Erlösungswerkes theilt dieses Hauptstück von selbst in zwei Abschnitte, nemlich in die Lehre von der Person Christi und in die Lehre vom Werke Christi.

Da mit dem Hervortreten des Apollinarismus die christologischen und soteriologischen Anschauungen des hl. Athanasius, wie sich zeigen soll, nicht wesentlich geändert, sondern höchstens klarer ausgebildet wurden, so braucht man auch in der Darstellung seiner Christologie und Soteriologie nicht ein doppeltes Stadium bei ihm zu unterscheiden.

I. Die Lehre von der Person Christi.[1])

Die ganze Lehre von der Person Christi spricht Athanasius kurz in folgender Stelle aus:[2]) „Das Wort Christus enthält nicht einen einzigen Begriff, sondern in diesem Einen Namen ist ein Doppeltes bezeichnet, die Gottheit und die Menschheit. Darum heißt Christus Mensch und Gott und ist Gott und Mensch und dennoch nur Einer.“ Damit ist die Grundlage angegeben, auf welcher sich die ganze Christologie des hl. Athanasius

---

[1]) Vgl. Voigt S. 123 ff.

[2]) c. Ap. I, 13. p. 932 E: *Χριστὸς μονοτρόπως οὐ λέγεται, ἀλλ' ἐν αὐτῷ τῷ ὀνόματι ἑνὶ ὄντι ἑκατέρων τῶν πραγμάτων δείκνυται σημασία, θεότητός τε καὶ ἀνθρωπότητος. Διὸ καὶ ἄνθρωπος λέγεται ὁ Χριστὸς καὶ θεὸς λέγεται ὁ Χριστός καὶ θεὸς καὶ ἄνθρωπός ἐστιν ὁ Χριστός, καὶ εἷς ἐστιν ὁ Χριστός.*

auferbaut, die Vereinigung der zwei Naturen zu Einer Person und die darauf sich gründende sogenannte Prädikatsgemeinschaft der beiden Naturen.

1. Die göttliche Seite der Person Christi.

Da wir über das göttliche Wesen der Person Christi schon hinlänglich gehandelt haben, so haben wir hier nur mehr darzustellen, welchen Bestimmungen sich der Logos unterwerfen mußte, um Mensch werden zu können. In dieser Hinsicht erscheint die Menschwerdung bei Athanasius als huldvolle Herablassung des Logos. „Der Logos, sagt er,[1]) hatte Erbarmen mit unserer Schwäche und ließ sich zu unserem Verderben herab und nahm einen dem unsrigen gleichen Leib an." „Darum heißt Christus ein himmlischer Mensch, weil der Logos sich vom Himmel herabgelassen hat."[2]) „Als die Schöpfung wieder erneuert werden mußte, da bot der Logos sich an zur Herablassung und Verähnlichung mit der Schöpfung."[3]) „Wegen dieser Herablassung zu den Geschöpfen heißt er Erstgeborner der Schöpfung."[4]) Diese Herablassung bei der Menschwerdung bringt Athanasius auch in Verbindung mit seiner Herablassung bei der Schöpfung. Erstgeborner der Schöpfung heißt ihm nämlich der Logos sowohl wegen seiner ersten Herablassung zu den Geschöpfen behufs ihrer Erschaffung, als auch wegen seiner Herablassung behufs Erhebung derselben zur Sohnschaft, „damit er so Erstgeborner in Allem sei, sowohl indem er schafft, als auch indem er in die Welt eintritt.[5])"

Wie aber die Herablassung des Logos bei der Schöpfung keine sein Wesen berührende Depotenzirung desselben herbeiführt, so auch nicht seine Herablassung bei der Menschwerdung. Denn „der Logos war ja nicht im Körper eingeschlossen, so daß er nur im Körper und sonst nirgends gewesen wäre, noch wirkte er bloß auf denselben ein, während das Weltall seiner Thätigkeit und Fürsorge beraubt gewesen wäre, sondern er wurde von keiner Schranke umgeben. Gleichwie er sich in der ganzen Schöpfung befindet und gleichwohl seinem Wesen nach außerhalb der Welt ist, gleichwie er Alles umfaßt, selbst aber nicht umfaßt wird, sondern nur in seinem Vater allein ganz im ganzen ist, in gleicher Weise

---

[1]) de inc. 8.

[2]) c. Ar. I, 44.

[3]) c. Ar. II, 51. cf. In illud 2.

[4]) c. Ar. II, 62. p. 529 F: *Πρωτότοκος τῆς κτίσεως λέγεται διὰ τὴν πρὸς τὰ κτίσματα συγκατάβασιν.*

[5]) c. Ar. II, 64.

belebte er, da er im menschlichen Leibe war und ihn selbst belebte, natürlicher Weise auch alle Dinge. Und er befand sich in Allem und war außerhalb aller Dinge.“ [1]) „Er wurde an seiner Gottheit nicht verringert durch Annahme des menschlichen Fleisches.“ [2]) Der Grund hiefür liegt darin, daß er „nicht in Folge seiner Natur in Körpergestalt erschienen ist, sondern der Liebe und Güte seines Vaters entsprechend hat er in menschlicher Gestalt sich uns geoffenbart.“ [3])

Gleich der Schöpfung, welche Athanasius an der oben citirten Stelle gewissermaßen als die erste Menschwerdung des Logos sich vorstellt, insoferne er schon durch sie Erstgeborner der Schöpfung wird, ist dem Gesagten zufolge auch die Incarnation eine That der göttlichen Liebe, wofür es in der Natur Gottes keinen bestimmenden Grund gibt. Damit ist im Vorhinein jede pantheistische Incarnationslehre ausgeschlossen.

2. Die menschliche Seite der Person Christi.

1. Zur Bezeichnung des Menschlichen in Christus hat Athanasius fürs Erste bildliche Ausdrücke, wie Haus, Tempel, Werkzeug, Kleid. So erklärt er die Stelle, „die Weisheit hat sich ein Haus gebaut“ dahin, daß der Logos sich einen Leib bereitet habe, und sagt, daß die Weisheit ihr Haus in sich zunehmen ließ, [4]) daß der Logos sich im Schooße Mariens ein Haus gebildet habe. [5]) Weiter heißt es, der Leib als Tempel des Logos war erfüllt von der Gottheit, [6]) der Aussätzige betete wie in einem geschaffenen Tempel den Schöpfer des Universums an, [7]) er erkannte, daß der Logos aus einem heiligen Tempel sprach. [8])

Der Logos, sagt Athanasius wiederum, nahm den menschlichen Körper als ein Werkzeug an und gebrauchte ihn als Werkzeug. [9]) Sehr oft steht auch der Ausdruck, daß der Logos einen menschlichen Leib anzog,

---

[1]) de inc. 17.

[2]) ad Adelph. 4. cf. c. Ar. I, 42, 48; II, 51 etc.

[3]) de inc. 1. p. 48 A: *Μὴ νομίσῃς ὅτι φύσεως ἀκολουθίᾳ σῶμα πεφόρεκεν ὁ σωτήρ. ἀλλ' ὅτι κατὰ φιλανθρωπίαν καὶ ἀγαθότητα τοῦ ἑαυτοῦ πατρὸς διὰ τὴν ἡμῶν σωτηρίαν ἐν ἀνθρωπίνῳ σώματι ἡμῖν πεφανέρωται.* cf. de inc. 4; ad Max. 3 etc.

[4]) c. Ar. III, 52.

[5]) c. Ar. IV, 34.

[6]) ad Epict. 10.

[7]) ad Adelph. 3.

[8]) ad Adelph. 4.

[9]) de inc. 43, 44.

so daß die Menschheit als Kleid gedacht wird.[1]) Mit dieser Vorstellung hängt es zusammen, wenn die Menschheit erscheint nicht als Wesen des Herrn, sondern als Etwas, das um ihn, also nicht innerhalb der Sphäre seines eigenen Wesens ist,[2]) ferner, wenn seine geschaffene Seite bezeichnet wird als Umwurf der Gottheit.[3])

Alle diese Ausdrücke und die durch sie bezeichneten Vorstellungen stammen entschieden aus der hl. Schrift, wo der Herr redet vom Tempel seines Leibes,[4]) wenn auch die Anschauung, daß der Logos sich in den Leib kleidet, in anderer Form auch bei Plato sich findet. Es liegt ihnen allen die Vorstellung zu Grunde, daß die Menschheit in Christo Wohnsitz der Gottheit und Medium ihres Handels geworden ist.[5]) Nur soviel will Athanasius durch sie zur Darstellung bringen, nicht aber, daß die Menschheit nur äußerlich an der Gottheit gehangen habe, wenn seine weiteren Bestimmungen damit im Einklange stehen sollen.

2. Es führt nemlich die Menschheit Christi bei Athanasius auch die Bezeichnung Leib oder Fleisch des Logos. Aus den unzähligen Stellen, in denen diese Ausdrücke sich finden, wollen wir nur ein paar herausheben. Es heißt z. B. „der Logos hat das Fleisch (an sich) getragen,"[6]) oder: „er hat aus der Jungfrau einen Leib sich gebildet."[7])

Die Bezeichnung Fleisch für die menschliche Seite Christi ist ganz entschieden biblisch und stützt sich hier vornehmlich auf den Prolog des Johannes-Evangeliums.

Mit dieser Bezeichnung hängt es zusammen, wenn Athanasius den Herrn Träger des Fleisches[8]) nennt, was nur eine Composition ist

---

[1]) z. B. de inc. 44; c. Ar. III, 34; ad Epict. 2, 4 etc.

[2]) c. Ar. II, 45.

[3]) de decr. 14: *Οὐκ ἠλαττοῦτο τῇ περιβολῇ τοῦ σώματος.* Vgl. ein Fragment bei Theodoret dial. I, wo Athanasius die *στολὴ* (Gen. 49, 11) als *περιβολὴ τῆς θεότητος* bezeichnet (Migne. II, 1240). Ebenso in Serm. in ram. palm. (Migne II, 1312).

[4]) Joh. 2, 21. Vgl. Prov. 9, 1; Col. 2, 9. Ueber die Bezeichnung *οἶκος, ναός* vgl. Pet. de inc. l. VII, c. 10, 11. Auch Tert. (adv. Prax. 27) sagt: carne indutus. Vgl. Hefele, Conciliengeschichte, Bd. II, S. 141.

[5]) Pet. de inc. l. VII, c. 13 sagt, das Bild vom Kleide drücke aus, daß der Logos keine Veränderung seiner selbst erfahren, daß die Gottheit im Leiden nicht Theil genommen, daß die Naturen verschieden seien.

[6]) ad Adelph. 6.

[7]) de inc. 18.

[8]) Cf. die Admonitio zu de inc. c. Ar. n. 4 von Montfaucon. *Σαρκόφορος* wurde auch von den Apollinaristen in Anspruch genommen und sie thaten sich viel darauf zu

aus der vielfach sich findenden Redeweise, der Logos habe das Fleisch (an sich) getragen.

Weiter erscheint die Menschheit Christi als Leib des Herrn.[1]) Athanasius redet von einem aus einer Jungfrau gebornen Leibe des Herrn,[2]) von einem Leibe des Herrn, in welchem das Gesetz des Todes seine Macht aufgezehrt hat.[3])

Ebenso ist bei Athanasius die Rede von einem Menschen des Herrn.[4]) Der Mensch des Herrn ist für uns in den Himmel eingegangen,[5]) er ist als Anfang der Wege geschaffen worden.[6]) Allerdings kann dieser letztere Ausdruck auch in einem falschen Sinne genommen werden, und er wurde auch von den Apollinaristen für ihre Irrlehre in Anspruch genommen, weshalb z. B. Gregor von Nazianz ihn mißbilligt.[7]) Allein an sich kann man eben so gut von einem Menschen des Herrn reden wie von einer Menschheit des Herrn, wenn man nur im ersteren Ausdrucke nicht die persönliche Subsistenz mitversteht.[8])

Diese letzteren Bezeichnungen bilden gewissermaßen das Complement der zuerst angeführten bildlichen Ausdrücke von einem Tempel des Herrn u. s. w. Gleichwie dort vorzüglich auf die Verschiedenheit der Gottheit und Menschheit das Gewicht gelegt werden muß, so hier auf die Einheit derselben. Wie nämlich der Mensch nur dadurch Träger des Leibes ist, daß er mit diesem zu einer Lebenseinheit verbunden ist, ebenso muß auch der Logos als innig verbunden gedacht werden mit der menschlichen Natur, wenn diese sein Fleisch, sein Leib ist und er

---

Gute, daß sie nicht einen *ἄνθρωπος θεοφόρος*, sondern einen *θεὸς σαρκοφόρος* anbeteten. (Gr. Naz ep. 102. p. 96). Es gebrauchten dieses Wort schon Ignatius (ad Smyrn. 5), Clemens v. Alexandrien (Strom. 5, 562). Athanasius gebraucht es de inc. c. Ar. 8; in einem Fragmente bei Angelo Mai II, 583 (Migne II, 1325). In einem anderen Fragmente (ex cod. Vat. n. 400 bei Migne II, 1237 höchst wahrscheinlich unecht) heißt Christus auch *σαρκεύς*.

[1]) *Κυριακὸν σῶμα*. Ps. 109, 1. bezieht Athanasius auf das *κυριακὸν σῶμα* (Theod. dial. II, Migne II, 1240). Diese Bezeichnung hat er auch in Sermo major de fide c. 17, 19, 28; de inc. 8.

[2]) Exp. fid. 3.

[3]) De inc. 8.

[4]) Cf. die Admonitio in exp. fid. von Montfaucon. *Κυριακὸς ἄνθρωπος* gebrauchten auch Epiphanius, Cassianus u. A.

[5]) Exp. fid. 1.

[6]) Exp. fid. 4; cf. Serm. maj. de fide c. 4, 19, 21, 26. 28, 31, 38.

[7]) Ep. 101. p. 85.

[8]) Cf. Pet. de inc. l. VII, c. 12, 9.

Träger derselben. Wenn die dem Athanasius beigelegte Schrift:[1]) „Ueber das Analogon von der menschlichen Natur" ächt wäre, so hätten wir einen thatsächlichen Beweis, daß Athanasius die Vereinigung der Gottheit und Menschheit in Christo sich nach der Analogie der Vereinigung des Leibes und der Seele zu einem Menschen vorgestellt hat. Denn dort heißt es ausdrücklich: „Wir gebrauchen jene Analogie zum Zeugnisse und Beweise dafür, daß es möglich sei, sich eine Vereinigung von zwei Wesen zu denken und Eine Person in beiden zu erblicken." Allein diese Schrift ist ohne Zweifel unterschoben.

3. Es könnte nach dem Bisherigen sehr leicht den Anschein gewinnen, Athanasius habe keine menschliche Seele Jesu gelehrt. Allein wir haben schon gesehen, wie er dem Apollinarismus gegenüber die Lehre von einer menschlichen Seele Jesu vertheidigte.

Wir haben daher nur nachzuweisen, daß Athanasius auch vor dem Ausbruche der apollinaristischen Streitigkeiten ganz dasselbe lehrte.[2])

Wenn nun Athanasius Aeußerungen psychischer Affecte, wie Weinen, Schrecken und Furcht u. dgl. auf die Menschheit Christi bezieht,[3]) wenn er die menschliche Seite Christi an Weisheit und Erkenntniß sich entwickeln läßt,[4]) wenn er behauptet, Christus habe die Unwissenheit der Menschen getragen und aus diesem Grunde den Tag des Gerichtes nicht wissen wollen,[5]) wenn er behauptet, dem Fleische nach sei er geheiligt und mächtig geworden über den Tod und die Dämonen,[6]) so können wir uns diese Worte nicht erklären, wenn Athanasius Christo nicht auch eine menschliche Seele zuschrieb. Dazu kommt noch, daß er die Bezeichnung „Fleisch" und „Leib" auch wechseln läßt mit der Bezeichnung „Mensch",[7]) daß er „menschlicher Leib" und „vollkommener

---

1) Bei Migne II, 1233. Dieselbe Analogie findet sich auch im Symb. Athan. angewendet. Allein dieses Symbolum ist erst viel später entstanden.

2) Baur (I, 579) meint, es sei dem Athanasius vor Apollinaris ganz ferne gelegen, Christo eine wirkliche menschliche Seele zuzuschreiben, weil er alle Zustände und Erscheinungen, welche das Dasein einer menschlichen Seele in Christus zu ihrer nothwendigen Voraussetzung zu haben scheinen, aus dem bloßen Zusammensein des Logos mit einem menschlichen Leibe zu erklären suche. Auch Dorner (I, 972) findet nur Anklänge an die Lehre von der menschlichen Seele bei Athanasius.

3) c. Ar. III, 54—57.

4) c. Ar. III, 51—53.

5) c. Ar. III, 38, 43.

6) c. Ar. III, 39–40.

7) c. Ar. IV, 35; In illud 3.

Mensch"[1]) sowie „Fleisch" und vollkommener Mensch"[2]) zum Beweise ihrer Unterschiedslosigkeit nebeneinander gebraucht. Endlich erklärt Athanasius selbst, „das Wort ist Fleisch geworden," sei gleich, „es ist Mensch geworden,"[3]) er versichert, daß die Schriften den Menschen in einem synekdochischen Sinne Fleisch nennen.[4]) Von besonderer Bedeutung dafür, daß Athanasius seine Ansicht nicht gewechselt, ist auch der Umstand, daß er in seinen antiapollinaristischen Schriften dieselbe Ausdrucksweise gebrauchte, wie in seinen früheren Schriften, daß die von den menschlichen Affecten genommenen Beweise gegen Apollinaris ihrem Wesen nach schon in seinen Schriften gegen die Arianer enthalten sind, wenn auch hier zunächst nicht zu dem gleichen Zwecke. Es war daher jederzeit Anschauung des hl. Athanasius, was er in seiner Erklärung zum Symbolum also ausspricht:[5]) „Wir glauben, daß Christus aus Maria, der immerwährenden Jungfrau, durch den hl. Geist in vollkommener Weise geboren wurde mit Leib, Seele und Geist und mit gar Allem, was des Menschen ist, mit Ausnahme der Sünde."

4. Um die Lehre des Athanasius von der menschlichen Natur Christi zu vollenden, haben wir noch die Gnadenvorzüge darzustellen, mit welchen er sich dieselbe ausgeschmückt dachte.

In dieser Beziehung schreibt ihr Athanasius keineswegs leibliche Unsterblichkeit zu, sondern zur Sicherstellung des Erlösungswerkes gab er Christo einen „dem unsrigen ganz ähnlichen und gleich ihm sterblichen Leib."[6])

Ebenso schreibt er der Menschheit nicht Allgegenwart zu, indem er die Worte: „Setze dich zu meiner Rechten" auf die Menschheit deshalb bezieht, „weil ja die Gottheit, die Alles erfüllt, auf keinem Throne sitzen könne."[7]) Das Gleiche geht daraus hervor, daß Athanasius den Logos nicht vom Körper umschlossen sein läßt, daß er den Logos anders im

---

[1]) c. Ar. IV, 36.

[2]) de inc. c. Ar. 8.

[3]) ad Ser. II, 7.

[4]) c. Ar. III, 30. p. 580 D: *Ἡ γραφὴ ἔθος ἔχει, λέγειν σάρκα τὸν ἄνθρωπον.* Athanasius führt an Joël 2, 28; Dan. 14, 4. Das stimmt ganz überein mit einer Stelle c. Ap. II, 18, wo es heißt p. 955 A: *Ὅπου σαρκὸς τὸ ὄνομα, ἐκεῖ πάσης τῆς συστάσεως ἡ ἁρμονία χωρὶς ἁμαρτίας.*

[5]) Bei Migne II, p. 1231.

[6]) de inc. 8.

[7]) In einem Fragmente bei Migne II, 1240 (aus Theodoret dial. II). Cf. Serm. maj. de fid. c. 19, 29.

Körper sein läßt, als die Seele im Leibe, welche da nach außen nicht wirken könne.[1]) Ist nämlich der Logos sowohl im Körper als außerhalb desselben, so kann der Körper nicht die gleiche Allgegenwart mit ihm besitzen. Hier ist auch noch in Erinnerung zu bringen, wie Athanasius die falschen Ansichten der Apollinaristen über die leibliche Natur Christi widerlegte.

Von besonderer Bedeutung ist, was Athanasius lehrte in Betreff des Wissens der Menschheit Christi. Die Arianer bestritten auf Grund der Stelle: „Den Tag und die Stunde (des Gerichtes) weiß Niemand, selbst nicht die Engel, noch der Sohn," die Gottheit Christi. Athanasius behauptet nun, Christus wisse sie gar wohl seiner Gottheit nach, nur wegen seiner Menschheit habe er so sprechen können. Es sei das Nichtwissen nicht eine Schwäche des Logos, sondern der menschlichen Natur, der es eben zukomme, nicht zu wissen. Alles, was er nach der Menschwerdung wie ein Mensch sage, schreibe man mit Recht seiner Menschheit zu, und es offenbare sich gerade darin die Liebe des Heilandes, daß er nach seiner Menschwerdung sich nicht schämte, zu sagen: „Ich weiß nicht", um zu zeigen, daß er, während er als Gott weiß, dem Fleische nach nicht wisse.[2])

Als Grund dieses Nichtwissens der Seele Christi führt Athanasius Folgendes an:[3]) „Da der Logos Mensch geworden, und den Menschen das Nichtwissen eigen ist, darum stellte er als Mensch die Unwissenheit an sich dar, einmal, um zu zeigen, daß er wahrhaft einen menschlichen Leib habe, dann auch, um die Menschen, indem er ihre Unwissenheit im Leibe hätte, von Allem zu befreien und zu reinigen." Auch die verschiedenen Fragen des Heilandes, z. B. Wo liegt Lazarus? werden dahin erklärt, daß der Logos als Mensch fragte, um in dieser Weise unsere Unwissenheit zu tragen und uns dadurch die Kenntniß seines Vaters zu ermöglichen.[4])

Eine Beleuchtung erhält diese Lehre des hl. Athanasius noch durch die Art und Weise, wie er das Zunehmen Christi an Weisheit und Gnade erklärt. „Nicht der Logos als solcher nahm zu, sondern dem Menschen ist das Zunehmen eigen. Sache des Leibes Jesu ist also sein

---

[1]) de inc. 17.
[2]) c. Ar. III, 43.
[3]) ad Ser. II, 9.
[4]) c. Ar. III, 38.

Zunehmen. Denn wenn dieser zunahm, so nahm in ihm auch die Erscheinung der Gottheit zu für die, welche ihn sahen. Je mehr aber die Gottheit sich enthüllte, desto mehr nahm, insoweit er Mensch war, seine Gnade zu bei allen Menschen." [1]) „Da der Leib mit dem Alter wuchs, nahm zugleich die Erscheinung der Gottheit in ihm zu, und es zeigte sich Allen, daß er ein Tempel Gottes und Gott im Leibe war." [2])

Das Zunehmen an Weisheit hat also den Sinn, daß Christus immer deutlichere Zeichen seiner Gottheit gab, daß er die in ihm latente Weisheit mit der Zeit sich nach außen entfalten ließ zum Heile der Menschen. [3])

Heben wir den Kern dieser athanasianischen Bestimmungen hervor, so lehrt er allerdings ein wirkliches Wachsthum der Erkenntniß auf Seite der Seele Christi, kein bloß phänomenales. Daß aber dieses Wachsthum ein inhaltliches gewesen sei und nicht bloß ein Wachsthum der Erkenntnißweise nach, läßt sich aus seinen Aeußerungen nicht bestimmt erschließen. Athanasius hat sich diese Frage eigentlich gar nicht gestellt. Er begnügt sich damit, die arianische Exegese zu widerlegen und hebt zunächst nur die soteriologische Bedeutung des Nichtwissens der Seele Christi hervor.

Hat nun auch die menschliche Natur Christi nicht die Gnade der Allgegenwart und der vollkommenen Wissenschaft, so doch die Gnade der Sündelosigkeit. Den Arianern gegenüber sieht sich Athanasius veranlaßt, darauf hinzuweisen, daß Christus keiner Hinneigung zum Bösen fähig sei. [4]) Den Apollinaristen gegenüber zeigt er, wie wir gesehen haben, daß Christus in seiner menschlichen Natur die Sündelosigkeit darstellen mußte, um die Sünde zu vertilgen.

Zu diesem negativen Gnadenvorzug der Sündelosigkeit kommt der positive, daß die Menschheit Christi vom Logos gesalbt und geheiligt wurde und zwar unmittelbar durch ihre Vereinigung mit demselben. [5])

---

[1]) c. Ar. III, 52. Es ist hier die Rede von einer *φανέρωσις* und einem *ἀποκαλύπτεσθαι* der Gottheit.

[2]) c. Ar. III, 53 p. 601 E: *Αὐξάνοντος ἐν ἡλικίᾳ τοῦ σώματος συνεπεδίδοτο ἐν αὐτῷ καὶ ἡ τῆς θεότητος φανέρωσις.*

[3]) Cf. Petav. de inc. l. XI. c. 2 n. 7—8, Knabenbauer, Ein Kapitel aus dem Leben Jesu. S. 7 ff. (in den Stimmen aus Maria-Laach 1879 H. 1).

[4]) c. Ar. I, 52. p. 456 B: *Οὐχ ὡς ὑποκείμενος δὲ τοῖς νόμοις καὶ τὴν ἐπὶ θάτερα ῥοπὴν ἔχων τὸ μὲν ἀγαπᾷ τὸ δὲ μισεῖ.*

[5]) Wenn nach dem hl. Thomas die gratia unionis Grund der Sündelosigkeit und Heiligkeit der menschlichen Natur Christi und überhaupt Grund alles Gnadenein-

„Es ist klar, sagt Athanasius, daß der Name Christus nicht angewendet wird, ohne dabei an die Menschheit zu denken.[1]) Dieß ist aber deshalb der Fall, „weil der Leib die Salbung empfing (wodurch eben der Logos zu Christus, dem Gesalbten wurde), denn nur er war dafür empfänglich, Gott aber spendete sie.“[2]) „Gesalbt nämlich wird der Herr, nicht um Gott zu werden, denn er war es zuvor, nicht um König zu werden, denn er herrschte von Ewigkeit. Vielmehr ist dieses unsertwegen geschrieben. Die Könige Israels wurden zu solchen gesalbt, nachdem sie es zuvor nicht waren. Vom Erlöser aber heißt es, daß er gesalbt wurde, damit er, da man von ihm als Menschen sagt, daß er mit dem Geiste gesalbt werde, wie er uns die Erhöhung und Auferstehung verschaffte, so auch wiederum bewirke, daß der Geist in uns wohne. Nicht von einem Andern aber wird er geheiligt, sondern er heiligt sich selbst, damit auch wir geheiligt werden. Der sich aber selbst heiligt, ist Herr der Heiligung. Ich heilige mich, sagt Christus, da ich Mensch geworden bin, in diesem Menschen und gebe mir selbst den Geist.“[3])

5. In dieser Weise stellte sich Athanasius die menschliche Natur Christi vor. Sie war ihm mit dem Logos vereinigt, ähnlich wie der menschliche Leib mit der menschlichen Seele, war in sich vollendet, sündelos, gesalbt und geheiligt. Es entsteht nun die weitere Frage, auf welche Weise denn der Logos vermöge seiner Herablassung in die genannte Lebenseinheit mit der menschlichen Natur gelangte, und wie auf Grund dessen die Einheit selbst noch näher zu bestimmen sei.

3. Die Vereinigung der Gottheit und Menschheit in Christo.

1. Die Möglichkeit einer Einigung des Logos mit der Menschheit zeigt Athanasius den Heiden gegenüber in folgender Weise:[4]) „Die Welt

---

flusses auf sie ist, so hat Athanasius im Grunde genommen denselben Standpunkt. Unmittelbar in und durch die Incarnation ist ihm die Heiligung der menschlichen Natur Christi gesetzt; (vergl. außer den citirten Stellen noch c. Ar. 45, 47; de inc. c. Ar. 2, 11 u. s. w.) aber nicht bloß die Heiligung der individuellen Natur Christi basirt Athanasius hierauf, sondern auch die Heiligung der menschlichen Natur überhaupt oder die Erlösung der Menschheit als Gattung. Athanasius führt somit die gratia personalis Christi und die gratia capitis zurück auf die gratia unionis und betont allerdings seinem Zwecke gemäß immer zuvörderst die gratia capitis.

[1]) c. Ap. II, 2. Darum heißt es in einem Fragmente bei Euthymius Zigabenus (Migne II. p. 1225) Dispensationis, non autem essentiae istud (Christi) est nomen.

[2]) c. Ap. II, 3.

[3]) c. Ar. I, 46.

[4]) de inc. 41–42. Cf. Serm. m. de fide c. 12.

ist nach den heidnischen Philosophen ein großer Körper und in diesem Körper ist der göttliche Logos anwesend. Wenn nun der Logos im Ganzen und in jedem einzelnen Theile der Welt sich befindet, warum ist es sonderbar oder ungereimt, wenn wir sagen, daß er sich in einem Menschen befindet? Wenn es überhaupt ungereimt ist, daß er in einem Leibe sich aufhalte, so wäre es auch ungereimt, daß er sich in der Welt befindet, denn ein Leib ist ja auch die Welt. Ist es aber nicht ungeziemend, daß er in der Welt ist, so ziemt es sich auch, daß er in einem menschlichen Leibe erscheine, denn ein Theil des Ganzen ist auch das Menschengeschlecht. Auch deßwegen, weil der Mensch geworden, ist es nicht ungeziemend, daß der Logos in ihm erscheine, denn auch die Schöpfung ist geworden und doch befindet sich der Logos in ihr. Wie das Vorhandensein des Geistes durch ein Glied des Leibes, nemlich die Zunge, bezeugt wird, und doch Niemand sagt, daß deßhalb das Wesen des Geistes vermindert werde, so kann es auch nicht ungeziemend erscheinen, wenn das Wort, das sich in Allen befindet, den Menschen als Organ benützt."

Wir haben hier eine eindringend speculative Begründung der Möglichkeit der Incarnation, die ihre philosophische Grundlage noch besonders dadurch zu erkennen gibt, daß es weiter heißt, gleichwie Alles vom Logos erleuchtet und bewegt werde, so sei es auch nicht ungereimt, daß Ein menschlicher Leib von ihm erleuchtet und belebt werde.

Die philosophische Auffassung der Incarnation spricht sich bei Athanasius noch in folgender Weise aus:[1]) „Der Herr stellte die für die Sünde empfänglich gewordene menschliche Natur nach der urbildlichen Gestaltung seiner eigenen Natur her, um so an sich selbst die Sündelosigkeit zu zeigen." Hier erscheint der Logos als Urbild der menschlichen Natur. Weil letztere durch eigene Schuld mißrathen war, so mußte er wieder erscheinen, um sein Werk zu vollenden. „Denn gleichwie, wenn die auf Holz gemalte Gestalt durch den Schmutz von außen unkennbar geworden ist, derjenige wieder erscheinen muß, der auf dem Gemälde dargestellt ist, damit das Bild am nemlichen Stoffe erneuert werden kann, so erschien auch der Sohn Gottes, um uns zu erneuern."[2])

2. Die wirkliche Vereinigung der beiden Naturen kommt da-

---

[1]) c. Ap I, 7 p. 927 D: *Τὴν σάρκα δεκτικὴν ἁμαρτίας κατὰ τὴν ἀρχέτυπον πλάσιν τής ἰδίας φύσεως κατεστήσατο, ἵνα αὐτὸς ᾖ τῆς ἀναμαρτησίας ἡ ἐπίδειξις.*

[2]) de inc. 14.

durch zu Stande, daß der Logos in liebevoller Herablassung die menschliche Natur sich zu eigen macht. „Der Logos, sagt Athanasius,[1]) machte sich unserm Körper eigen als ein Werkzeug und durch diese Aneignung konnte er Alle vom Tode zum Leben bringen." „Als einen ihm eigenen Körper wollte der Logos seinen Leib für uns hingeben,[2]) er macht sich alles, was dem Körper eigen ist, selbst zu eigen, er, der Körperlose." [3]) „Es ist daher das Fleisch dem Sohne eigen geworden der Natur nach." [4])

Wie in der Trinitätslehre, so spielt auch in der Christologie der Begriff der Eigenheit eine wichtige Rolle. Wie aber die Trinität über diesen Begriff hinausgeht, so auch die Incarnation, indem hier ein vollkommenes Wesen einem andern vollkommenen Wesen eigen wird, während sonst der Begriff „eigen" nur ein wesentliches Accidens bezeichnet.

3. Mit dieser Anschauung, daß der Logos sich die menschliche Natur zu eigen gemacht, stehen im Zusammenhang die Begriffe der physi- Zeugung und physischen Einigung, die als eine unvermischte und unlösbare gilt, sowie der Begriff der Untrennbarkeit, welche alle von Athanasius auf die hypostatische Union angewendet werden.[5]) So heißt es,[6]) daß der Logos „nicht in Folge einer Kraftwirkung sich einen Leib in der Jungfrau gebildet habe, sondern durch natürliche Zeugung, damit der Leib natürlich sei und in natürlicher Weise untrennbar von der Gottheit des Logos," daß er „das Fleisch sich zu eigen gemacht durch natürliche Zeugung." [7]) „Das Fleisch ist untrennbar vom Logos gemäß seiner Einigung mit ihm." [8]) Der Logos hat sich „die Bildung und Schöpfung Adams nach Weise einer Einigung zu eigen gemacht." [9]) Athanasius redet weiter „von einer unvermischten physischen Einheit des Logos mit dem ihm eigenen Fleische," [10]) „nicht seien in Christus Gottheit

---

1) de inc. 8. p. 54 B: *Ἰδιοποιεῖται τὸ σῶμα ὥσπερ ὄργανον. Τῇ τοῦ σώματος ἰδιοποιήσει τοὺς ἀνθρώπους ἐζωοποίησεν.*

2) ad Epict. 5.

3) ad Epict. 6.

4) c. Ap. I, 12.

5) Cf. Petav. de inc. l. III. c. 2. c. 4; l. IV. c. 1.

6) c. Ap. I, 6: *Φυσικὴ γέννησις.*

7) c. Ap. I, 12.

8) c. Ap. I, 12 p. 931 D: *Ἡ σάρξ ἰδία κατὰ φύσιν γέγονε καὶ ἀδιαίρετος κατὰ ἕνωσιν.*

9) c. Ap. I, 13. 932 D: *Ἰδιοποιησάμενος καθ' ἕνωσιν.*

10) c. Ap. I, 10. p. 930 A: *Ἀσύγχυτος φυσικὴ ἕνωσις τοῦ λόγου πρὸς τὴν ἰδίαν αὐτοῦ γενομένην σάρκα.*

und Menschheit getrennt, sondern geeint durch eine physische Zeugung und unlösbare Einheit," [1]) Gott sei „in physischer Weise geboren worden und habe ein ihm eigenes Fleisch gezeigt," [2]) er habe „menschliche Gestalt gezeigt nicht in Trennung der beiden Seiten seines Wesens, sondern in der Existenz der Gottheit und Menschheit." [3])

Fassen wir diese Bestimmungen zusammen, so ist die Einheit der beiden Naturen in Christo eine ungetrennte, d. h. die beiden Naturen existiren nicht jede für sich, sondern die eine ist der andern eigen. Sie ist eine Einheit der Natur, welche nicht aufgelöst werden kann, und beruht auf einer naturgemäßen Zeugung, nicht auf leerem Schein, trotzdem aber sind die beiden Naturen nicht durcheinander ununterscheidbar vermischt.

Im Gegensatz zur Bestimmung der Einheit als einer unvermischten scheint zu stehen, daß Athanasius auch wieder spricht von einer Vermengung der beiden Naturen. So heißt es, [4]) „die unlösbare Vermengung des Fleisches mit dem Logos konnten die Juden nicht trennen," oder „der Logos hat das Fleisch mit sich vermengt". Allein, wenn diese Stellen im Einklange mit den obigen stehen sollen, so kann hier das Gewicht nur gelegt sein auf die vollständige Durchdringung der menschlichen Natur durch die göttliche, wie zwei mit einander vermengte Flüssigkeiten sich durchdringen, nicht aber darf man sich beide Naturen als in einander aufgehend denken.

Die Menschheit wird weiterhin vorgestellt als durch ein Band verbunden mit der Gottheit, [5]) es ist die Rede von einer Verknüpfung, einem Zusammengehen [6]) beider. Der Logos hat mit uns an unserm Fleische Antheil, [7]) das Fleisch erscheint als zum Logos hinzugenommen [8]) oder als Hinzunahme. [9])

---

[1]) c. Ap. II, 2 p. 941 B: *Ἄλυτος ἕνωσις.*

[2]) c. Ap. II, 5.

[3]) c. Ap. II, 10. p. 948 A: *Οὐκ ἐν διαιρέσει προσώπων, ἀλλ' ἐν ὑπάρξε θεότητος καὶ ἀνθρωπότητος.* cf. c. Ap. II, 2.

[4]) c. Ap. II, 16 p. 953 A: *Ἄλυτος σύγκρασις τῆς σαρκὸς πρὸς τὸν λόγον.*

[5]) c. Ar. IV, 7. p. 622 D: *Συναφθεὶς ἄνθρωπος.* cf. c. Ar. IV, 22, 32.

[6]) c Ar. IV, 22. p. 634: *Σύναψις, σύνοδος.*

[7]) c. Ar. IV, 22. p. 634 A: *Κεκοίνηκε τῇ ἡμετέρᾳ σαρκί.*

[8]) c. Ar. I, 47. p. 452 A: *Προσληφθεῖσα σάρξ.*

[9]) *Πρόσλημμα.* So in einem zweifelhaften Fragmente bei Euth. Zigabenus (Migne II, 1224).

Für die Bestimmung der persönlichen Einigung sind noch ganz besonders folgende Stellen hervorzuheben:[1]) „Christus ist in Wahrheit der Natur nach Einer, wäre er ein anderer als der in ihm befindliche himmlische Nus und wäre auch der Nus vollkommen, so wären der Nus und Christus zwei.“ „Christus[2]) muß genannt werden vollkommener Gott und vollkommener Mensch, nicht als ob die göttliche Vollkommenheit in die menschliche Vollkommenheit verwandelt würde, nicht als ob zwei Vollkommenheiten getrennt angenommen würden, sondern nach Art einer unmangelhaften Existenz, auf daß Einer beides sei, vollkommen in Allem, Gott und Mensch zugleich.“

4. Wir sehen hier ein mächtiges Ringen nach dem richtigen Begriffe, die beiden Klippen des Monophysitismus und Nestorianismus werden zu umschiffen gesucht. Die Schwierigkeit der hypostatischen Union besteht aber eben darin, daß es zur Vollkommenheit der menschlichen Natur zu gehören scheint, daß sie Person sei und daß dieses bei Christus wiederum nicht angeht. Die richtige Unterscheidung zwischen der geistig vernünftigen Natur und der Person ist es darum, worauf in letzter Instanz die für die menschliche Vernunft überhaupt erreichbare Einsicht in dieses Geheimniß beruht. Athanasius ahnt in dieser Beziehung das Richtige, indem er zwei vollkommene Naturen in Christus einerseits unverwandelt, andererseits ungetrennt bestehen läßt; nur so kann er sich die Aussagen der Schriften erklären, wenn Christus Einer ist aus Gottheit und Menschheit,[3]) d. h. Eine Person in zwei vollkommenen Naturen, aber die präcise Bestimmung dieser Einheit ist ihm noch nicht gelungen. Das Hauptverdienst des Athanasius um die Christologie kann demnach, wie schon bemerkt, nur darin gesucht werden, daß er mit gleicher

---

[1]) c. Ap. I, 13.

[2]) c. Ap. I, 16. p. 936 A: *Λέγοιτο ἂν τέλειος θεὸς καὶ τέλειος ἄνθρωπος ὁ Χριστός, οὐχ ὡς τῆς θεικῆς τελειότητος εἰς ἀνθρωπίνην τελειότητα μεταποιηθείσης, οὔτε μὴν ὡς δύο τελειοτήτων κατὰ διαίρεσιν ὁμολογουμένων . . . ἀλλὰ καθ' ὕπαρξιν ἀνελλιπῆ, ἵνα εἷς ᾖ τὰ ἑκάτερα τέλειος κατὰ πάντα, θεὸς καὶ ἄνθρωπος ὁ αὐτός.* In einem Fragmente (Vat. bibl n. 790 bei Migne II, 1256) ist die Rede von *δύο μορφαί δύο πράγματα ἐν ἑνί.* Die letzten Worte des angeführten Satzes von c. Ap. I, 16 finden sich in einem von Ang. Mai herausgegebenen Bruchstück (bei Migne II, 1325). Serm. m. de fide c. 20 spricht Athanasius auch von *δύο εἴδη* des Herrn.

[3]) c. Ap. II, 1. p. 940 A: *Ἐκ θεοῦ καὶ ἀνθρώπου εἷς.*

Energie festhält an der Vollkommenheit beider Naturen, wie an der Einheit der Person Christi.[1])

4. Die Prädikatsgemeinschaft der beiden Naturen.

Die Prädikatsgemeinschaft der beiden Naturen ist äußerer Ausgangspunct jeglicher Christologie. Von Christus wird in der Schrift Göttliches und Menschliches ausgesagt, also ist er Gott und Mensch. Die Bestimmung der Einheit beider ist Aufgabe des denkenden Geistes und hierin liegt zugleich die wissenschaftliche Begründung der Prädikatsgemeinschaft, indem die concrete ontologische Einheit der beiden Naturen Basis ist für die gegenseitige logische Prädizirung ihrer Eigenthümlichkeiten.

1. Athanasius weist vor Allem darauf hin, daß die Schrift vom Heilande Göttliches und Menschliches als von Einem Subjecte aussage.[2]) Dionys von Alexandrien hielt nach seiner Auslegung das in menschlicher und niedriger Weise vom Erlöser Gesagte den Sabellianern entgegen, um ihnen die Lehren von seiner Gottheit zugänglich zu machen.[3]) Es ist nach ihm „das der Charakter des Glaubens an Christus, daß der Sohn Gottes Mensch geworden ist. Deßhalb muß, wer die Schrift liest, erwägen und unterscheiden, wann von der Gottheit des Logos und wann von seiner Menschheit die Rede ist, damit wir nicht eines für das andere nehmend Faseleien treiben, wie es den Arianern begegnet ist. Auf Grund der ersteren Aussagen bekennen wir ihn als Gott, auf Grund der letztern als Menschen."[4]) „Es steinigen eben die Christen den Herrn nicht, wie die Juden, wenn sie über seine Gottheit und Ewigkeit ihn vernehmen, noch nehmen sie Aergerniß, wenn er als Mensch in demüthigen Worten spricht."[5])

2. Den factischen Beweis für die Einheit der Gottheit und Menschheit in Einer Person, und somit für die Richtigkeit der Aus-

---

[1]) Wir brauchen hier nicht eigens darzulegen, daß nach Athanasius das hegemonische Prinzip in Christus der Logos war. Er drückt sich hierüber unter Anderm auch so aus: Ἡ σὰρξ θεοφορεῖται ἐν τῷ Λόγῳ (c. Ar. III, 41).

[2]) Vgl. Serm. m. de fide c. 3, 10, 24, 30. Ein Fragment bei Theodoret. dial. I. (Migne II, 1237), ein anderes bei Gelasius (Migne II, 1248), ein drittes bei Ang. Mai (Migne II, 1324–1325).

[3]) de sent. Dionys. 9.

[4]) ad Ser. II, 7—8.

[5]) c. Ar. III, 28.

sagen der Schrift, sieht Athanasius darin, daß Christus göttliche und menschliche Thaten vollbrachte.[1])

„Wenn darum die Gottesgelehrten sagen, daß er aß, trank und geboren wurde, so wisse, daß der Körper geboren und mit den entsprechenden Lebensmitteln ernährt wurde, der Logos selbst aber, der im Körper weilte und Alles ordnete, sich nicht als einen Menschen, sondern als Gott aus seinen Werken zu erkennen gab."[2]) „Wir haben im Tode des Herrn zwei außerordentliche Thatsachen, daß sowohl der allgemeine Tod am Leibe des Herrn sich vollzog, als auch der Tod und die Verwesung durch den in ihm wohnenden Logos vernichtet wurde."[3])

Den Arianern gegenüber zeigt Athanasius aus den Werken des Herrn seine Gottheit und Menschheit in folgender Weise:[4]) „Als der Herr es für gut fand, die fieberkranke Schwiegermutter des Petrus zu heilen, da streckte er in menschlicher Weise die Hand aus, in göttlicher Weise aber hob er die Krankheit. Und bei dem Blindgebornen entnahm er dem Fleische den menschlichen Speichel, in göttlicher Weise aber öffnete er die Augen mittelst der Erde. Bei Lazarus ließ er, wie ein Mensch, eine menschliche Stimme vernehmen, in göttlicher Weise aber erweckte er als Gott den Lazarus von den Todten. Das aber geschah so, weil er nicht dem Scheine nach, sondern in Wahrheit einen Leib trug." „Wenn also der Herr, fährt Athanasius weiter,[5]) durch das Werkzeug seines eigenen Leibes in göttlicher Weise handelt oder redet, so sollen wir erkennen, daß er als Gott dieses thut, und wiederum, wenn wir ihn in menschlicher Weise reden oder leiden sehen, so soll uns nicht unbekannt bleiben, daß er Fleisch angenommen hat und Mensch geworden ist, und in dieser Weise so handelt oder redet. Denn wenn wir das einem jeden Theile Eigene erkennen und sehen, und wahrnehmen, daß Alles von Einem vollbracht werde, so haben wir den rechten Glauben und werden uns niemals verirren. Wenn aber Einer, indem er sieht, was in göttlicher Weise vom Logos geschieht, den Leib leugnet, oder indem er das dem Fleische Eigene sieht, die fleischliche Parusie des Logos leugnet, oder wegen der menschlichen Eigenthümlichkeiten vom Logos niedrig denkt, ein solcher wird, indem er

---

1) Ueber diese doppelte Energie vgl. Pet. l. c. l. VIII, c. 8—12.

2) de inc. 18.

3) de inc. 20.

4) c. Ar. III, 32.

5) c. Ar. III, 35.

gleich einem jüdischen Wirthe den Wein mit Wasser vermischt, das Kreuz für ein Aergerniß halten und wie eine Hellene die Predigt für eine Thorheit." „Indem der Herr Gott war und Mensch wurde, erweckte er als Gott die Todten, heilte Alle mit seinem Worte, verwandelte das Wasser in Wein (denn das waren nicht Werke eines Menschen), insoferne er aber einen Leib an sich trug, hungerte er, ward müde und litt, denn das war nicht Sache der Gottheit." [1])

3. Die innere Begründung aber dafür, daß die heilige Schrift von Christus Göttliches und Menschliches aussagen, und er selbst Göttliches und Menschliches verrichten könne, findet Athanasius darin, daß der Logos sich die menschliche Natur angeeignet und mit ihr sich persönlich verbunden hat. „Göttliches und Menschliches geschah eben nicht getrennt nach der Beschaffenheit der Wirkungen, so daß das Menschliche ohne die Gottheit, das Göttliche ohne die Menschheit zur Darstellung käme, sondern in sich verbunden geschah Alles, und Einer war es, der Alles durch seine Gnade vollbrachte in wundersamer Weise, der Herr."

„Man sagt auch das Menschliche von ihm aus, weil auch der Leib, der aß, geboren wurde und litt, nicht einem Andern, sondern dem Herrn angehörte, und weil es sich, da er einmal Mensch geworden war, geziemte, daß auch das von ihm als von einem Menschen gesagt werde, um den Doketismus zu vermeiden." [2]) „Man muß eben wissen," [3]) inwieferne es vom Logos heißt, er sei erhöht worden u. s. w. Es wird dieses von ihm ausgesagt, weil der Leib, welcher erhöht und von den Todten in den Himmel aufgenommen wurde, ihm und keinem Andern gehörte. Da nun der Leib ihm gehörte und das Wort nicht außer ihm war, so sagt man, wenn der Leib erhöht wird, mit Recht, er selbst werde als Mensch durch den Leib erhöht. Insoferne er Menschensohn ist, heißt es von ihm, daß er in menschlicher Weise empfange, was von ihm selbst kommt, weil nicht einem Andern, sondern ihm selbst der Leib gehört, der von Natur zum Empfang der Gnade fähig ist. Denn er empfing, insoferne der Mensch erhöht wurde." „Weil der Leib ihm gehörte, deßhalb erscheint er selbst als geheiligt," [4]) und auch als „Geschöpf." [5]) „Indem der Logos im

---

[1]) ad Ser. IV, 14. cf. de inc. 14, ad Ant. 7. etc.

[2]) de inc. 18.

[3]) c. Ar. I. 45.

[4]) c. Ar. I, 47.

[5]) c. Ar. II, 55.

Menschen war, erhöhte er den Menschen und es empfing der Mensch. Weil nun der Mensch erhöht wurde und Macht empfing, indem der Logos im Fleische war, darum wird das auf den Logos selbst bezogen, weil es durch ihn gegeben wurde. Von allem, was der Mensch empfing, heißt es, daß der Logos es empfangen habe, auf daß gezeigt werde, daß der Mensch seiner Natur nach nicht würdig war, es zu empfangen, aber dennoch wegen des Fleisch gewordenen Logos es empfing. Das dem Körper Eigenthümliche wird auf die Person des Logos selbst bezogen. Er selbst ist es, der seinen ihm eigenen Tempel als Gott auferweckt, und das Leben seinem eigenen Fleische gibt.“ [1])

4. Wenn die Prädikatsgemeinschaft einmal als richtig vorausgesetzt wird, dann kann Athanasius allerdings von ihr aus gegen alle den Monophysitismus und Nestorianismus in ihrem Schooße bergenden Anschauungen in der Weise vorgehen, wie er es gethan hat. Von diesem Standpunkte aus kann er sagen: Was der menschliche Leib des Logos gelitten hat, das bezieht der in ihm befindliche Logos auf sich selbst, und es ist auffallend, daß er zugleich leidend und nicht leidend war, leidend, weil der ihm eigene Körper litt, nicht leidend, weil der Logos von Natur aus Gott und darum leidensunfähig ist, und deshalb ist der Logos nicht in die Menschheit verwandelt worden. [2]) Ferner: Was der Körper litt, ist gesagt, als wenn der Logos selbst es leiden würde und darum ist der Logos auf Christum nicht wie auf einen Propheten herabgekommen. [3]) Im Fleische des Logos bekennen wir das Leiden und den Tod, den Logos selbst aber halten wir für unveränderlich und unwandelbar, so daß er leidend und nicht leidend zugleich ist, und darum ist das Fleisch nicht ihm wesensgleich, [4]) und der leidende Sohn nicht ein anderer als der nicht leidende. [5]) Nur von dem Standpunkte der Richtigkeit der Prädikatsgemeinschaft aus kann Athanasius sich frei machen von dem Vorwurfe des Götzendienstes, wenn er das Fleisch des Herrn anbetet. [6])

---

[1]) de inc. c. Ar. 2. 11. In einem Fragmente (Migne II, 1248) heißt es: *Καλεῖται Υἱὸς θεοῦ Ιησοῦς, οὐκ εἰς θείαν φύσιν τῆς σαρκὸς μεταβληθείσης ἀλλὰ τῇ πρὸς τὸν θεὸν λόγον ἑνώσει τὴν ὁμώνυμον ἀξίαν λαβούσης.*

[2]) ad Epict. 6.

[3]) ad Epict. 11.

[4]) c. Ap. I, 11.

[5]) c. Ap. I, 12.

[6]) ad Adelph. 3.

So richtig, als diese Schlußfolgerungen sein mögen, so hat Athanasius doch den inneren Grund der Prädikatsgemeinschaft selbst nicht gründlich genug untersucht. Es wäre eben vor Allem darzulegen gewesen, wie sich der Logos mit der menschlichen Natur in eine solche Einheit vereinigen konnte, daß die Eigenthümlichkeiten der einen Natur von dem Träger der andern ausgesagt werden können. Wir finden bei Athanasius in dieser Beziehung nur den Satz, daß der Logos sich die menschliche Natur zu eigen gemacht hat.

Schließen wir aber von der bei Athanasius einmal gegebenen Prädikatsgemeinschaft wiederum zurück auf den ihr zu Grunde liegenden ontologischen Sachverhalt, so muß sich Athanasius die beiden Naturen zu einer sehr innigen Lebenseinheit verbunden gedacht haben, sonst hätte er ja von einer Prädikatsgemeinschaft gar nicht handeln können. Es tragen und begründen sich eben Prädikatsgemeinschaft und hypostatische Union gegenseitig. Weil der Logos die menschliche Natur sich angeeignet, deßhalb werden die Eigenthümlichkeiten derselben von ihm prädicirt und wenn letzteres thatsächlich geschieht, so müssen umgekehrt Gottheit und Menschheit zu Einer Person verbunden gedacht werden.

5. Die christologischen Formeln.[1])

Wie in der Trinitätslehre, so ist auch in der Christologie der formelle Ausdruck des Dogma von großer Bedeutung, aber wie dort, so stand auch hier dieser Ausdruck nicht vom Anfang an fest. Erst verhältnißmäßig spät einigte man sich über die Bezeichnung: „Eine Person in zwei Naturen“, wie in der Trinitätslehre über die Bezeichnung: „Ein Wesen in drei Personen“.

1. Wie schon aus dem Vorhergehenden ersichtlich sein dürfte, hat Athanasius noch keine bestimmte Terminologie zum Ausdrucke für das christologische Dogma. Er hat dafür, wie wir gesehen, die Bezeichnung „Einheit der Natur oder dem Wesen nach“ u. dgl. An einer Stelle jedoch hat Athanasius auch den später von Cyrillus von Alexandrien eingeführten Ausdruck: „Einheit der Hypostase nach“ angewendet, wenn er nemlich sagt:[2]) „Was wesensgleich ist, das kann mit

---

[1]) Cf. Petav. de inc. l. II, c. 3. l. III. c. 4. Katholik 1862 1. H. S. 574 ff.

[2]) c. Ap. I, 12. p. 931 E: *Τὸ ὁμοούσιον πρὸς τὸ ὁμοούσιον ἕνωσιν καθ' ὑπόστασιν οὐκ ἐπιδεχόμενόν ἐστιν, ἀλλὰ κατὰ φύσιν. καθ' ὑπόστασιν δὲ τὴν*

dem wesensgleichen nur eine Einheit der Natur nach, nicht aber der Hypostase nach eingehen, die Einheit der Hypostase nach aber stellt die Vollendung eines Dinges in sich selbst dar.“ Athanasius will an dieser Stelle zunächst zeigen, daß das Fleisch nicht dem Logos wesensgleich sein könne, und zwar deßhalb nicht, weil es sonst nicht der Hypostase nach mit ihm geeint sein könnte und statt der Trias eine Tetras angenommen werden müßte. Folglich steht hier „Einheit der Hypostase nach“ genau in dem später damit verbundenen Sinne.

2. Wäre ein bei Euthymius Zigabenus[1]) vorhandenes Fragment ächt, so hätte Athanasius auch den später in Gebrauch gekommenen Unterschied von Physis und Hypostasis schon gekannt. Denn es heißt hier, Christus sei zweifach hinsichtlich der beiden Naturen, einfach aber der Hypostase nach und er eigne sich die Eigenthümlichkeiten beider Naturen an.

Dagegen findet sich aber wieder in einem dem hl. Athanasius zugeschriebenen Glaubensbekenntniß der Satz:[2]) „Wir glauben nicht, daß der Eine Sohn zwei Naturen habe, sondern daß die Eine Natur des göttlichen Logos Fleisch geworden sei.“

Nach einem andern Fragmente[3]) hätte Athanasius das Gleichniß von der Einigung des menschlichen Leibes mit der Seele deshalb verworfen, „weil hier zwei vollendete Prosopa in Eine Usie sich vereinigten und wiederum, weil bei Christus Gottheit und Menschheit in Einem Prosopon seien, nicht gemäß der Zusammensetzung von Theilen, sondern gemäß der Einheit von zwei vollkommenen Naturen.“ Allein diese Fragmente scheinen uns aus innern Gründen unächt zu sein.

6. Resultat der Lehre des hl. Athanasius von der Person Christi.

1. Fassen wir die ganze Lehre des Athanasius von der Person Christi zusammen, so sind in Christus die volle Gottheit und die volle Menschheit zu einer ungetheilten Lebensgemeinschaft verbunden

---

ἰδίαν τελειότητα ἐκδεικνύμενον. Cf. über diese Stelle Pet. de inc. l. III, c. 4. n. 11. Franzelin, de verbo incarn. p. 160. Das gerade Gegentheil findet Möhler (II, 280 und nach ihm Hefele, Conciliengeschichte II, 143) in der angeführten Stelle ausgesprochen, indem er sagt, es sei nach Athanasius eine *ἕνωσις κατὰ φύσιν*, keine *ἕνωσις καθ' ὑπόστασιν.* Aehnlich Dorner I, 1072.

[1]) Bei Migne II, 1224: *Διπλοῦς ὢν ταῖς φύσεσιν ὁ Χριστὸς μοναδικός ἐστι τὴν ὑπόστασιν ἰδιοποιεῖται τὰ τῆς ἑκατέρας φύσεως.*

[2]) Bei Migne t. IV, p. 25. Cf. Franzelin de verb. inc. p. 193.

[3]) Migne II, 1233.

und zwar in der Weise, daß die Person des Logos in freier, nur aus Liebe entspringender Weise Trägerin der Menschheit wird. Diese Einheit macht sich Athanasius vorstellig nach der Analogie der Einheit von Leib und Seele zu Einem Menschen, wenn er sich auch des großen Unterschiedes beider wohl bewußt ist. Metaphysisch aber erklärt er sich die Incarnation mittels der platonischen Ideenlehre. Der Logos ist die Idee, das Urbild des Menschen. Diese Idee erscheint in Christo ihrer Totalität nach, ohne daß aber der Unterschied zwischen dem Idealen und Realen dadurch aufgehoben würde. In diesem Sinne sagt Athanasius auch, wie wir früher gesehen haben, daß Christus nicht durch Theilnahme Gott sei, sondern daß vielmehr Alles an ihm theilnehme.

2. Sollen wir die gesammte Anschauung des Athanasius über Christi Person einer Kritik unterziehen, so müßten wir namentlich seine metaphysische Begründung der Incarnation angreifen, wenn er damit das Wesen der Incarnation selbst begriffen zu haben vermeint hätte. Allein dieses anzunehmen, verbietet uns die ganze theologische Erkenntnißlehre des großen Kirchenlehrers.

Außerdem hat es Athanasius nie versucht, die Begriffe von Natur und Person in ihrem Unterschiede zu prüfen, was seine Darstellung vielfach wenigstens mißverständlich macht. Seine Ausdrücke zur Bezeichnung der hypostatischen Union sind nicht minder vag und mißdeutbar.

Damit soll ihm aber keineswegs das große Verdienst genommen werden, an der Vollständigkeit und Unvermischtheit der menschlichen wie der göttlichen Natur und an ihrer Einigung zu Einem Subjecte, von dem man Göttliches und Menschliches zugleich aussagen könne, mit Entschiedenheit festgehalten zu haben.

Nach dieser Darstellung der Christologie des Athanasius ließe sich sein Verhältniß bestimmen zu den späteren Nestorianern und Monophysiten, welche ihn beide für sich in Anspruch nahmen.[1]) Es kann nicht verkannt werden, daß aus seinen zu wenig präcisen Begriffen und Formeln beide Parteien Gewinn schlagen konnten. Allein wenn seine ganze Lehre in ihrem inneren Zusammenhange genommen wird, so geht Athanasius genau die Mitte zwischen den zwei Extremen. Indem aber die Lehrer der antiochenischen Schule mit seinen Auseinandersetzungen sich nicht zufrieden gaben und einen neuen Weg einzu-

[1]) Vgl. Möhler II, 279 ff.

schlagen suchten zur Lösung des christologischen Problems, säeten sie den Samen zu den großen christologischen Streitigkeiten, die aber über das Jahrhundert des hl. Athanasius hinausfallen.

II. Die Lehre von dem Werke Christi.[1])

1. Nothwendigkeit und Zweck der Menschwerdung des Logos.[2])

1. Wir haben gesehen, wie nach Athanasius der erste Mensch von Gott ausgestattet war und welches das Ziel war, das er durch seine freie Willensentscheidung hätte erreichen können und sollen. Allein die Schlange, der Teufel, verführte ihn in seiner Arglosigkeit und zwar aus Neid, so daß er von der Betrachtung des Geistigen zur Betrachtung des Sinnlichen als des Zunächstliegenden überging. Dieß hatte zur Folge, daß er in alle Begierden und in sinnliche Lust verfiel, und der ihm von Gott ursprünglich verliehenen Kraft vergaß, daß er in Irrthum gerieth und das Wort „Gut" falsch anwendete. Von den bösen Begierden wurde er zu bösen Thaten getrieben. Die Thatsünde wurde zur Zustandssünde und pflanzte sich von Adam auf alle seine Nachkommen fort.[3]) Mit Recht sagt Möhler:[4]) „Athanasius leitet die Möglichkeit der Sünde aus der Freiheit und dem Gesetztsein des Menschen in die Sinnenwelt ab." Wir möchten nur hinzusetzen, die Wirklichkeit des Bösen aber aus der Verführung des Teufels und der Sorglosigkeit und Trägheit des Menschen.

Der Sünde folgte die Strafe auf dem Fuße. Gott hatte den Menschen angedroht, daß sie sterben und im Tode verbleiben würden, wenn sie das Gebot überträten.[5]) Deshalb verfielen sie auch dem Tode und dem Verderben,[6]) das Abbild des Logos ging in ihnen allmählig verloren, indem der Tod immer mehr an Macht zunahm und das Verderben unter den Menschen fortdauerte.[7]) Diese Folgen mußten eintreten, einmal weil das Böse an sich schon das Nichtseiende ist,[8]) ferner weil Gott ausdrücklich eine solche Strafe angedroht hatte.

---

1) Vgl. Voigt S. 146 ff.

2) Vgl. Dorner I, 836 ff.

3) c. Gent. 3—4; de inc. 3—6, 10; ad Ser. I, 7; II, 9; c. Ap. I, 7.

4) I. Bd. S. 141.

5) de inc. 3.

6) de inc. 4.

7) de inc. 6.

8) Das Böse (ἡ κακία) hat nach Athanasius nicht ὑπόστασιν καθ' ἑαυτὴν καὶ οὐσίαν (c. Gent. 6) während das Gute ἐκ τοῦ ὄντος θεοῦ τὰ παραδείγματα ἔχει (c. Gent. 4). Es ist diese Auffassung platonisch.

2. „Dieser Umstand aber war in Wahrheit ungereimt. Ungereimt war es, daß Gott als Lügner befunden werde, wenn nämlich die Menschen trotz der Uebertretung des Gebotes dennoch fortleben könnten, während doch Gott ihnen für diesen Fall den Tod angedroht hatte. Es wäre ja dann Gott nicht mehr wahrhaft. Ungeziemend und der Güte Gottes unwürdig war es aber auch, daß wegen des Betruges des Teufels das einmal geschaffene Menschengeschlecht wieder ins Nichtsein versinke. Sie wären dann besser gar nicht geschaffen worden.[1]) Hätte nun Gott, um seine Wahrhaftigkeit mit seiner Güte ausgleichen zu können, von den Menschen Reue verlangen sollen? Allein die Reue hätte nur genügt, wenn es sich nur um die Sünde, nicht auch um die Strafe gehandelt hätte. Denn die Reue bringt den Menschen nicht zurück von seinem natürlichen Zustande, sondern hält ihn bloß von weitern Sünden ab. Es bedurfte darum zur Erneuerung des Menschen des göttlichen Logos, der auch im Anfange Alles aus Nichts geschaffen.[2]) Deshalb kommt der körperlose und unvergängliche und immaterielle göttliche Logos zu uns auf die Erde und nimmt einen Leib an, der von dem unsrigen nicht verschieden ist.“[3])

3. Betrachten wir diese Theorie näher, so ist sie darin vollkommen im Recht, daß die Wahrhaftigkeit Gottes die Bestrafung der Sünde fordert, und daß die Bestrafung nur von Gott selbst aufgehoben werden kann. Sie geht aber zu weit, wenn sie zu diesem Zwecke eine Menschwerdung verlangt, weil nicht nachgewiesen werden kann, daß Gott den Menschen nicht auch hätte einfach begnadigen und in dieser Weise den Tod und das Verderben besiegen können. Allein Athanasius macht auch noch andere Gründe geltend für die Menschwerdnng des Logos.

Vor Allem sucht er darzustellen, daß der Herr deshalb Mensch werden mußte, weil das Verderben und die Sünde nur in der menschlichen Natur, worin sie eingewurzelt waren, besiegt und vernichtet werden konnten. „In passender Weise nahm der Logos einen sterblichen Leib an, damit dann auch der Tod in ihm vernichtet werden konnte und die Menschen nach dem Ebenbilde wieder erneuert würden.“[4])

[1]) de inc. 6.
[2]) de inc. 7.
[3]) de inc. 8.
[4]) de inc. 13.

Einstens[1]) bedurfte es zur Erschaffung der Welt eines Winkes und des bloßen Willens. Da aber der Mensch geschaffen war und das Entstandene geheilt werden mußte, so war es zweckmäßig, daß der Arzt und Heiland sich mit dem bereits Entstandenen verband. Man muß auch dieses wissen, daß das eingetretene Verderben nicht außerhalb des Leibes lag, sondern mit ihm verbunden war, und er statt des Verderbens das Leben in sich aufnehmen muß, damit, wie in den Leib der Tod eingedrungen ist, so in ihn auch das Leben dringe. Wenn also der Tod außerhalb des Leibes wäre, so müßte auch das Leben außerhalb desselben sein. Wenn aber der Tod in den Leib eingedrungen, und indem er in diesem wohnte, über ihn die Herrschaft führte, so muß auch das Leben in den Leib eindringen, daß der Leib das Leben anziehe und die Vergänglichkeit ablege. Wenn nämlich der Logos außer dem Leibe und nicht in ihm gewesen wäre, so wäre dessenungeachtet das einmal eingetretene Verderben im Leibe verblieben."

Diese ebenso *speculative* als *christliche Auffassung* der Menschwerdung kehrt bei Athanasius sehr oft wieder. So heißt es z. B.[2]) „Wenn der Herr nicht unsertwegen Mensch wurde, und wenn wir ihn nicht in uns, sondern von außen haben, so herrscht nichtsdestoweniger die Sünde wieder über das Fleisch und haust darin und läßt sich nicht vertreiben." Oder:[3]) „Wenn die Werke der Gottheit des Logos nicht im Körper vollbracht worden wären, so wäre der Mensch nicht vergöttlicht worden, und wenn das, was dem Fleische eigen ist, nicht vom Logos ausgesagt würde, so wäre der Mensch davon nicht gänzlich frei geworden, sondern es wäre, wenn es auch für kurze Zeit aufgehört hätte, die Sünde und das Verderben wieder in ihm verblieben."

4. Aus diesen Stellen ergibt sich nur, daß die Menschwerdung eine *Wiederherstellung der ersten Schöpfung zum Zwecke* hat. Athanasius geht aber noch weiter und lehrt auch eine *Vervollkommnung* der Schöpfung überhaupt in Folge der Menschwerdung.

„Es heißt vom Logos, daß er selbst empfangen habe, was er als Mensch empfing, damit die Gnade *bleibend verharre*, indem der Herr empfing und die Gabe auf ihm ruhte."[4]) „Hätte Gott blos ein Wort gesprochen

---

[1]) de inc. 44.

[2]) c. Ar. II, 56.

[3]) c. Ar. III, 33.

[4]) c. Ar. III, 38. cf. I, 45.

und dadurch den Fluch gelöst, so wäre die Macht des Befehlenden an den Tag getreten, der Mensch aber wäre so geworden, wie Adam vor der Uebertretung war, indem er die Gnade von außen empfangen und nicht in Verbindung mit seinem Leibe sie gehabt hätte (denn so war der Mensch ins Paradies gesetzt worden), oder er wäre noch schlimmer geworden, weil er die Uebertretung jetzt auch kennen gelernt hatte. Hätte er sich in einem solchen Zustande wieder von der Schlange überreden lassen, so hätte Gott wieder einen Befehl geben und den Fluch lösen müssen, und so hätte diese Nothwendigkeit bis ins Unendliche sich erstreckt und doch wären die Menschen schuldig und im Dienste der Sünde verblieben."[1]) Es nahm der Logos deßhalb einen Leib an, damit er seinen Leib für Alle hingäbe, und nun Alle durch ihn von der Sünde frei würden und von ihrem Fluche, und in Wahrheit auf immer beharrten, auferstanden von den Todten und mit Unsterblichkeit und Unverweslichkeit bekleidet. In diesem Sinne sagt dann Athanasius weiter noch, „daß die Knechtsgestalt, welche der Logos durch natürliche Zeugung sich angeeignet, vorzüglicher geworden sei als die ursprüngliche Schöpfung, und daß er uns zu Mitbürgern der Heiligen und Hausgenossen Gottes gemacht habe."[2])

Aus diesen Stellen geht hervor, daß Athanasius der Menschwerdung nicht blos welterneuernde Bedeutung zuschrieb, sondern auch weltvollendende. Die Erreichung des Zweckes des Menschen bleibt ihm fortwährend unsicher, wenn nicht Christus in sich die Unwandelbarkeit darstellt. Es hängt diese Anschauung zusammen mit seiner oben dargestellten Urzustandslehre und beruht auf einem einseitigen Freiheitsbegriffe. Es beruht nemlich auf der ersten Stufe allerdings des Menschen Seligkeit oder Unseligkeit auf seiner Wahlfreiheit, allein hat sich diese Potenz einmal mit Entschiedenheit für das Eine oder Andere bethätigt, so ist das Gute oder das Böse im Menschen habituell geworden. Die Verkennung dieses Unterschieds der Wahlfreiheit und des Zustandes nach vollzogener Wahl ist also der Grund, weßhalb Athanasius der Menschwerdung auch den Zweck der Weltvollendung beimißt.

5. Sollen wir den Zweck der Menschwerdung des Logos näher detailiren, so können wir sagen, daß der Logos durch seine Menschwerdung alle Seiten seines Abbildes im Menschen, welche durch die Sünde

[1]) c. Ar. II, 68.

[2]) c. Ap. I, 12.

verloren gegangen waren, erneuerte und zu ihrer Vollendung brachte. So spricht Athanasius oft von Erneuerung,[1]) von einer neuen Schöpfung,[2]) er sagt, daß der Logos uns die Unsterblichkeit gebracht und die Unverweslichkeit,[3]) daß der Logos uns die Auferstehung erworben.[4]) Ferner mußte der Logos die Schöpfung wieder ihrem ursprünglichen Herrn erwerben und die geschaffenen Menschen nach seinem Ebenbilde erneuern.[5]) Er mußte uns erhöhen[6]) und heiligen[7]) und wieder aufrichten[8]). Er mußte uns zurückkaufen von der Verirrung des Götzendienstes[9]) und uns die Kenntniß des wahren Gottes wieder bringen.[10]) Er mußte die Sünde mit der Wurzel ausrotten[11]) und uns so gänzlich von der Gewalt des Satans befreien.[12]) Der Logos kam, um uns wieder Vertrauen zu Gott einzuflößen,[13]) um uns mit dem Vater zu versöhnen und uns zu Kindern Gottes zu machen,[14]) um uns zu vergöttlichen[15]) und mit dem heiligen Geiste zu verbinden.[16]) Auch das ist Zweck seiner Ankunft, daß die Menschen unter sich eins seien.[17]) Alle diese einzelnen Seiten dachte sich aber Athanasius nicht von einander getrennt, sondern aufs Engste mit einander verbunden, so daß in einem Punkte immer schon alle enthalten sind. Sie erscheinen bei ihm nur als die Ausführung eines einzigen Grundgedankens.[18])

2. Die Ausführung des Erlösungswerkes.

Christus hat den Zweck seiner Erscheinung realisirt oder das Erlösungswerk wirklich vollbracht durch die Bethätigung seines dreifachen

---

1) c. Ar. II, 53 etc.
2) c. Ar. II, 65 etc.
3) de inc. 31; c. Ar. II, 69; III, 57.
4) de inc. 10; c. Ar. I, 43.
5) de inc. 13, 14.
6) c. Ar. I, 41.
7) c. Ar. II, 10.
8) c. Ar. II, 51.
9) c. Ar. II, 14.
10) de inc. 13.
11) c. Ar. II, 56.
12) c. Ar. II, 55.
13) c. Ar. II, 70.
14) c. Ar. I. 37—38.
15) c. Ar. II, 59.
16) c. Ar. I, 49.
17) c. Ar. III, 23.
18) Vgl. Möhler I, 181 ff.

Amtes, des prophetischen, hohenpriesterlichen und königlichen. Athanasius hat aber diese drei Aemter Christi noch nicht genau unterschieden. Daß sie ihm aber dennoch vor Augen schwebten, scheint daraus hervorzugehen, daß er die Juden damit widerlegt, daß seit Christus weder ein König, noch ein Prophet, noch Jerusalem, noch ein Opfer, noch ein Gesicht bei ihnen sei.[1])

1. Sehen wir von der scharfen Sonderung der drei Aemter ab, so stellt sich nach Athanasius das Werk des Erlösers in folgender Weise dar. Er vermittelte uns einmal die Gotteserkenntniß. Die Menschen waren dazu nicht im Stande, sie konnten dem Betrug und dem Gaukelspiel der Dämonen aus eigener Kraft nicht Widerstand leisten. Auch die Schöpfung genügte dazu nicht, weil die Menschen trotz der Schöpfung sich auf Irrwegen befanden. Es mußte darum der Logos selbst unter uns seine Wohnung aufschlagen, damit die, welche ihn aus seiner Fürsorge für Alles und seiner Leitung nicht erkennen würden, wenigstens aus den Werken des Leibes den göttlichen Logos im Leibe und durch ihn den Vater erkennen würden. Weil nämlich die Menschen in den sinnlichen Dingen Gott suchten, so nimmt der Logos einen Leib an und verkehrt wie ein Mensch unter Menschen und nimmt die Empfindungen aller Menschen an, damit die, welche annehmen, daß Gott in leiblichen Dingen sei, aus dem, was der Herr in leiblichen Werken thut, die Wahrheit erkennen und durch ihn den Vater begreifen. Weil nämlich der Geist der Menschen einmal auf die sinnlichen Dinge verfallen war, so ließ er sich herab im Leibe zu erscheinen, um als Mensch die Menschen an sich zu ziehen und ihre Sinne auf sich zu lenken und sie zu überzeugen durch seine Werke, daß er nicht blos Mensch, sondern Gott und des wahren Gottes Logos und Weisheit sei. Darum brachte er sich nicht gleich zum Opfer dar, sondern verrichtete solche Zeichen und Wunder, die ihn nicht mehr als Menschen, sondern als Gott erkennen ließen.[2])

Das prophetische Amt bethätigt also Christus durch seine unmittelbare Erscheinung und durch die Thaten und Wunder, die er vollbringt. „Der Herr konnte nach Athanasius[3]) erkannt werden als Herrscher des Weltalls, weil er nicht im Körper eingeschlossen war, sondern Alles belebte und mit seiner Vorsehung umfaßte. Wie er, da er

---

[1]) de inc. 40.

[2]) de inc. 14—16.

[3]) de inc. 18—19.

unsichtbar ist, aus den Werken der Schöpfung erkannt wird, so kann er, nachdem er Mensch geworden und im Leibe sichtbar ist, aus seinen Werken erkannt werden, daß er nicht als ein Mensch solches vollbringt, sondern als Gottes Kraft und Logos. Denn er befahl den Dämonen, heilte Krankheiten aller Art, bildete sich selbst einen Leib aus einer Jungfrau, verwandelte Wasser in Wein, wandelte auf dem Meere wie auf dem Lande, speiste mit wenigen Broden viele Menschen. Wer sollte ihn deßhalb nicht für Gott halten? Dieß Alles zu thun, schien dem Erlöser ganz geziemend, damit die Menschen, die aus seiner Schöpfung und Vorsehung ihn nicht erkannten, doch wenigstens wegen der Werke seines Leibes zu ihm aufblickten und durch ihn zur Kenntniß des Vaters gelangten. Es bekannte ja die Schöpfung sogar bei seinem Tode, daß der Sterbende nicht einfach ein Mensch, sondern Gottes Sohn und der Heiland Aller sei. So hat der göttliche Logos durch seine Werke sich den Menschen geoffenbart." Athanasius faßt demnach die Wunder Jesu als unmittelbare Darstellung, als Offenbarung seiner Gottheit.[1]) Christi Lehramt führt er somit zurück auf die Würde seiner göttlichen Person, wie sie sich zeigt in der Herrschaft über die Natur und die Geisterwelt. Diese tiefe und geistreiche Auffassung des Lebens und Wirkens Christi zieht sich durch alle seine Schriften hindurch und erstreckt sich auch hinüber auf das ethische Gebiet, indem hier Christus erscheint als sittliches Muster- und Vorbild, als Ideal der Tugend und zwar nicht so fast durch seine Worte, als vielmehr durch die Idee seiner Persönlichkeit und sein ganzes Erscheinen.[2])

2. Damit aber war Christi Werk noch nicht vollendet. Denn „zwei Liebesdienste erwies uns der Herr durch seine Menschwerdung, daß er durch seine Werke sich offenbarte und den Tod aus uns entfernte und so uns erneuerte."[3]) „Weil ihm die Herrschaft des Todes unausstehlich war, nahm er einen Leib an und übergab ihn, weil Alle dem Verderben des Todes unterworfen waren, für Alle dem Tode und brachte ihn dem Vater dar und that dies aus Liebe zu uns Menschen, damit, wenn Alle in ihm gestorben wären, das Gesetz des Todes bei den Menschen aufhörte, da es am Leibe des Herrn seine Macht aufgezehrt hat. Weil nämlich der Logos erkannte, daß das Verderben der Menschen nicht

---

[1]) Vgl. Möhler I, 164.

[2]) c. Ar. I, 51.

[3]) de inc. 16.

anders beseitigt werden könnte, als daß er sterbe, der Logos selbst aber nicht sterben konnte, weil er unsterblich und Sohn des Vaters ist, deßhalb nahm er einen Leib an, der sterben kann, damit dieser durch Theilnahme an dem Alle umfassenden Logos fähig würde zum Tode für Alle und wegen des ihm einwohnenden Logos unverweslich bleibe, und von nun an das Verderben durch die Gnade der Auferstehung von Allen weiche. Darum hat er den Leib, den er angenommen, als ein mackelloses Schlachtopfer dem Tode entgegengeführt und sogleich von allen ähnlichen Leibern den Tod verscheucht durch sein stellvertretendes Opfer. Denn da der Logos über Allen ist, so hat er natürlich, indem er seinen Tempel und sein leibliches Werkzeug für Alle als Entgelt darbrachte, die Schuld im Tode bezahlt, und indem der unvergängliche Sohn des Vaters so durch die Aehnlichkeit mit Allen vereinigt war, bekleidete er Alle mit Unverweslichkeit in der Verheißung der Auferstehung." [1])

Der Opfertod Jesu hatte nach dieser Auffassung universell-stellvertetenden Charakter. Weil die Person des Logos, also Gott selbst, den Tod auf sich nahm, darum konnte Jesus die Erlösung bewirken. Weil dieser Logos mit uns durch seine menschliche Natur verbunden war, darum konnte er unsere Erlösung und Befreiung von der Sünde bewirken, indem sein Tod eintrat für unsern Tod. Der Grund der Universalwirksamkeit des Opfertodes Christi liegt somit in der Würde der leidenden Person, welche Gott selbst ist, der Grund der erlösenden Bedeutung dieser Wirksamkeit für uns in der Einheit der menschlichen Natur, welche wir mit dem Logos gemeinsam haben.

3. Athanasius ist überreich an Stellen, welche dieser seiner Grundanschauung über den stellvertretend sühnenden Opfertod Christi Ausdruck verleihen. So sagt er z. B.: [2]) „Der Herr nahm einen Leib an, um ihn als Opfer für Alle dem Vater darzubringen." „Indem der Logos für Alle im Leibe litt, hat er Allen das Heil erworben." [3]) „Da die Schuld Aller abgetragen werden mußte, denn Alle hatten den Tod verschuldet, deßhalb brachte er, nachdem er seine Gottheit in seinen Werken bewiesen hatte, sofort das Opfer für Alle dar, indem er für Alle seinen Tempel dem Tode preisgab, um Alle von der Verantwortung der alten Uebertretung und von dieser selbst zu befreien, und sich stärker als der

[1]) de inc. 8—9.

[2]) de decr. 14.

[3]) c. Ar. I, 60.

Tod zu zeigen, indem er als erste Frucht der Auferstehung Aller seinen eigenen Leib in Unverweslichkeit darstellte. Der Tod war nothwendig und es mußte der Tod für Alle eintreten, damit die Schuld Aller abgetragen werde. Der Logos nun hat verbunden mit seinem Leibe für Alle gelitten und dadurch den Teufel ohnmächtig gemacht." [1])

4. Athanasius sucht den Einwendungen der Heiden gegenüber auch die Todesart des Herrn zu rechtfertigen. Der Herr durfte nicht den Juden sich entziehen, sondern er mußte den Tod aufsuchen, um ihn zu vernichten. Er durfte nicht in Folge einer Krankheit sterben, um nicht als schwach zu erscheinen. Er mußte öffentlich und nicht im Verborgenen sterben, um Zeugen seines Todes zu haben. Er durfte nicht sich selbst einen rühmlichen Tod wählen, um zu zeigen, daß er gegen jeden Tod Macht besitze, er mußte den Tod am Kreuze sterben, um nicht durch Enthauptung seinen Leib zu theilen oder durch Zersägung denen einen Vorwand zu geben, welche die Kirche Christi theilen wollen, sondern um den Tod des Fluches zu sterben und durch die Ausbreitung der Arme anzudeuten, daß er Juden und Heiden zu Einem Volke vereinige, endlich den Sieg über die Dämonen, welche in der Luft herrschen, darzustellen. [2])

5. Der Tod Christi hat nach Athanasius den Zweck, damit er seine und unsere Auferstehung zeigen kann. „Es lag dem Herrn ganz besonders die Auferstehung des Leibes am Herzen; denn das war ein Zeichen des Sieges über den Tod, diese Allen vor Augen zu stellen und Allen die sichere Ueberzeugung von der durch ihn bewirkten Vernichtung der Verwesung und von der künftigen Unverweslichkeit der Leiber zu verschaffen." [3]) Aus diesem Gesichtspunkte betrachtet ist der Tod etwas Nothwendiges in der Geschichte Jesu, weil er die einzige Bedingung seiner Auferstehung ist. [4])

Beim Tode Jesu trennte sich aber nur seine menschliche Seele von seinem menschlichen Leibe. Der Logos blieb mit beiden Theilen verbunden. [5]) Dadurch konnte der Heiland einerseits die Verweslichkeit und das Verderben der Leibes, andererseits den Tod der Seele vernichten. Er stieg nämlich mit seiner Seele hinab in die Unter=

---

[1]) de inc. 20.

[2]) de inc. 22—25.

[3]) de inc. 22.

[4]) Vgl. Möhler I, 168.

[5]) ad Epict. 5.

welt und predigte hier den Seelen, in seinem Leibe aber wurde das Verderben vernichtet und die Unverweslichkeit zeigte sich im Grabe.[1] Die Himmelfahrt Christi endlich hat die Bedeutung, daß er als Vorläufer für uns in den Himmel eingetreten,[2] daß er uns den Weg in den Himmel durch seine Auffahrt bereitet hat.[3]

3. Die Wirksamkeit Christi in der Kirche.

1. Mit der Himmelfahrt ist die Wirksamkeit Christi nicht erloschen. Ueberaus anziehend schildert uns Athanasius die Wirksamkeit desselben im Christenthum und in der Kirche, und gerade diese Wirksamkeit bietet ihm einen der stärksten Beweise für die Gottheit Christi. „Der Tod wird jetzt von Jedermann verachtet, während er früher furchtbar erschien. Nicht nur Männer, sondern auch Frauen und junge Mädchen wünschen jetzt zu sterben. Die Menschen schwören ab die Gesetze der Väter, der Ehebrecher bricht nicht mehr die Ehe, der Mörder mordet nicht mehr, der Ungerechte ist nicht mehr habsüchtig, der Gottlose ist gottesfürchtig, der Götzendienst ist vernichtet, der Betrug der Dämonen ist entdeckt.“[4] „Es möge herzutreten wer immer, und den Beweis der Tugend schauen in den Jungfrauen Christi und in den Jünglingen, welche sich der hl. Reinigkeit befleißen, sowie den Glauben an die Unsterblichkeit in der Schaar der Martyrer. Christus hat die ganze Erde mit seiner Lehre erfüllt, was kein heidnischer Philosoph im Stande war, er hat die Jungfräulichkeit gelehrt und bewirkt, daß selbst Kinder, die noch nicht volljährig sind, die Jungfräulichkeit geloben.[5]

2. In ganz spezieller Weise lebt und wirkt aber Christus fort in der hl. Eucharistie. Ueber diese spricht sich Athanasius in folgender Weise aus:[6] „Bei Joh. 6, 62—64 sagt Christus beides von sich aus, Fleisch und Geist, und er unterschied den Geist vom Fleische, damit seine Zuhörer nicht blos seine in die Erscheinung tretende, sondern seine unsichtbare Seite glaubten und daraus lernten, daß seine Werke nicht fleischlich, sondern geistig seien. Wie vielen Menschen konnte nämlich sein Leib zur Speise genügen, um zur Nahrung der ganzen

---

1) c. Ap. I, 17; II, 15.
2) Exp. fid. 1.
3) de inc. 25. cf. c. Ar. I, 41 etc.
4) de inc. 27—30.
5) de inc. 48—51.
6) ad Ser. IV, 19.

Welt zu werden? Darum gedenkt er der Himmelfahrt des Menschensohnes, um von fleischlichen Gedanken sie abzuziehen, sowie sie zu lehren, daß das genannte Fleisch eine himmlische und geistige von ihm dargereichte Speise sei. Denn, was ich euch gesagt habe, heißt es, ist Geist und Leben. Das bedeutet: Was äußerlich dargestellt und für das Heil der Welt dargegeben wird, ist das Fleisch, das ich an mir trage. Aber dieses und sein Blut wird euch von mir in geistiger Weise zur Nahrung gegeben werden, so daß es geistiger Weise einem Jeden mitgetheilt wird und Allen eine Bürgschaft wird zur Auferstehung ins ewige Leben. So hob auch der Herr die Samariterin über das Sinnliche empor, indem er sagte, Gott sei ein Geist, auf daß sie nicht mehr in körperlicher, sondern in geistiger Weise von Gott denke. So hat auch der Prophet ausgerufen, als er sah, daß der Logos Fleisch geworden: Der Geist unseres Antlitzes ist Christus der Herr, auf daß man wegen dessen, was in die Erscheinung trat, nicht glaubte, der Herr sei ein bloßer Mensch, sondern daß man aus dem Worte „Geist" erkenne, daß Gott es sei, der in diesem Körper wohne."

Man hat in dieser Stelle ebensowohl die katholische, als auch die lutherische und calvinische Abendmahlslehre finden wollen.[1]) Betrachten wir sie aber genauer in ihrem Zusammenhange mit dem Vorausgehenden, so will Athanasius zunächst zeigen, daß das Wort „Pneuma" in der Schrift öfter die göttliche Seite in Christo bezeichne, um die Sünde gegen den hl. Geist erklären zu können als Sünde gegen die

[1]) Voigt (S. 179) kommt zu dem Resultat, das Abendmahl sei dem Athanasius ebensowohl eine symbolische Feier, soferne es den Opfertod des Herrn als des wahren Passahlammes vergegenwärtigt, wie es andererseits die Feier des Empfanges einer realen Gnadengabe die Feier der Selbstmittheilung des Herrn an die Seinen sei. Die Idee des Meßopfers als der Wiederholung des Sühnopfers sei ihm gänzlich ferne, wenn er von einem Opfer am Passahfeste rede, so denke er dabei an Weihrauch, Lobgesänge und Gebete. Den Genuß des Mysteriums fasse er nicht als einen mündlichen. Möhler (II, 286 ff.) findet darin, wie sich zeigen soll, mit Recht die katholische Abendmahlslehre. Seine Erklärung ist aber nach Voigt (S. 178 Anm.) „ein auffallender Beweis, was alles eine katholische Geschichtsforschung zu leisten vermag, die durchaus das Dogma ihrer Kirche bis in die ersten Jahrhunderte zurückführen und durch continuirliche Tradition stützen will." Danken wir für diese unparteiliche Aufklärung! Uebrigens ist die Bemerkung Voigts mit Möhlers eigener Darstellung noch zu vergleichen. Schwane (S. 992) sagt, Athanasius will den Logos vornehmlich als himmlische und göttliche Speise angesehen wissen, aber so, daß er in Verbindung gedacht wird mit der verklärten menschlichen Leiblichkeit, wodurch er den Menschen erst verwandt geworden ist.

Gottheit Christi. Diesen Zweck hat das Beispiel von der Samariterin und die Anführung der Worte des Jeremias. Unmittelbar ist es also dem hl. Athanasius nicht um Darstellung der Lehre von der Eucharistie zu thun. Dieses schließt aber nicht aus, daß jene Lehre doch in seinen Worten enthalten sei, und das muß geradezu behauptet werden. Dann aber ergibt sich, daß Athanasius in der Eucharistie nicht ein sinnliches Fleisch, sondern die Gottheit Christi (mit der verklärten Menschheit) empfangen werden läßt. Die Worte „geistiges Fleisch", „geistiger Genuß" können nämlich dem Zusammenhange gemäß gar nichts anderes bedeuten, weil es ja erster Zweck des Athanasius ist, zu zeigen, daß der Geist die Gottheit Christi bedeute. Dasselbe ergibt sich auch aus anderen Stellen. Indem Athanasius die Homousie des hl. Geistes mit dem Vater und Sohn darzustellen sucht, sagt er:[1]) „Wenn der Herr von sich spricht: Ich bin das lebendige Brod, das vom Himmel herabgekommen, so nennt er anderswo den hl. Geist himmlisches Brod, wenn er sagt: Unser wesentliches Brod gib uns heute. Er lehrte uns nämlich, in der gegenwärtigen Zeit um das wesentliche d. i. das zukünftige Brod bitten, dessen Erstling wir in der gegenwärtigen Zeit haben, indem wir am Fleische des Herrn theilnehmen, wie er selbst sagt: Das Brod, das ich gebe, ist mein Fleisch für das Leben der Welt. Denn ein lebendigmachender Geist ist das Fleisch des Herrn, weil es aus einem lebendigmachenden Geiste empfangen wurde." Christus gibt also in der Eucharistie einen lebendigmachenden Geist und dieser ist gleich dem hl. Geiste. Der hl. Geist ist unser zukünftiges Brod, und das Fleisch des Herrn unser gegenwärtiges, jenes anticipirendes, beide sind aber Gott.

Aus den Einsetzungsworten: Das ist mein Leib, sucht Athanasius[2]) dem Paulus von Samosata gegenüber zu zeigen, daß Christus nicht ein bloßer Mensch, sondern Gott gewesen sei. Er mußte also in jenem Leibe die ganze Person Christi mit ihrer Gottheit und Menschheit erblicken.

Ziehen wir aus dem Gesagten das Resultat, so ergibt sich zunächst nur, daß in der Eucharastie nicht ein sinnliches Fleisch, sondern die Gottheit Christi (und seine verklärte Menschheit) empfangen wird. Damit aber ist die Frage noch nicht entschieden, sondern jetzt erst handelt

[1]) de inc. c. Ar. 16.

[2]) c. Ar. IV, 36.

es sich darum, wie man das Empfangen und Genießen bestimmt. Daran aber kann mit vernünftigen Gründen gar nicht gezweifelt werden, daß nach Athanasius das Fleisch Christi wirklich, d. h. mündlich genossen wird. Schon der Umstand, daß Christus an der allegirten Stelle von dem Genusse seines Leibes redet, läßt auf einen wirklichen Genuß schließen. Was soll weiter die Angabe bedeuten, der Leib Christi könne nicht die Speise der ganzen Welt werden, wenn nicht von einem wirklichen Essen die Rede ist? Wie kann ferner Athanasius das Essen von dem Fleische des Osterlammes fortwährend als Vorbild betrachten des Essens von seinem Fleische, wenn letzteres gar kein Essen wäre?[1]) Hätte Athanasius wirklich keinen mündlichen Genuß der Eucharistie gelehrt, so wäre er überdieß im grellsten Widerspruch gestanden mit der ganzen altkirchlichen Praxis. Was soll denn, um nur ein Beispiel aus der Zeit des hl. Athanasius anzuführen, die famose Anklage der Arianer, Athanasius habe den Kelch des Ischyras zerbrochen, bedeuten, wenn das Osterfest blos in Weihrauch, Lobgesängen und Gebeten bestand? Was soll der Tadel des Papstes Julius gegen die Arianer bedeuten, daß sie in der Untersuchung über jene Zerbrechung die Frage nach dem Fleische und Blute Christi vor Heiden in Anregung gebracht hätten?[2])

Wir müssen also dabei stehen bleiben, daß Athanasius von einem wirklichen Genusse redet. Dann ist aber auch gar kein Grund vorhanden, im Gegentheile, es hieße etwas ganz Fremdartiges in seine Lehre hineintragen, wollte man annehmen, dieser Genuß sei eine bloße Erinnerung an Christus, denn „geistiger Genuß“ bedeutet nur Genuß der Gottheit, nicht symbolischen Genuß, wie wir gesehen haben. Wir vermögen darum nur die katholische Abendmahlslehre aus Athanasius herauszulesen, wenn sie auch nicht in ihrer vollen Entwicklung sich bei ihm schon findet. Geistig ist seine Auferstehung höchstens insoferne, als er die in der Eucharistie empfangene Speise vorzüglich als himmlische und göttliche erklärt im Gegensatze gegen eine kapharnaitische Auffassung, aber nicht insofern, als ob er gar keinen

[1]) ep. fest. 44. (Migne II, p. 1378).

[2]) Apol. c. Ar. 31. In einem von Ang. Mai herausgegebenen Fragmente (bei Migne II, 1325) heißt es: *Ὄψει τοὺς Λευΐτης φέροντας ἄρτους καὶ ποτήριον οἶνου, καὶ τιθέντας ἐπὶ τὴν τράπεζαν. καὶ ὅσον οὔπω ἱκησίαι καὶ δεήσεις γένονται, ψιλός ἐστιν ὁ ἄρτος καὶ τὸ ποτήριον. ἐπὰν δὲ ἐπιτελεσθῶσιν αἱ μεγάλαι καὶ θαυμασταὶ εὐχαί, τότε γίνετα ὁ ἄρτος σῶμα καὶ τὸ ποτήριον αἷμα τοῦ κυρίου ἡμῶν Ιησοῦ Χριστοῦ.*

wirklichen leiblichen Genuß oder nur einen sinnbildlichen Genuß behaupten würde.

3. Eine weitere Wirksamkeit Christi ist sein mystisches Leben und Wirken in den einzelnen Gläubigen. Christus hat uns durch seinen Tod und seine Auferstehung allerdings den Sieg über den Tod, sowie das ewige Leben und die Seligkeit gebracht, allein damit sind noch nicht alle einzelnen Menschen dem Tode entrissen, mit einem Worte, die Erlösung ist zwar für die Gattung der Menschheit, aber nicht in jedem Einzelnen realisirt. Es entsteht daher die Frage, wie Christus in den einzelnen Menschen die Erlösung verwirklicht.

Athanasius spricht sich sehr oft so aus, als wenn Christus nicht blos einen individuellen Menschen, sondern die ganze Gattung der Menschheit angenommen und unmittelbar erlöst hätte, so z. B. wenn er sagt:[1]) „Indem der Mensch in Christus war, wurde er belebt.“ Indessen haben derartige Ausdrucksweisen ihren Grund nur in einem (übertriebenen) platonischen Realismus, sowie in der in jener Zeit noch nicht ausgebildeten Unterscheidung zwischen Wesen und Person. Ihr Sinn ist also nicht, daß in Christus Alle real erlöst seien.

Im Verhältniß zu den einzelnen Menschen stellte Athanasius Christus hin als Haupt der Kirche.[2]) „Alle Menschen sind seine Glieder und die vielen Glieder sind sein Leib, welcher da ist die Kirche.“[3]) „Von der Kirche, die in ihm geschaffen wird, spricht Christus die Worte: Der Herr schuf mich als Anfang der Wege.“[4]) „Im Namen der Kirche, die zuerst geschaffen, hernach aber von Gott gezeugt wurde, spricht der Herr: Vor allen Hügeln zeugt er mich, nachdem er zuvor gesprochen: Der Herr schuf mich als Anfang seiner Wege.“[5]) „Der Leib des Herrn ist der erste Anfang der Kirche,“[6]) „seine Menschheit ist die gesammte Kirche.“[7]) Allenthalben erscheint hier die Kirche als die Gesammtmasse aller Gerechtfertigten, in denen Christus, als ihr Haupt, auf geheimnißvolle Weise fortlebt. In Folge dieses Lebens Christi in uns werden wir

---

[1]) In illud 2: *Ἐν αὐτῷ ὢν ὁ ἄνθρωπος ἐζωοποιεῖτο.* Zu vergleichen ist die Stelle Serm. m. de fide 3, 6: *Πάντας τοὺς ἀνθρώπους ἐν τῷ ἰδίῳ σώματι ἐνεδύσατο.*

[2]) c. Gent. 4; c. Ap. II, 11, 15.

[3]) de inc. e. Ar. 5.

[4]) de inc. c. Ar. 6.

[5]) de inc. c. Ar. 12.

[6]) de inc. c. Ar. 12.

[7]) de inc. c. Ar. 21.

Eines Leibes mit Christus. „Die himmlischen Mächte wird es nicht befremden, wenn sie sehen, daß wir Eines Leibes mit ihm alle in ihr Land eingeführt werden.“ [1]) „Also solche, die Eines Leibes mit ihm sind, stimmen wir mit ihm zusammen als Aufbau auf ihm, dem Grunde.“ [2]) Weiterhin werden wir wegen der Stammverwandtschaft[3]) mit seinem Körper ein Tempel Gottes. Christus heißt wegen dieser Stammverwandtschaft der Erstgeborne, [4]) wegen der Stammverwandtschaft mit seinem Fleische werden wir mit ihm frei sein. [5])

Mit dieser Einverleibung der Gläubigen in Christus hängt zusammen der Begriff der Mittlerschaft Christi. [6]) Als Gottmensch nämlich hat Christus eine Mittelstellung zwischen Gott und den Menschen, über welche sich Athanasius also ausspricht: [7]) „Der Sohn Gottes hat einen Leib getragen und ist Menschensohn geworden, damit er Mittler werde zwischen Gott und den Menschen und das Göttliche uns, das Unsrige aber Gott darbringe.“ „Wahrer Gott ist der Sohn, sowohl bevor er Mensch wurde, als auch nachdem er Mittler wurde zwischen Gott und den Menschen, er ist vereinigt mit Gott dem Vater dem Pneuma nach, mit uns aber dem Fleische nach und so hat er eine Mittelstellung inne zwischen Gott und den Menschen.“ [8]) Auf dieser Mittelstellung Christi beruhen auch die verschiedenen Antithesen, in welche Athanasius Christus und die Menschheit zu bringen pflegt, z. B. wenn er sagt: [9]) „Christi Leiden ist unsere Befreiung vom Leiden, sein Tod ist unsere Unsterblichkeit, sein Weinen ist unsere Freude, sein Grab unsere Auferstehung, seine Taufe unsere Heiligung, seine Zucht unser Friede, seine Schmach unser Ruhm, sein Herabsteigen unser Hinaufsteigen.“

Es entsteht nun aber die Frage, wie die mysterische Leibes- und Lebensgemeinschaft mit Christus und die Wirksamkeit seiner Mittlerschaft zu denken sei. Wir begegnen bei Athanasius zu-

---

1) c. Ar. I, 42: *Σύσσωμοι γινόμεθα.*

2) c. Ar. II, 74.

3) *Συγγένεια* c. Ar. I, 43.

4) c. Ar. II, 63.

5) c. Ar. II, 69. In einem Fragmente über Joh. 12, 27 (Migne II, 1241) heißt es: *Ἀπὸ τούτου νενίκηται, ἵνα ἡ πᾶσα ἀνθρώπων φύσις κατὰ τὸ συγγενὲς εὐεργετηθῇ.*

6) Cf. Pet. l. XII, c. 1—4; l. II. c. 9.

7) c. Ar. IV, 6.

8) de inc. c. Ar. 22.

9) de inc. c. Ar. 5.

nächst der Vorstellung, daß von Christus, dem Haupte, auf alle Glieder eine gewisse Kraft übergehe. So heißt es z. B.[1]) „Christus heiligte in sich einen Menschen, damit von ihm aus auf alle Menschen die Heiligung komme.“ „Wie von Adam auf alle Menschen die Sünde überging, so wird, nachdem der Herr die Schlange besiegt hat, auf alle Menschen diese Kraft übergehen.“[2]) Deshalb wurde der Herr Mensch, damit er als Mensch Gnadengaben empfangen könne und damit diese so, wenn er sie empfängt, auf uns übergehen.“[3]) Auf unsrer Seite ist die Aneignung der Erlösung eine Theilnahme an dieser überströmenden Kraft. „Wir werden theilhaftig der göttlichen Natur und haben dann Gewalt über die Dämonen,“[4]) „werden Söhne Gottes durch Theilnahme am Geiste.“[5]) „Durch Theilnahme am gezeugten Sohne werden die Geschöpfe Söhne und können gezeugt heißen.“[6]) „Es kann aber das Geschöpf das, was es nur durch Theilnahme hat, nicht wieder Andern mittheilen, denn was es hat, gehört nicht (durchaus) ihm, sondern dem, der es gegeben hat, und was es empfangen hat, das ist kaum für es selbst hinreichend.“[7])

Diese (platonische) Theilnahme ist es in letzter Instanz, wodurch Athanasius das Verhältniß Christi zu den Gläubigen begrifflich bestimmt. Alle obigen Vorstellungen müssen hierin ihre Erklärung finden, denn an sich sind sie nur bildlich und uneigentlich.

Soll noch gezeigt werden, was der Mensch seinerseits thun müsse, um zu dieser Theilnahme an Gott zu gelangen, so hat Athanasius hierüber nur Andeutungen, aber keine festen Lehrsätze gegeben. „Der Heiland, sagt er,[8]) gebraucht keine Gewalt, sondern sanftmüthig klopft er an jede Thüre, und wenn man öffnet, so zieht er ein, wenn man aber nicht will, so weicht er zurück.“ Von Gott also geht die erste Anregung aus zum Guten und der Mensch braucht nur zu wollen. Ob und inwieweit dieses Wollen selbst wieder ein Akt der Gnade ist, darüber

---

[1]) c. Ar. I, 47.
[2]) c. Ar. I, 51.
[3]) c. Ar. IV, 6.
[4]) c. Ar. III, 40.
[5]) de decr. 14.
[6]) c. Ar. I, 56.
[7]) De Syn. 51.
[8]) Hist. Arian. 33.

fehlen uns bei Athanasius nähere Aussagen, denn um die anthropologisch-ethischen Fragen kümmerte er sich im Ganzen sehr wenig.

4. Von besonderer Bedeutung ist in der Zuwendung der Erlösung noch die Wirksamkeit des hl. Geistes. Er ist es, „in welchem der Logos die Schöpfung verherrlicht, das göttliche Wesen und die göttliche Kindschaft mittheilt.“[1]) „Er ist die Salbung, mit welcher der Logos Alles salbt, das Siegel, mit welchem er Alles besiegelt; das Siegel aber trägt die Gestalt des Besiegelnden an sich, und an dieser Gestalt haben die Besiegelten Antheil.“[2]) „Der hl. Geist gestaltet in uns die Form des Sohnes aus,“[3]) er heiligt uns,[4]) er verbindet uns mit Gott,[5]) durch ihn heißen wir Alle Theilnehmer an Gott.[6]) Weil aber der hl. Geist der Geist des Sohnes ist, so nimmt durch ihn der Sohn und in dem Sohne der Vater Wohnung in uns. „Wenn wir durch den hl. Geist erleuchtet werden, so ist es Christus, der uns erleuchtet, wenn wir in ihm lebendig gemacht werden, heißt es, daß Christus in uns lebe.“[7]) „Es nimmt der hl. Geist ebenso Wohnung in uns, wie der Sohn. Wenn aber der Sohn in uns ist, so ist auch der Vater in uns.“[8])

Die von Athanasius angewendeten Gleichnisse legen den Gedanken nahe, daß der Geist in den einzelnen Gläubigen dieselbe Stelle vertritt, welche der Logos in der individuellen Natur Christi eingenommen hat. Dieser Schluß wird noch bestätigt durch eine Stelle, in welcher Athanasius sagt, der Logos sei für uns Träger des Fleisches geworden, damit wir Träger des Geistes würden.[9]) Hier ist zugleich der Unterschied zwischen dem Menschen Jesus und den übrigen angedeutet, indem als Träger und persönliches Princip des ersteren der Logos erscheint, also die Menschheit untergeordnet ist, während bei den übrigen das Hauptgewicht auf die Menschheit fällt, also der Geist nur etwas Accidentelles ist. Es werden demgemäß die Einzelnen dadurch er-

---

1) Ad Ser. I, 25.
2) Ad Ser. I, 23; cf. I, 19; III, 3.
3) Ad Ser. III, 3.
4) c. Ar. I, 50.
5) Ad Ser. I, 29.
6) Ad Ser. I, 24.
7) Ad Ser. 19.
8) Ad Ser. I, 31.
9) De inc. c. Ar. 8. p. 876 C: *Αὐτός ἐστι θεὸς σαρκοφόρος, καὶ ἡμεῖς ἄνθρωποι πνευματοφόροι.*

löst, daß des Logos Pneuma in ihnen vorhanden ist, gleichwie die individuelle Natur Christi dadurch erlöst wurde, daß der Logos sie zu seinem Eigenthum machte.

Forschen wir aber näher nach über dieses Leben des Geistes Christi in uns, so erklärt es uns Athanasius wieder durch den Begriff der Theilnahme, und zwar sagt er, daß wir durch die Gnade des Geistes am Sohne Theil nehmen.[1]) Wir müssen uns hiebei erinnern, daß der hl. Geist bei Athanasius die Energie des Sohnes ist, so daß also ohne ihn eine Theilnahme am Sohne undenkbar ist. Demgemäß vollzieht sich die Erlösung des Einzelnen durch Theilnahme an der Energie des Sohnes, und das ist der hl. Geist. Gleichwie der Geist das trinitarische Leben Gottes zum Abschluß bringt, so bringt er also auch als Energie des Sohnes das ökonomische Wirken Gottes zum Abschluß in den Herzen der Einzelnen.

4. Die Vollendung des Werkes Christi.

Nach dieser Zuwendung der Erlösung an die Einzelnen und zwar an Alle, welche wollen, erfolgt das letzte Werk Christi, das Weltgericht und die Weltvollendung. Athanasius glaubt „an ein ewiges Gericht über die Seelen und die Leiber, an ein Reich der Himmel und ein ewiges Leben.“[2]) „Bei seiner zweiten in Wahrheit glorreichen und göttlichen Epiphanie, die man aus den Schriften lernen kann, wird aber der Herr nicht mehr in Niedrigkeit, sondern in seiner eigenen Glorie erscheinen, nicht mehr um zu leiden, sondern um die Frucht seines Kreuzes Allen zu geben, nämlich Auferstehung und Unverweslichkeit. Da wird er nicht mehr gerichtet, sondern richtet Alle, je nachdem sie im Leibe gehandelt haben, es sei Gutes oder Böses. Dann ist bereitet den Guten das Himmelreich, den Uebelthätern aber das ewige Feuer und die äußerste Finsterniß.“[3]) Mit dieser zweiten Parusie, welche der Herr schon voraus weiß,[4]) schließt die erlösende Thätigkeit des Logos. „Da geschieht in seinem Fleische die Unterwerfung der Welt. Wir Alle werden dem Sohne unterworfen sein, wenn wir erfunden sind als seine Glieder und

[1]) c. Ar. I, 16.
[2]) Interpret. in Symb.
[3]) De inc. 56.
[4]) c. Ar. III, 45.

durch ihn zu Söhnen Gottes geworden. Dann wird er selbst an unser Statt als das Haupt für seine Glieder dem Vater unterworfen sein. So lange seine Glieder noch nicht unterworfen sind, ist auch er selbst, ihr Haupt, dem Vater noch nicht unterworfen, indem er noch auf seine Glieder wartet. Wir sind es, die in ihm dem Vater unterworfen werden, wir sind es ja auch, die in ihm herrschen, bis gelegt sind unsere Feinde zu unseren Füßen. Denn wegen unserer Feinde ist der Herr des Himmels uns ähnlich geworden, und er hat den irdischen Thron Davids, seines Vaters, dem Fleische nach angenommen, um ihn wieder aufzurichten, auf daß wir dann in ihm herrschen, und er selbst die wieder aufgerichtete menschliche Herrschaft dem Vater übergebe, auf daß Gott sei Alles in Allem herrschend durch ihn, als durch seinen göttlichen Logos, nachdem er durch ihn geherrscht hat als durch den menschlichen Erlöser." [1]) Am Ende der Zeiten werden demgemäß alle Gläubigen als Glieder des Hauptes Christi mit ihm, dem Haupte, Gott unterworfen sein. Hier wird die erlösende und gottmenschliche Thätigkeit Christi ihr Ziel und Ende haben und Gott wird nur mehr als Gott über alles Seiende herrschen in der Ewigkeit seiner Macht und Liebe.

5. Resultat der Lehre von dem Werke Christi.

Ueberschauen wir jetzt die ganze Lehre des Athanasius von dem Werke Christi, des Erlösers, so wird man gewiß des tiefsten Staunens sich nicht erwehren können über die Tiefe und Innigkeit der athanasianischen Anschauungen. Christus steht vor uns als ein Wesen, das durch seine unmittelbare Erscheinung und seine Wunderwerke sich als Herrn alles Seienden und als Ideal alles sittlichen Strebens hinstellt, das durch seinen Tod die Sünde vernichtet in der menschlichen Natur selbst und diese mit Gott versöhnt, das durch seine Auferstehung den faktischen Beweis liefert für die Vernichtung des Todes, durch seine Himmelfahrt uns die Pforten des Himmels erschließt, das fortwährend in der Kirche lebt und wirkt, sei es in sakramentaler, sei es (durch seinen hl. Geist) in mystischer Weise und das am Ende der Zeiten Alles richten und Alles dem Vater unterwerfen wird, womit die ganze Creatur ihren Zweck und ihr Ziel erreicht hat.

---

[1]) De inc. c. Ar. 20; cf. Serm. m. de fide 32.

Trotzdem aber hat Athanasius auch hierin noch nicht Unübertreffliches geleistet. Wie schon bemerkt, hat er in seiner Begründung der Menschwerdung zu viel bewiesen. Wenn er dann der Menschwerdung auf Grund einer unsichern Urzustandslehre weltvollendende und nicht blos welterlösende Bedeutung beilegt, so steht dieses wieder in Widerspruch damit, daß er die gottmenschliche Thätigkeit Christi nach dem jüngsten Gerichte wieder aufhören läßt, wenn wir nicht eine Läuterung seiner Jugendanschauungen mit den Jahren annehmen wollen. In dem Werke Christi selbst tritt seine lehramtliche Thätigkeit zu wenig als eine selbstständige hervor, indem sie zu sehr auf seine eigentlich königliche zurückgeführt wird. Das Gleiche gilt insoferne für Christi hohenpriesterliche Thätigkeit, als er die Kraft seines Opfers zu sehr seiner göttlichen Macht und zu wenig seinem leidenden Gehorsam zuschreibt.

Deßungeachtet aber bleibt sicher, daß Athanasius den unerschöpflichen Inhalt des Dogma von der Incarnation in seiner vollen Bedeutung erschaute. Er lebte so in Christus, dem fleischgewordenen Gott, daß er immer wieder auf diese Idee zurückkommt, daß diese Idee Ausgangspunkt und Zielpunkt aller seiner wissenschaftlichen Bestrebungen ist. Jenes Wort des Evangelisten: Das Wort ist Fleisch geworden und hat unter uns gewohnt, in welchem die christliche Logoslehre ihren Universalausdruck findet, bestimmte somit ganz und gar das Leben und Wirken des ersten Kirchenlehrers, des Vaters der Theologie.

Schluß.

Rückschau auf die Lehre und ihr Zusammenhang mit dem Leben des hl. Athanasius.[1])

Hiemit haben wir die Logoslehre des hl. Athanasius nach allen Seiten hin zur Darstellung gebracht. Wenn unsere Ausführungen einigermaßen den Inhalt seiner Gedanken erreicht haben, so ist daraus ersichtlich, daß Athanasius die von uns gestellte Aufgabe einer christlichen Logoslehre vollständig zu lösen bestrebt war. Was der Glaube ihm als unverbrüchlich wahr darstellte, das suchte er zu begreifen vermittels menschlicher Begriffe. Niemals aber kehrte er das Verhältniß von Glauben und Wissen um, so daß seine Begriffe maßgebend gewesen

---

[1]) Vgl. Böhringer 1. Bd. 2. Abth. S. 116 ff.

wären für die Dogmen, sondern stets ging ihm der Glaube über Alles, und was er in diesem vorfand, das hielt er fest mit der ganzen Energie seines starken und mächtigen Geistes. Athanasius ist darum ferne von allem Rationalismus in der Theologie und er bekämpft diesen überall gegen seine Gegner.

Es stand ihm fest, daß es eine Einheit gebe zwischen den Sätzen des Glaubens und den Resultaten menschlicher Forschung, daß der Glaube nicht gegen das Wissen sei, aber auch das Wissen nicht gegen den Glauben sein könne. Dieses ist der tiefe Grund, warum er festhält an der Identität des (philosophischen) Logos mit dem (in der positiven Offenbarung gegebenen) Christus. Denn der Inhalt des erstern ist auch das Resultat menschlicher Speculation. Der Inhalt des letztern ist positiv gegeben, in der Verbindung beider liegt somit eine Verbindung des Speculativen mit dem Positiven, der Philosophie mit der Theologie. Indem aber dem hl. Athanasius stets die Aussagen der Schrift und der Inhalt des Glaubens von Christus maßgebend waren für seine Speculationen über den Logos, ist bei ihm der Glaube höher als das Wissen, die Theologie erhaben über die Philosophie. Damit hat Athanasius von vornherein den rechten Weg angetreten, um über die Dogmen des Christenthums Untersuchungen anstellen zu können.

Von dieser Anschauung aus, die Athanasius allerdings nicht so fast streng apologetisch beweist, als vielmehr durchgehends voraussetzt, sucht er nun mit Hilfe der platonischen Philosophie sich die Ideen des Christenthums begrifflich zu vermitteln. Wir finden jedoch bei ihm nicht den zum Pantheismus und Deismus zugleich hinneigenden hellenischen Platonismus, sondern dieser ist umgebildet in den spezifisch-christlichen Theismus. Wie die platonische Metaphysik, so wurde auch die platonische Noëtik umgebildet. Allerdings sucht auch Athanasius das Seiende mehr intuitiv zu erfassen, als dialektisch zu begreifen, aber die mystische Ueberspannung des intuitiven Momentes im Erkenntnißprocesse, wie sie besonders im Neuplatonismus sich findet, hat er nicht aufgenommen.

Mit diesen philosophischen Anschauungen stand Athanasius im Gegensatze zu Arius, den ein supraaristotelischer Dialecticismus zum Rationalismus und ein philonisirender Deismus zur Sprengung der Trinität in der Theologie führte.

Auf diese philosophischen Gegensätze reducirt sich in letzter Instanz der Kampf des Athanasius mit den Arianern. Allein gemäß der damaligen Zeit brach der Streit erst aus in der Theologie. Es war stets das Dogma selbst in seiner concreten Form Gegenstand der Controverse, in das Gebiet der Philosophie oder auch nur der Abstraction wurde der Kampf damals noch nicht verlegt.

In dem Kampfe selbst aber gewann Athanasius entschieden den Sieg über die gefährlichste Irrlehre, welche das Christenthum an seiner Lebenswurzel, nämlich in der Person seines Stifters, angriff, welche dem Christenthum seine absolute Bedeutung rauben wollte, indem sie die Person seines Stifters herabzog in die Sphäre des Endlichen und Wandelbaren.

Von seinem philosophischen und theologischen Standpunkte aus trug aber Athanasius auch den Sieg davon über jene Irrlehre, welche das so trostreiche Geheimniß der Erlösung von Sünde und Tod aus den Angeln hob, indem sie die Person des Erlösers verkürzte und ihm blos ein Bruchtheil unserer Natur gab, und das nicht einmal das erhabenste und doch zugleich erlösungsbedürftigste, den freien Geist, sondern gerade umgekehrt, den sinnlichen Leib.

Athanasius betrachtet und stellt Alles dar aus dem absoluten Inhalt, aus dem tiefsten Wesen des Christenthums heraus. Er behandelt nie einen Satz des Glaubens abstract für sich, sondern stets im Zusammenhange mit dem Ganzen der christlichen Lehre. Der spezifisch-christliche Gedankenkreis in seiner Totalität ist es, der alle seine Schriften belebend durchdringt. Das verleiht denn auch seinen Worten stets einen tiefen Gehalt. Eben deßhalb kommt Athanasius auch auf alle Sätze des Glaubens zu sprechen, wie wir uns aus seinen Schriften überzeugen können. Es konnte freilich nicht in seiner Aufgabe gelegen sein, allen Dogmen auch schon ihre mögliche Entwicklung und formelle Ausbildung zu geben, aber deßungeachtet zog er alle wichtigen Lehren der Kirche in den Kreis seiner Betrachtungen und wies seinen Nachfolgern die Bahn an, auf welcher sie mit Erfolg fortschreiten konnten. Wir haben im Verlaufe unserer Darstellung wiederholt Veranlassung gefunden, darauf hinzuweisen. Athanasius stellte es sich auch nicht zur Aufgabe, die Wahrheiten des Christenthums in wissenschaftlichem Zusammenhange darzustellen, sondern nur die Vertheidigung der eben angegriffenen Glaubenssätze war das Ziel, nach dem er strebte;

darum sucht man auch bei ihm vergebens nach einer ausgesprochenen allseitigen Durchführung der Dogmen des Christenthums, ja in dieser Beziehung übertrifft ihn vielleicht Origenes weit, aber deßungeachtet führte ihn seine Methode, das Einzelne stets im Zusammenhange mit dem Ganzen zu betrachten, immer auf den ganzen Lehrcomplex des Christenthums zurück. Erinnern wir uns nochmals an alles Gesagte, so können wir mit Recht den hl. Athanasius, der Zeit nach den ersten Kirchenlehrer, auch den Vater der wissenschaftlichen Theologie[1]) überhaupt nennen. Darum ist denn auch das ganze christliche Alterthum voll des Lobes auf ihn[2]) und bildeten seine Schriften eine reiche Fundgrube für die späteren Lehrer der Kirche.

Die Lehre des hl. Athanasius von Christus, dem fleischgewordenen Logos oder Sohne Gottes, wurzelte aber tief in seinem Leben in Christus. Es liegt zwar nicht in unserer Aufgabe, näher darzustellen, was Athanasius für den durch die That gethan hat, dessen Gottheit er durch das Wort so mächtig vertheidigte, doch ein kurzer Hinweis auf die vielen von ihm erduldeten Verfolgungen und Verbannungen und Drangsale aller Art genügt, um zu erkennen, daß er mit einer Entschiedenheit und Charakterfestigkeit, wie sie in der Geschichte außerordentlich ist und nur bei heftigen und starken Geistern sich findet, für seine Idee kämpfte und Heroismus genug besaß, auch das Aeußerste in diesem Kampfe zu erdulden. Es trifft aber auch bei Athanasius ein, was wir jederzeit durch die Erfahrung bestätigt sehen, daß nur Derjenige eine Idee durch das Wort mit Erfolg vertheidigen kann, der selbst in dieser Idee lebt und für sie auch zu leiden weiß. Wie darum Athanasius wegen seiner Lehre die volle Aufmerksamkeit unserer ungläubigen und christusläugnerischen Zeit verdient, so ist er auch wegen seines Lebens würdig, unserer an wahrer Charakterfestigkeit und an Opfersinn für das Göttliche so armselig darbenden Zeit als Vorbild und Ideal hingestellt zu werden.

---

[1]) cf. Montfaucon, Praef. in op. S. Ath. p. XVII.

[2]) Vgl. verschiedene Elogia der Alten bei Montfaucon l. c. p. CIX. etc.

Anhang.

Die Erklärung und Anwendung des alten Testamentes bei Athanasius.

Wir haben im Verlaufe unserer Darstellung der Logoslehre des hl. Athanasius wiederholt darauf hingewiesen, daß bei Athanasius das Speculative und Positive, die Resultate menschlicher Forschung und die Aussagen der Schrift und göttlichen Offenbarung innig einander durchdringen. Ist ja seine ganze Logoslehre im tiefsten Kerne nichts Anderes als eine Vermittlung christlicher Ideen durch die hellenische (resp. platonische) Philosophie. Wir haben auch gesehen, daß Athanasius in seinen Beweisen für die Gottheit des Logos, seine Zeugung aus dem Vater u. s. w. zum öftern sich beruft auf Stellen des alten Testamentes. Da nun aber im alten Bunde die Lehre von der Trinität wenigstens nicht ausdrücklich und formell geoffenbart war, so entsteht die Frage, mit welchem Rechte Athanasius jene Stellen für sich in Anspruch nahm, ob sie wirklich für ihn beweisend waren oder nicht. In unserer bisherigen Darstellung haben wir die Schriftbeweise des hl. Athanasius nur objectiv referirt, ohne sie eingehender zu prüfen. Unsere Kritik erstreckte sich nur auf die rein philosophischen Anschauungen des hl. Athanasius oder vielmehr auf die begriffliche Vermittlung des Positiven durch die Philosophie und wir haben in dieser Beziehung stets anerkannt, daß Athanasius im Principe wenigstens das Richtige schaute, wenn er auch in der Ausführung oft noch gar Manches zu wünschen übrig läßt, so daß die christliche Theologie auf seiner Grundlage einerseits weiter bauen konnte, andererseits weiter bauen mußte. Zur Vervollständigung unserer Aufgabe erübriget uns noch, auch das rein positive Element in der Lehre des hl. Athanasius, d. h. seine Erklärung und Anwendung der Bibelstellen und insbesondere die Stellen des alten Testamentes einer Kritik zu unterziehen, Zu diesem Zwecke wollen wir:

I. einige Proben der Erklärung und Anwendung des alten Testamentes bei Athanasius hier noch vorlegen,

II. nach den hermeneutischen Grundsätzen forschen, nach welchen Athanasius jene Stellen erklärte und anwendete,

III. die Grundsätze selbst und die nach ihnen gegebene Erklärung und Anwendung einer Prüfung unterstellen.

I. Athanasius führte seine Lehren stets auf die hl. Schrift zurück und zwar galt ihm ebensowohl das alte[1]) als das neue Testament für beweiskräftig. Insbesondere stützte er folgende dogmatische Sätze unter Anderm auch auf Stellen aus dem alten Testamente:

1. Die Ewigkeit und Unendlichkeit des Logos findet Athanasius bezeugt durch Is. 40, 28: „Der ewige Gott, der die äußersten Grenzen der Erde erschaffen hat;“ durch Dan. 13, 42, wo Susanna ausruft: „Der ewige Gott;“ durch Bar. 4, 20: „Ich werde rufen zum Ewigen in meinen Tagen“ und Bar. 4, 22: „Denn ich hoffte durch den Ewigen euere Rettung und es kam mir Freude vom Heiligen.“ Ferner durch Ps. 89, 17: „Es sei der Glanz des Herrn über uns“ und Ps. 35, 10: „In deinem Lichte werden wir das Licht sehen.“[2])

Die Ewigkeit des Logos schließt Athanasius weiter[3]) aus den Stellen Jerem. 2, 13: „Mich verließen sie, die Quelle des lebendigen Wassers.“ Jer. 17, 13: „Die abgefallen sind, sollen auf die Erde geschrieben werden, weil sie den Herrn, die Quelle des Lebens, verlassen haben.“ Bar. 3, 12: „Ihr habt die Quelle der Weisheit verlassen.“ Das hier genannte Leben und die Weisheit sind dem hl. Athanasius der Sohn nach Joh. 14, 6: „Ich bin das Leben“ und Prov. 8, 12: „Ich die Weisheit wohne im Rathe.“ Weiter führt Athanasius an[4]) Ps. 103, 24: „Alles hast du in Weisheit gemacht.“ Prov. 3, 19: „Gott hat durch seine Weisheit die Erde befestiget und mit Einsicht die Himmel eingerichtet.“ Prov. 8, 30: „Ich war es, woran er sich erfreute.“ Prov. 8, 27: „Als er den Himmel und die Erde machte, war ich bei ihm.“[5])

Daß der Erlöser von Ewigkeit her Herr und König war, findet Athanasius ausgesprochen in Gen. 19, 24: „Und der Herr ließ über Sodoma und Gomorrha Schwefel und Feuer vom Herrn aus dem

[1]) Athanasius hat die Uebersetzung der Septuaginta vor sich. Im Folgenden wird daher nach dieser Uebersetzung citirt.

[2]) c. Ar. I, 12.

[3]) c. Ar. I, 19. cf. de decr. 12.

[4]) c. Ar. I, 20.

[5]) c. Gent. 46.

Himmel regnen.“ Ps. 109, 1: „Es sprach der Herr zu meinem Herrn: Sitze zu meiner Rechten.“ Ps. 44, 7: „Dein Thron, o Herr, steht in Ewigkeit, ein Stab der Gerechtigkeit ist der Stab deiner Herrlichkeit.“ Ps. 144, 13: „Deine Herrschaft ist eine Herrschaft für alle Zeiten.“[1]) Weiter führt Athanasius an[2]) Deut. 28, 66: „Ihr werdet das Leben vor eueren Augen hängen sehen.“ Ps. 15, 10: „Du wirst meine Seele nicht in der Unterwelt lassen, noch deinen Heiligen die Verwesung kosten lassen,“ und sucht damit zu beweisen, daß der Erlöser unsterblich und Spender des Lebens sei. Zugleich beweist Athanasius, daß der Logos schon vor der Menschwerdung Sohn gewesen sei aus Is. 1, 2: „Ich zeugte Söhne.“ Gen. 6, 2: „Als die Söhne Gottes sahen.“ Deut. 32, 6: „Ist nicht dieser dein Vater?“ indem er behauptet, es müsse auch der wahre Sohn gewesen sein, weil durch diesen erst jene zu Söhnen werden konnten;[3]) die Ewigkeit des Sohnes ist nach Athanasius auch ausgesprochen[4]) Ps. 2, 7: „Mein Sohn bist du, heute habe ich dich gezeugt.“ Ps. 44, 1: „Gesang für den Geliebten.“ Is. 5, 1: „Ich will dem Geliebten ein Lied singen von dem Geliebten. Der Geliebte hatte einen Weinberg.“ Ps. 109, 3: „Aus dem Mutterleibe habe ich vor dem Morgenstern dich gezeugt.“ Prov. 8, 25: „Vor allen Hügeln zeugt er mich.“ Dan. 3, 92: „Und die Gestalt des Vierten war dem Sohne Gottes ähnlich.“

2. Die Unveränderlichkeit des Logos findet Athanasius ausgesprochen[5]) in Ps. 101, 28: „Du bist derselbe und deine Jahre werden nicht abnehmen.“ Deut. 32, 39: „Sehet mich an, sehet, daß ich es bin.“ Malach. 3, 6: „Ich habe mich nicht geändert.“ Wohl gesteht Athanasius zu, daß damit auch der Vater bezeichnet sein könne, allein er fügt bei, diese Worte passen auch auf den Sohn, weil er gerade in der Menschwerdung seine Unveränderlichkeit zeigte. Daß der Logos nicht erst nach dem Tode angebetet werde, also nicht der Zeit und Veränderlichkeit unterliege, schließt Athanasius daraus, daß Abraham im Zelte (Gen. 18), Moses im Dornbusche (Ex. 3) ihn anbeteten, daß Daniel (Dan. 7, 10) Myriaden von Myriaden ihm dienen sah.[6]) Daß der Logos

---

[1]) c. Ar. II, 13.
[2]) c. Ar. II, 16.
[3]) c. Ar. IV, 22.
[4]) c. Ar. IV, 24.
[5]) c. Ar. I, 36.
[6]) c. Ar. I, 38.

nicht erst als Mensch erhöht wurde, folgt aus Ps. 53, 3: „Gott, in deinem Namen errette mich." Ps. 19, 8: „Wir werden im Namen Gottes, unsers Herrn verherrlicht werden." Ps. 96, 7: „Es sollen ihn anbeten alle Engel Gottes." Ps. 71, 17: „Sein Name besteht vor der Sonne." Ps. 23, 7: „Erhebet, Fürsten, eure Thore, und erhebet euch, ewige Thore, und es wird der König der Herrlichkeit eintreten." Ps. 88, 17: „In deiner Gerechtigkeit werden sie erhöht werden, weil du der Ruhm ihrer Macht bist." [1]) Daß er nicht erst als Mensch geheiligt wurde, folgt aus Is. 61, 1: „Der Geist des Herrn über mir, deshalb weil er mich salbte." [2]) Daß er nicht erst als Mensch zunahm an Gnade, folgt aus Is. 40, 8: „Das Wort Gottes bleibt in Ewigkeit." Num. 11, 16, wo er dem Moses und den siebzig Uebrigen den Geist gab. Ps. 50, 13: „Deinen heiligen Geist nimm nicht von mir." [3]) Wenn also schon vor der Menschwerdung zum Sohne gebetet wurde, wenn er da schon Gerechtigkeit, Gnade und den hl. Geist verlieh, so muß er, so schließt Athanasius, unveränderlicher Gott sein.

3. Im Zusammenhange hiemit beweist Athanasius aus dem alten Testamente, daß der Logos von den Geschöpfen wesentlich verschieden, daß er Gott sei wie der Vater. Er beruft sich auf Ps. 88, 7: „Wer wird dem Herrn unter den Söhnen Gottes ähnlich sein?" Ps. 85, 8: „Keiner ist dir unter den Göttern ähnlich, o Herr." [4]) Daß der Logos kein Geschöpf sei, schließt Athanasius aus Prov. 8, 30: „Ich war bei ihm und ordnete Alles." [5]) Weiter schließt er dasselbe aus Ps. 2, 7 (s. o.), Ps. 96, 7 (s. o.) Is. 45, 14, wo es heißt, daß Alles zu ihm beten wird, Ps. 23, 10, wo er Herr der Mächte, Herr Sabaoth heißt. [6]) Sein Unterschied von den Geschöpfen liegt ferner ausgesprochen in Ps. 103, 24; Dan. 7, 10. [7]) (s. o.) Daß der Logos unmittelbar mit dem Vater Alles geschaffen, folgt aus Ps. 32, 9: „Er sprach und es wurde, er befahl und es wurde geschaffen." [8]) Zum Beweise der Gottheit des Logos führt Athanasius weiter an Prov. 8, 25 (s. o.),

---

[1]) c. Ar. I, 40—41.
[2]) c. Ar. I, 47.
[3]) c. Ar. I, 48.
[4]) c. Ar. I, 57.
[5]) c. Ar. II, 20.
[6]) c. Ar. II, 23.
[7]) c. Ar. II, 27. cf. ad Ep. Aeg. et Lib. 13.
[8]) c. Ar. II, 31.

Ps. 35, 10 (s. o.), Ps. 103, 24 (s. o.), Ps. 106, 20: „Er sendete sein Wort und heilte sie,“ [1]) ferner Ps. 82, 2: „Wer wird dem Herrn gleich gesetzt werden (unter den Söhnen Gottes)?“ Bar. 3, 36: „Dieser ist unser Gott. Es wird kein Anderer neben ihm beachtet werden.“ [2]) Prov. 3, 19 (s. o.) Prov. 9, 1: „Die Weisheit hat sich ein Haus gebaut.“ [3]) Daß der Logos nichts Gemachtes sei, schließt Athanasius des Weitern aus Is. 66, 2: „Meine Hand hat dieß Alles gemacht.“ Ps. 101, 26: „Du hast im Anfang, o Herr, die Erde gegründet, und das Werk deiner Hände ist der Himmel.“ Ps. 142, 5: „Ich dachte nach über die Werke deiner Hände.“ Die Hand Gottes ist nämlich hier überall der Sohn. Dasselbe beweist Ps. 32, 4: „Gerade ist das Wort des Herrn, und in allen seinen Werken ist Treue.“ Ps. 103, 24: „Wie groß sind deine Werke geworden, o Herr, du hast alle in Weisheit gemacht.“ [4]) Ps. 32, 6: „Durch das Wort des Herrn sind die Himmel befestigt worden.“ Der Unterschied zwischen dem Sohne und den Geschöpfen ist endlich angedeutet Deut. 4, 4: „Die ihr dem Herrn, euerm Gotte anhängt.“ Deut. 4, 7: „Welches ist das große Volk, dem sein Gott nahe tritt?“ Jer. 23, 23: „Ich bin ein Gott, der sich nähert.“ Deut. 13, 4: „Ihr werdet mit ihm in Verbindung gesetzt werden.“ [5]) Die Geschöpfe hängen Gott an, kommen ihm nahe und werden von außen mit ihm verbunden, der Sohn aber ist im Vater.

4. Athanasius findet im alten Testamente auch Beweise für die Zeugung des Sohnes. Er findet darin einmal ausgesprochen, daß das Wort „Sohn“ eine doppelte Bedeutung hat, indem Deut. 14, (cf. Joh. 1, 12) auch die Menschen Söhne Gottes heißen. [6]) Dann findet er den Unterschied zwischen Zeugung und Schöpfung in Gen. 1, 1: „Im Anfange schuf Gott Himmel und Erde“, indem es hier heiße, „er schuf“ und nicht „er zeugte;“ ebenso stehe Ps. 103, 4, er habe die Winde zu seinen Boten und die Feuerflammen zu seinen Dienern geschaffen, nicht gezeugt. [7]) Ps. 118, 73 heiße es: „Deine Hände machten und bildeten mich“ nicht „sie zeugten mich“. Ps. 44,

[1]) c. Ar. II, 32.
[2]) c. Ar. II, 49.
[3]) c. Ar. II, 50.
[4]) c. Ar. II, 71.
[5]) c. Ar. IV, 5.
[6]) De decr. 6.
[7]) De syn. 35.

2: „Es entquoll meinem Herzen ein gutes Wort." [1]) Ganz wunderbar sei der Unterschied zwischen Schöpfung und Zeugung ausgesprochen in Deut. 32, 6 und 33, 18: „Hat nicht dieser dein Vater selbst dich erworben, dich gemacht und geschaffen?" „Gott, deinen Erzeuger, hast du verlassen." „Machen" bedeute nämlich hier den natürlichen Zustand der Menschen, „zeugen" die Liebe Gottes gegen die Menschen nach ihrer Erschaffung. [2]) Die Zeugung des Sohnes ist weiter ausgesprochen in Ps. 2, 7; 109, 3; 44, 1 (s. o.) [3]) Diese Zeugung aber ist unbegreiflich nach Is. 53, 8: „Wer wird seine Zeugung erklären?" [4])

Weil der Sohn gezeugt ist, darum ist er nicht aus dem (freien) Willen des Vaters. Dieses liegt ausgedrückt in Ps. 44, 2 (s. o.), Ps. 35, 10 [5]) (s. o.), Prov. 8, 14: „Mein ist der Rath und die Sicherheit, mein ist die Klugheit, mein die Kraft." Is. 9, 6, wo vom Engel des großen Rathes die Rede ist. Ps. 72, 24: „Du hast meine rechte Hand gehalten und in deinem Rathe mich geleitet." [6]) Der Sohn ist nämlich bezeichnet als Rathschluß des Vaters und kann daher nicht selbst wieder durch einen Rathschluß entstanden sein. Dasselbe bezeugt Prov. 3, 19 (s. o.), Ps. 32, 6 (s. o.), Ps. 134, 6: „Alles, was er wollte, hat er geschaffen." [7]) Der Sohn ist weiter im Vater nach Ps. 15, 8: „Ich sah meinen Herrn immer vor mir, weil er zu meiner Rechten ist, damit ich nicht wanke." [8]) Wenn es Job. 9, 8 heißt: „Der allein den Himmel ausgespannt hat" und Is. 44, 24: „Ich allein habe den Himmel ausgespannt," so ist mit dem Einzigen auch das Wort des Einzigen gemeint. [9])

5. Sehen wir nach dem inneren Verhältnisse des Sohnes zum Vater, so ist er nach den Aussagen des alten Testamentes Hand Gottes, nemlich nach Ps. 73, 11: „Warum wendest du deine Hand ab und deine Rechte mitten aus deinem Busen?" Is. 66, 2: „Meine Hand hat das alles gemacht." Ps. 76, 11: „Das ist die Veränderung der Rechten des

---

1) c. Ar. II, 57.

2) c. Ar. II, 58.

3) De decr. 13, 21. Dionys von Rom berief sich hiefür auf Prov. 8, 25; Deut. 32, 6.

4) De Syn. 28; exp. fid. 1.

5) c. Ar. III, 59.

6) c. Ar. III, 63.

7) c. Ar. III, 65.

8) c. Ar. I, 61.

9) c. Ar. III, 9

Höchsten." Is. 48, 13: „Meine Hand hat die Erde gegründet und meine Rechte die Himmel befestigt." Is. 51, 16: „Unter dem Schatten meiner Hand will ich dich schützen, in der ich die Himmel gegründet und die Erde befestigt habe." [1]) Der Sohn ist weiter die Gestalt der Gottheit nach Gen. 32, 31: „Es ging die Sonne auf, nachdem vorübergegangen war die Gestalt Gottes." [2]) Er ist das Licht Gottes nach Ps. 35, 10 (s. o.) [3]). In Ps. 103, 24 (s. o.) ist weiter ausgesprochen, daß Christus die Gott immanente Weisheit ist, weil es ja auch heißt, daß durch ihn Alles geworden. [4]) Der Sohn ist auch der Engel Gottes, der mit dem Vater Alles verleiht nach Gen. 48, 16: „Der Engel, der mich aus allen Leiden gerettet hat, segne diese Kinder." Er ist der Engel, der den Amorrhäer vertreibt (Num. 21, 21; Deut. 2, 26; Amos 2, 9) u. s. w. [5]) Athanasius führt mehrere Stellen an, in denen von dem sogenannten Jehovahengel die Rede ist, und faßt als solchen den Sohn auf.

6. Da nach Athanasius auch vom hl. Geiste im alten Testamente die Rede ist (er führt in seinen Briefen an Serapion eine Menge Stellen an, in denen vom göttlichen Pneuma gehandelt wird), so kann er sagen: Weil David erkannte, daß bei Gott dem Vater der Sohn sei als Quelle des hl. Geistes, daßhalb rief er aus: Ps. 35, 10: „Bei dir ist die Quelle des Lebens, in deinem Lichte werden wir das Licht schauen." [6]) Ferner, wenn die Seraphim Gott loben mit dem dreimaligen Ausrufe: „Heilig, heilig, heilig ist Gott Sabaoth," (Is. 6, 3) so loben sie damit den Vater, den Sohn und den hl. Geist. [7]) Es ist somit dem hl. Athanasius schon im alten Testamente die Trinitätslehre enthalten. In seinem Werke: De trinitate et Spiritu sancto sucht Athanasius die Gottheit des hl. Geistes (wie die des Sohnes) unter Anderm auch vielfach durch alttestamentliche Stellen zu beweisen, was ebenfalls voraussetzt, daß er schon im alten Bunde die Möglichkeit einer Erkenntniß der Trinität annahm.

7. Weiter findet Athanasius im alten Testamente bezeugt die Schöpf-

---

[1]) De decr. 17.
[2]) De Syn. 52.
[3]) Ep. ad Afr. Ep. 6.
[4]) c. Ar. IV, 4.
[5]) c. Ar. III, 12 etc.
[6]) De inc. c. Ar. 9.
[7]) De inc. c. Ar. 10.

ung durch den Logos, indem es Ps. 32, 6 heiße: „Durch das Wort des Herrn sind die Himmel befestigt worden und durch den Hauch seines Mundes ihre ganze Kraft." Ps. 32, 9: „Er sprach und es ist geworden, er befahl und es wurde geschaffen." Daß der Logos bei der Schöpfung betheiligt war, geht hervor aus Gen. 1, 6—11, wo der Vater zum Sohne sagte: „Es werde der Himmel, es sollen sich sammeln die Gewässer u. s. w. Gen. 1, 26, wo der Vater zum Sohne sagt: „Laßt uns den Menschen machen." Die Vorsehung des Logos für Alles ist ausgesprochen Ps. 118, 91: „Du hast die Erde befestigt und sie bleibt erhalten. Durch deine Anordnung verbleibt der Tag." Ps. 146, 7: „Lobsinget unserm Gott zu der Zither, der den Himmel in Wolken umhüllt, der der Erde Regen bereitet, der auf den Bergen Gras hervorbringt und Kräuter zum Dienste der Menschen und Nahrung dem Vieh verschafft." [1])

8. Endlich ist im alten Testamente enthalten die Weissagung der Menschwerdung Is. 7, 14: „Sie, die Jungfrau wird empfangen und einen Sohn gebären und man wird ihm den Namen Emmanuel geben." Num. 24, 17: „Es wird sich erheben ein Stern aus Jakob und ein Mann aus Israel und wird schlagen die Führer von Moab." Num. 24, 5—6: „Wie schön sind deine Wohnungen, o Jakob, deine Zelte, o Israel, wie schattige Thäler und wie Gärten in der Nähe der Flüsse, und wie Zelte, die der Herr aufgeschlagen hat, wie Cedern am Wasser. Hervorgehen wird ein Mensch aus seinem Samen, und wird herrschen über viele Völker." Is. 8, 4: „Bevor das Kind Vater oder Mutter nennen kann, wird er die Kraft von Damascus nehmen und die Beute von Samaria im Angesichte des Königs der Assyrer." Is. 19, 1: „Sieh, der Herr sitzt auf einer leichten Wolke und wird nach Aegypten kommen, und es werden erschüttert werden die Werke der Menschenhände in Aegypten." Os. 11, 1: „Aus Aegypten rief ich meinen Sohn." [2]) Ferner Deut. 28, 66 (s. o.); 18, 18: „Ich werde einen Propheten erwecken aus euern Brüdern." Is. 53, 3, wo von einem Manne die Rede ist, der die Schwachheit zu ertragen versteht. [3]) Daß der Erlöser Gott und Mensch zugleich sei, ist bezeugt durch Bar. 3, 36 und 38: „Das ist unser Gott .... Er erschien auf Erden und verkehrte mit den Menschen." Jer. 17, 9: „Tief ist sein Herz über Alle; und ein Mensch ist er und wer

[1]) c. Gent. 46.
[2]) De inc. 33.
[3]) c. Ap. II, 14.

wird ihn erkennen?" Is. 9, 6: „Ein Kindlein ist uns geboren, und ein Sohn ist uns geschenkt, dessen Herrschaft auf seinen Schultern ruht. Und es heißt sein Name Engel des großen Rathes, Wunderbarer, Rathgeber, starker Gott, Mächtiger, Fürst des Friedens, Vater der Zukunft." Is. 7, 14 (s. o.), Is. 53, 2: „Wir haben ihn gesehen und er hat nicht Gestalt, noch Schöne." Is. 35, 4: „Siehe unser Gott, selbst wird er kommen und uns erlösen." Is. 63, 9: „Nicht ein Engel, nicht ein Gesandter, sondern der Herr selbst wird uns erlösen." [1]) Daß er wahrer Mensch sei, ist gelehrt Is. 7, 14 (s. o.), Is. 50, 6: „Meinen Rücken gab ich hin zu den Geißelhieben, meine Wangen zu den Schlägen, mein Angesicht wendete ich nicht ab von der Verunehrung durch den Speichel." [2]) Auf die Zeit seiner Ankunft bezieht sich Dan. 9, 24—25: „Siebenzig Wochen sind abgekürzt über dein Volk und über die heilige Stadt, um zu tilgen die Schuld und zu besiegeln die Sünden, auszulöschen die Ungerechtigkeit, zu sühnen die Ungerechtigkeit und ewige Gerechtigkeit zu bringen, und zu besiegeln Gesicht und Propheten, und zu salben den Heiligen der Heiligen." [3]) Auf Christi Lehramt bezieht sich Is. 11, 9: „Die ganze Erde wurde erfüllt mit der Erkenntniß des Herrn." [4]) Auf seinen Tod und sein Leiden Is. 53, 3 ff.: „Er ist ein Mensch, der verwundet ist und die Schwachheit ertragen kann, weil sein Angesicht abgewendet ist. Er wurde entehrt und nicht geachtet. Dieser trägt unsere Sünden und leidet Schmerzen um unsertwillen, und wir glaubten, daß er mit Schmerzen, Wunden und Trübsale zu kämpfen habe, u. s. w. Deut. 28, 66 (s. o.), Jer. 11, 19: „Ich erkannte es nicht, wie ein unschuldiges Lamm, das zur Schlachtbank geführt wird. Sie sannen gegen mich böse Rathschläge, indem Sie sagten: Kommt und laßt uns Holz unter sein Brod mengen und ihn vertilgen aus dem Lande der Lebendigen." Ps. 21, 17—19: „Sie haben meine Hände und Füße durchbohrt und alle meine Gebeine gezählt. Sie haben meine Kleider unter sich getheilt und über mein Gewand das Loos geworfen." [5]) Von Christus ist ferner die Rede Is. 11, 10: „Es wird sein die Wurzel Jesse und der sich erhebt zu herrschen über die Völker; auf ihn werden die Völker hoffen." [6])

---

[1]) De inc. c. Ar. 22.

[2]) Ep. ad Epict. 5, 6; ad Adelph. 6.

[3]) De inc. 39.

[4]) De inc. 45.

[5]) De inc. 34, 35.

[6]) De inc. 35.

Is. 65, 1—2: „Ich bin sichtbar geworden denen, die mich nicht suchten, ich ward aufgefunden von denen, die nach mir nicht fragten. Ich sagte: Hier bin ich, zum Volke, das meinen Namen nicht anrief, ich streckte meine Hände aus nach dem Volke, das mir nicht gehorchte und mir widersprach." Is. 35, 3—6: „Kräftiget euch, ihr ermatteten Hände und ihr geschwächten Kniee, tröstet euch, ihr Kleinmüthigen, kräftiget euch, fürchtet euch nicht. Sieh, unser Gott vergilt den Urtheilsspruch, er wird kommen und uns retten. Dann werden die Augen der Blinden sich öffnen, und die Ohren der Tauben hören. Dann wird der Lahme springen wie ein Hirsch und deutlich wird reden die Zunge der Stammelnden."[1]) Gen. 49, 10; „Nicht wird weichen der Herrscher von Juda und der Heerführer aus seinen Lenden, bis erscheinen wird der Schilo und er wird sein die Erwartung der Völker." Ps. 117, 27: „Gott der Herr ist uns erschienen." Ps. 106, 20: „Er sandte sein Wort aus und heilte sie." Ps. 63, 9 (s. o.)[2]) Auf Christi Auferstehung, sowie darauf, daß bei seinem Tode sich die Gottheit nicht trennte von der Menschheit, bezieht sich Ps. 15, 10 (s. o.)[3]) auf die Besiegung des Todes durch ihn Os. 13, 14: „Wo ist, o Tod, dein Sieg, wo, o Hölle, dein Stachel?[4]) auf die Erschließung des Himmels durch ihn, Ps. 23, 7 (s. o.),[5]) auf den von ihm gebrachten Frieden Is. 2, 4: „Sie werden ihre Schwerter zu Pflügen schmieden, und ihre Lanzen zu Sicheln, und es wird kein Volk gegen das andere zum Schwerte greifen, und sie werden nicht mehr die Kriegsführung lernen."[6]) Auf die Uebernahme unserer Erlösung bezieht sich Ps. 71, 1: „Herr, gib dein Gericht dem Könige." Ps. 87, 8: „Ueber mir wurde gewaltig dein Grimm." Ps. 137, 8: „Der Herr wird vergelten für mich."[7]) Auf unsere Befreiung von der Sünde endlich bezieht sich Is. 7, 16: „Bevor noch das Kind Gutes oder Böses erkennt, wird es das Böse hassen, um das Gute zu wählen." Is. 63, 1: „Wer ist es, der da kommt von Edom, gewaltig einherschreitend mit Macht?"[8])

---

1) De inc. 38.
2) De inc. 40.
3) c. Ar. III, 57; c. Ap. II, 14.
4) De inc. 27.
5) De inc. 25.
6) De inc. 52.
7) In illud omnia 2.
8) c. Ap. II, 6, 10.

9. Die im Bisherigen angeführten Stellen aus dem alten Testamente hat Athanasius zunächst im Kampfe gegen seine Gegner benützt, um ihnen die Gottheit des Erlösers und seine Menschwerdung und wahrhafte Erlösung vor Augen zu stellen. Will darum Athanasius, daß seine Beweise stichhaltig seien, so müssen alle jene Stellen unmittelbar im Literalsinne für ihn sprechen, sie müssen ihm ihrem historischen Sinne nach das besagen, was er aus ihnen herausliest.

Wir haben aber von Athanasius auch allegorische Erklärungen über Schriften des alten Testamentes, nämlich Commentare zu den Psalmen.[1]) Es würde uns jedoch zu weit abführen, die fast durchgehends typisch-messianische und mystische Auslegung der Psalmen bei Athanasius eingehender zu verfolgen, obwohl sie immerhin des Anziehenden genug darböte, und eine Bestätigung der schon öfter ausgesprochenen Behauptung wäre, daß Athanasius ganz und gar versenkt war in die christliche Idee im eminenten Sinne des Wortes. Alles nämlich deutet Athanasius auf Christi Person, Christi Leiden und Auferstehung, auf seine Kirche und seine Apostel und Heiligen, auf die Berufung der Heiden und die Verstoßung der Juden, sowie auf das dießseitige und jenseitige Leben der an ihn Glaubenden u. s. w.

II. Forschen wir nun nach den hermeneutischen Grundsätzen des hl. Athanasius, so ist ihm oberstes Princip bei Auslegung des alten Testamentes die Einheit der beiden Testamente oder die Einheit der göttlichen Offenbarung im alten und neuen Bunde.[2]) Gleichwie ihm die Resultate der Vernunftforschung nicht im Widerspruche stehen mit den geoffenbarten Sätzen des Glaubens, ebenso ist auch kein Riß in den geoffenbarten Wahrheiten selbst. Jener Satz, daß das alte

---

[1]) In den Werken des hl. Athanasius werden zwei Erklärungen der Psalmen herausgegeben, nämlich die Expositiones in Psalmos (bei Montfaucon t. I. p. 1009—1239), wozu noch die zuerst von Felkmann herausgegebenen Fragm. comment. in Ps. (l. c t. I. p. 1241—62) und die Supplementa exp. in Ps. in Montfaucon's Nova bibliotheca Patrum kommen. Die Echtheit dieses Commentars wird jedoch bestritten z. B. von Casimir Oudin, Tillemont u. A. Der zweite Commentar ist der zuerst von Nikolaus Antonelli 1746 zu Rom edirte liber de titulis Psalmorum, den schon Hieronymus erwähnt. Antonelli sucht weitläufig die Echtheit dieses Commentars nachzuweisen.

[2]) Athanasius verwirft darum die Trennung der beiden Testamente (welche nach ihm z. B. in der Behauptung besteht, der Sohn sei ein anderer als der Logos, weil im alten Testamente vom Sohne nicht die Rede sei) als manichäisch und jüdisch. c. Ar. IV, 23.

Testament im neuen enthüllt, das neue im alten verhüllt sei,[1]) daß somit beide in einer inneren Einheit zu einander stehen, muß darum als die dogmatische Grundlage der Exegese des alten Testamentes bei Athanasius angesehen werden und wie die Vermittlung christlicher Ideen und heidnischer Philosophie, so ist auch die Vermittlung des alten und neuen Testamentes ihm zur Aufgabe gestellt.

Gehen wir über zur wirklichen Anwendung alttestamentlicher Bibelstellen bei Athanasius, so pflegt er, wo von einer Beziehung Gottes zur Welt die Rede ist, darin den Sohn zu erblicken. Die Hand Gottes, die Weisheit, die Kraft, das Leben Gottes u. s. w. überhaupt die zur Welt in Beziehung tretende Seite Gottes ist ihm der Sohn. Auch der Jehovaengel ist der Sohn Gottes. Es erinnert das sehr an das Bestreben der vornizänischen Väter, z. B. des Justinus, aus derartigen Stellen die Trinität zu beweisen; doch ist Athanasius ferne, dadurch die Gottheit des Sohnes gegenüber der (absoluten) Gottheit des Vaters subordinatianisch zu gefährden. Sein Verfahren hat den Grund darin, daß der Sohn Gottes auch im neuen Testamente Kraft und Weisheit (I. Cor. 1, 24) Leben und Wahrheit (Joh. 14, 6) u. dgl. genannt wird. Weil dasselbe Wort im alten und neuen Testamente sich findet und weil dem dadurch bezeichneten Dinge die gleiche Thätigkeit zugeschrieben wird, darum hält Athanasius gleich fest an der völligen Identität des Bezeichneten selbst. Wie er festhält an der Einheit der Philosophie und Theologie, weil dem Logos beider dieselbe Thätigkeit zugeschrieben wird, so hält er auch fest an der Einheit der Weisheit, des Wortes, der Kraft u. s. w. des alten Testamentes mit dem historischen Christus, weil nach der hl. Schrift beide dieselben Namen führen und dieselbe Thätigkeit ausüben.

Bezüglich der Menschwerdung und Erlösung hat Athanasius den Grundsatz, daß sie im alten Bunde bereits vorausgesagt, wenn auch noch nicht factisch eingetreten war. Das Geheimniß der Menschwerdung und Erlösung beruht auf einer Beziehung, in welche sich Gott zur Creatur erst setzt im Laufe der Zeit, und unterscheidet sich von dem Geheimnisse der Trinität dadurch, daß letzteres mit Gott selbst nothwendig gegeben ist, während bei ersterem Idee und Wirklichkeit zeitlich auseinan-

[1]) In Veteri Testamento Novum latet, in Novo Vetus patet. Aug. Quaest. in Ex. 73.

verfallen. Schon vor der Wirklichkeit aber wurde es einigermaßen geoffenbart und von den Propheten vorhergesagt. Athanasius nun bezieht solche Stellen des alten Testamentes auf die Menschwerdung und Erlösung, in denen von Thatsachen die Rede ist, deren Eingetretensein er sich nur bewußt ist durch den christlichen Glauben. Also ist es wieder die gleiche Wirksamkeit, welche der historische Christus wirklich, und der geweissagte Messias in der Verheißung entfaltet, von welcher Athanasius auf die Einheit beider zurückschließt.

Wie wir sehen, ließ sich Athanasius in seiner alttestamentlichen Exegese weniger leiten von abstracten hermeneutischen Regeln über Beobachtung des Sprachgebrauches, des Zusammenhanges, der Intention des Verfassers u. s. w., als vielmehr von dem concreten Glaubensbewußtsein, daß der historische Christus dieselbe Wirksamkeit entfaltet, welche der Messias, das Wort und die Weisheit u. s. w. des alten Testamentes entfalten, sowie von der Thatsache, daß im neuen Testamente auf Christus dieselben Beziehungen angewendet werden, welche schon im alten auf die Beziehungen Gottes zur Welt in Anwendung kamen. Von diesem Standpunkte aus gab Athanasius auch seine typisch-messianischen Erklärungen der Psalmen.

III. Sollen wir nun die alttestamentliche Exegese des hl. Athanasius in ihrem inneren Werthe prüfen, so müßten wir fürs Erste untersuchen, inwieweit im alten Bunde die Trinität, die Menschwerdung und Erlösung überhaupt geoffenbart war, dann müßten wir jede der von Athanasius citirten Stellen einzeln prüfen, ob sie einen Beweis gebe für jene Geheimnisse. Weil aber dieses die Grenzen der uns gestellten Aufgabe weit überschreiten würde, so mögen folgende allgemeine Bemerkungen genügen.

Es läßt sich nicht leugnen, daß zwischen dem alten und neuen Testamente eine innere Einheit stattfinde. Diese Einheit ist aber nicht so aufzufassen, als würden sich beide gegenseitig vollkommen decken, sondern nur so, daß das alte die Grundlage bildet für das neue und das neue den Schlußstein des alten. Es herrscht hier ein analoges Verhältniß wie zwischen der Philosophie und Theologie überhaupt. Erstere bildet die natürliche Grundlage der letzteren, letztere die übernatürliche Vollendung der erstern. Athanasius erkennt vielfach den Fortschritt der göttlichen Offenbarung, indem er unbestimmte Aussagen des alten Testamentes erklärt durch bestimmte des neuen, anderweitig aber werden Stellen des alten Testamentes ohne Weiteres als Beweise angeführt für die Wahrheiten des neuen Bundes, was eine zu starke Betonung der Einheit beider Testamente involvirt.

Was insbesondere den Beweis für die Trinität aus dem alten Testamente betrifft, so läßt sich allerdings nicht verkennen, daß diese schon im alten Bunde Anknüpfungspunkte hatte und haben mußte; denn wäre sie der Offenbarung im alten Bunde geradezu entgegen, so könnte sie ebensowenig geglaubt werden, wie wenn sie geradezu gegen die Vernunft wäre. Allein jene Anknüpfungspuncte sind nicht derart, daß daraus die Trinität selbst mit Bestimmtheit geschlossen werden konnte. Die Lehre von der Trinität ist eben eine spezifisch-christliche und kann weder von der heidnischen Philosophie noch von der alttestamentlichen Theologie erreicht werden. Denn außerdem wäre nicht ersichtlich, was durch das neue Testament, historische Fakta abgerechnet, noch Besonderes geoffenbart werden konnte. Athanasius sieht in jenen Anknüpfungspuncten vielfach zu viel, indem er sie ohne Weiteres zu Beweisen für die Trinität selbst verwendet, ohne erst zu zeigen, wie sie durch die Offenbarungen des neuen Bundes ihre Erklärung und ihre volle Beweiskraft erlangen.

Auch unter den spezifisch messianischen Stellen führt Athanasius manche an, deren Messianität mehr eine von ihm in sie hineingetragene, als in der Intention des Verfassers gelegene sein dürfte.

Der Grund von all dem liegt darin, daß Athanasius alles Erhabene und Beseligende des alten Testamentes sofort Christus sein oder von Christus kommen läßt. Wie er nicht lange untersucht, was die Philosophie bezüglich der Geheimnisse des Christenthums aus sich selbst zu ergründen vermag, so untersucht er auch nicht, wie viel davon bereits im alten Bunde geoffenbart war. In seiner Darstellung sind stets, wie Philosophie und Offenbarung überhaupt, so insbesondere die Offenbarung des alten und neuen Testamentes in einander verwoben und ergänzen und vollenden einander. Die das Ganze belebende Grundanschauung aber bleibt immer der lebendige Glaube an Christus als die Vollendung aller natürlichen und übernatürlichen Offenbarung Gottes.